クチとオク

住まいの民俗学的研究の一視座

Mori Takao
森　隆男

清文堂

クチとオク
―住まいの民俗学的研究の一視座―

目次

序論　クチ―オクの秩序とは……1

第一章　列島の住まいにみるクチ―オクの秩序……13

装幀／森本良成

序論　クチ―オクの秩序とは

はじめに

住まいの空間を「オモテ―ウラ」と「カミ―シモ」という二本の線で区切って分析する方法は、すでに定着しているといっていいだろう。それに対し、筆者は上記の方法に加えて、「クチ―オク」の秩序をもとに分析する視座を提唱したところである[1]。典型的な四間取りの住まいでは「オモテ―ウラ」と「カミ―シモ」の秩序からみた方法が有効であるが、南西諸島などの分棟型の住まいや複雑な動線をもつ都市型の住まいの考察、それらの変容を考察する際には「クチ―オク」の秩序からみた分析がより有効と考えている。各部屋や設備を「クチ―オク」という一本の線上に位置づけ、住まいの構造をさぐる方法である。接客機能をもつ部屋の有無や配置、台所や便所などの生活に直結する設備の位置、神々の祭祀場所など、切り口は多い。

例えばハレの日のクチとは屋敷の入り口または母屋の出入り口付近を指し、従来から指摘されてきたオモテにカミを合わせた「公」「男性」「外」「統合」などの属性をもっている[2]。またオクとは必ずしも空間的な奥を指すわけではなく住んでいる人が「奥」と意識している場所で[3]、ウラにシモを合わせた「私」「女性」「内」「隔離」などの属性をもっている。これらの属性から動線に込められた意味を抽出し、儀礼の解釈も可能になると考えている。ちなみに本論考でも取り上げる愛知県田原市のデイノクチや岡山県美作市のオクナンドをあげるまでもなく、クチとオクは住まいの中の位置を示す呼称として使用されてきた言葉である。

本書の概要を紹介するとともに、留意した項目について解説をしておきたい。

一　クチ―オクの秩序がつくる住まいの構造

住まいはいろいろな機能をもつ空間によって構成されている。その中で行動する家人と客では動線が異なる。また日常と非日常の際の動線も異なる。それぞれの動線にクチ―オクの秩序がみられ、一つの住まいの中にこれらが併存する。第一章では、事例をもとに、住まいの構造が複数のクチ―オクの秩序によって成り立っていることを明らかにする。

(一)住まいで展開される儀礼の意味

クチ―オクの秩序が顕在化するのが通過儀礼などの非日常時である。南西諸島では、これらの儀礼の当事者が明確な動線をとる。婚礼の際に新婦がとる動線は、実家ではオクからクチへ、婚家ではクチからオクへの方向性をもつ。また葬儀の際に遺体はオクからクチへ移される。いずれの儀礼においても当事者に関わる属性がこの過程で変化し、本人と家族さらに社会の人びとがその変化を認識する機会になっているといえる。

(二)客の動線が示すクチ―オクの秩序

大河直躬は多様な呼称をもつ「広い部屋」の存在に着目し、その機能を考察している。大河は「広い部屋」の発生を祖先祭祀の場と考えたが、(4)この部屋はクチ―オクの秩序が創る線上の中間に位置し、重要な役割を果たしていることがわかる。たとえば東京都の檜原《ひのはら》村ではザシキと呼び、その奥にオクザシキを配して客のもてなしをする際に身分によって使い分けをしてきた。この事例ではザシキとオクザシキのみ棹縁天井が使用されており、接客を前提にした部屋であることが明らかである。もっとも奥に位置するオクザシキは最高の格式をもつ部屋で、そこにふさわしい客の対応に使用し、瞽女《ごぜ》のような旅芸人はザシキで対応する。村人に瞽女の芸を披露するのもザシキで、この「広い部屋」は地域に開かれた属性ももっている。

(三)都市の住まいにみる本音

大正から昭和初期にかけて、都市部では中産階級の市民のための住まいが登場する。大阪府吹田市の千里山住宅地は関西初の田園都市として開発された住宅地で、そこに昭和初期に建築されたB家には、伝統的な和風の様式から一部洋風の様式を付加した都市の住まいに移行していく過度的な間取りが残されている。玄関横に洋風の応接間と主人の書斎が設けられる一方、重要な客の対応と葬儀などの儀礼を行なった和室が玄関から少し入った位置に配されている。その和室がオクノマと呼ばれているのは、本来は奥にあった記憶が伝承されているためであろう。この事例では「女中室」と便所が中廊下の奥に配されているが、数年後に近辺の住宅地で売り出された事例ではこれらの部屋が玄関付近に設けられている。家族の生活を優先して客をオクに招き入れることを避けるようになったことをうかがうことができよう。

二　クチの原感覚

(一)住まいの開閉

住まいを台風や季節風から守るために、石塀や屋敷林が設けられる。前者は概して日本列島の西の地域に、後者は東の地域に分布している。石塀(造成の際に築かれる石垣と区別するために、本書では石塀の語を使用する)は台風の来襲頻度が高く石材が豊富な地域に濃厚にみられ、屋敷をほぼ閉鎖する設備といえる。それに対し屋敷林による閉鎖は曖昧である。出雲平野の築地松や砺波平野のカイニュの中に入ると、風が通る様子が実感できる。居住者からも防風より夏季に涼しい風を得る効用が強調される。石塀と屋敷林が防風を目的に設けられる点は否定しないが、住まいの開閉に関する考え方の相違すなわち風土という、より広い視点で考察する必要があろう。

(二)ヒンプン

石塀の分布圏の中で、鹿児島県以南の地域にヒンプン(地域によって呼称が異なるが、本書ではヒンプンを使用する)がみられる。中国から沖縄に伝来したヒンプンは、当初風水思想に基づいて魔よけの機能が重視されたと考えられるが、その後沖縄地方や八重山地方に伝播すると目隠しや防風などの機能が期待されるようになったことがわかる。また奄美地方では旧家だけに設置される集落の存在から、家格を示す象徴になったこともわかる。設置される位置の検証から、住まいのオクへの広がりを示すことで家格の表徴にもなっているといえる。

中国から伝来した住文化の展開を、それぞれの地方で変容していったヒンプンの検証を通して理解することができる。そこにはわが国の風土がつくり出した住居観が存在する。

(三)クチに関わる住居観の変容

常設の出入り口として玄関が付設される前には、家人や客はそれぞれの部屋に直接出入りするなど多様な出入り口があった[5]。しかし婚礼や葬儀の際には、新婦や死者の出入り口が厳密に区別されてきた。新潟県柏崎市にはガンギと呼ばれる常設の出入り口が設けられており、婚礼や葬儀、盆の先祖迎えなど特別の時にのみ使用されてきた。ガンギは縁側の普及によってその中の機能に吸収され、縁側の一部に名称を残してほとんど消滅している。また縁側に表札や家の格式を示す札をかける習俗が、岡山県の山中に残存していた。この事例も玄関が普及する前段階の様子を伝えるものであろう。

日常はとくに意識しないが、婚礼や葬儀、盆の祖先を迎える際に、庭の雨だれ落ち付近を出入り口とする観念が顕在化するところもある。このような臨時の出入り口は、住まいと外部を明確に遮断する機能をもつ。

住まいの出入りには繊細な感覚が求められ、通過儀礼や年中行事がそれを確認する機会になった。出入り口であるクチに関わる感覚は時代や地域によって異なるが、住まいの開閉という本質と関連する。

三　オクに構える女神

(一)納戸神

納戸神の存在に着目して研究をすすめたのは、中国地方を中心にフィールドワークを重ねていた石塚尊俊である。[6] しかし石塚が資料の採集をしたのは数十年前で、現在はほぼ消滅した信仰である。筆者は岡山県の山中で三〇年ほど前まで行われた納戸神に関わる習俗について聞き書きをすることができた。常設の祭祀設備ではあるが正月行事だけに使用され、神の呼称も「歳神」である。そこで得られた歳神が女神であるとの証言と祭祀場所の検証を重ねると、納戸神の輪郭があらわれてくる。すなわち住まいのオクに祀られ、家族の生活を守る女神である。

(二)火の神

南西諸島における火の神の優位性は、多くの研究者が明らかにしてきた。それによると火の管理に関わる神というより、家族の守護神という性格が強い。[7] 共通しているのは司祭者が主婦である点である。主婦が死去すると神体の石を交換する事例も報告されている。火の神を女神とみなしているところが多く、とくに宮古島地方や八重山地方では明確に意識されている。与那国島では便所神も女神であるという。台所や便所は、現在母屋の中に設けられているが、かつては母屋の西側にそれぞれが別棟で建てられていた。そしてこれらの施設は屋敷の入り口・ヒンプンの設置場所付近をクチとすると、オクの空間に位置する。筆者は火の神や便所神の属性がオクを管理する主婦に起因すると考えている。ちなみに比較的新しく祭祀場所を確保した床の神だけは男性の主人の管理下にあり、司祭者も男性である。ここには男性と女性の領域が明確に分けられ、住まいの空間の大部分が女性の領域であったことがわかる。

(三)ホタケサン

対馬の住まいにはホタケサンと呼ばれる女神が祀られている。家族を守る神で、祟りをなさないことが指摘されている。[8] 現在は広間に相当するダイドコロの隅が祭場になっているが、そこが調理場に近い箇所である点から本来は調理場に祀られていたと考えられ、祭神の性格も南西諸島の火の神に近い。また祭事は男性が担当するが、日常は主婦が管理している。かつては主婦がホタケサンの司祭者であった可能性が高い。さらにホタケサンの信仰は島根県のオカマサマと共通する点もあり、[9] この神の系譜は南西諸島の火の神や東日本のオカマサマにもつながる。いずれにしても住まいのオクに祀られる女神という視点で比較することで、研究を深化させることができるはずである。

四　集落と住まいを貫くクチ―オクの秩序

(一)集落の景観からさぐる住民の意識

集落内の神社・寺院や墓地などの位置に加えて、石造物、年中行事のツクリモノなどから、集落空間について住民に共有されている意識をさぐることが可能である。

たとえば兵庫県丹波市の山村集落では山麓に氏神が鎮座し、集落の入り口には鳥居や地蔵などの石造物が配されている。一方、墓地はそれらの外側に設けられている。また年頭には祈禱札を笹竹につけて集落に入り口に立てるとともに、集落内に生じたケガレを呪物につけて流す行事が行われる。宮参りも通常の二倍の六〇日後に行なうという。これらは神社が所在する集落内を清浄に保とうとする住民の意識が創出した景観と行事であるといえる。

上記の神社は、棟札などから室町時代の中ごろに山中から山麓に遷座したと考えられる。かつての鎮座地である山中にも祭場跡が残り、小祠が安置されて聖地となっている。新旧の祭場が位置する山中と集落の最奥部をオクとし、集落の入り口をクチとする明確な意識がうかがえる。オクからクチに向かって小さな川が流れ、上流から神社、禊場、社務所、巫女の住まい、別当寺であった寺院、神社の関係者の住まいが並ぶ。分家をすると本家より下流に家を建てることが求められる。そこにはオクを上位、クチを下位とする意識も認められる。

集落内の住まいの間取りでは、ほとんどの家が集落のオク方向に客間を配し、神棚もそこに設けている。いろりの座でもヨコザがオクの方向に設定されている。この事例では集落と住まいの空間においてクチ―オクの軸が同じ方向に重なり、「入れ子」状の構造になっているといっていいだろう。

(二)祭礼に残る漁村の記憶

近年、漁村集落が大きく変貌している。かつて筆者が訪れた三重県尾鷲市須賀利のように[10]、狭い集落空間に狭い道が迷路のように配され、その間に小規模の住まいが密集した景観をみることが少なくなった。漁村では集落の前の海まで含めて村の範囲として理解し、湾の出入り口付近にクチが設定されていることが多い。それに対し、湾の最深部に氏神と戎神を祀ってオクとしている。さらに集落内の主要道路が別のクチ―オクの秩序を創りだしている。一方、住まいは比較的小規模で、とくに接客機能の乏しさが漁民の住まいの特色といってもいいだろう。その結果、住まいの中ではクチ―オクの秩序が意識されることが少ない。

生業としての漁業が衰退しても、漁村の記憶が鮮明によみがえる日がある。それが毎年行なわれている行事や祭礼である。本書で取りあげる福井県美浜町早瀬の事例では、集落のオクにある氏神からクチにあるお旅所まで神輿を乗せた船が渡御を行い、すでに漁業とは縁のない住民が参加して盛大な祭礼が行なわれる。ただし神輿をのせる船の提供は数少ない漁民の担当である。また年頭には集落の最奥部にある御堂で、一部の住民によって豊漁を願う予祝の行事が行われている。御堂内にはかつて漁で使用された実物のタモアミなどの漁具が保管され、その一部がこの行事で使用される。大分県日出町深江でも湾の奥に、祭礼の際に海上渡御をしてきた神輿が上陸して最初に安置される「神輿台」が残されている。その位置は埋め立てが行なわれても移動することがなかったという。早瀬の神社や御堂、深江の「神輿台」がかつて漁村であったことを思い起こさせる記憶装置になっており、それらが集落のオクにある点に留意したい。

(三)城下町と住まい

近世の城下町には城の守りを目的とし、城下の住民の生活と経済的な繁栄に配慮した合理的なまちづくりがみられる。

兵庫県豊岡市出石町は中世に築かれた山城を山麓に移して中心とし、その周囲に侍屋敷と町民の住まいを配した城下町である。城下の北側に位置する「豊岡口」を主要な出入り口として要塞化し、その付近に寺町をつくって防御を固めている。周辺の農村につながる数か所の出入り口にも寺を配している。一方、城下の住民の生活物資は周辺の農村から陸路で運ばれるほか、円山川の舟運を利用して日本海から海産物が運ばれてきた。そのための舟着き場が残る。この舟運は伝統産業である出石焼の搬出にも利用された。

城下を一つの空間とみなすと、豊岡口などの出入り口や船着き場をクチとし、城をオクとする構造がみられる。また住民の住まいはいわゆる「ウナギの寝床」と呼ばれる短冊形の敷地に建てられ、そこにも玄関をクチとし、中庭の奥に建てられた倉庫や客殿をオクとする構造がみられる。

城下町と城下の住まいでもそれぞれがクチ―オクの秩序をもち、「入れ子」の関係になっているとみることができる。

五　課題

住まいについてクチ―オクの秩序からみた分析が有効であることは本書を通して主張できたと考えているが、重要な課題が残っている。この秩序を創出する動線が、日常と非日常また客と家人の立場によって異なる点で、これについては十分に整理することができなかった。さらに前記のようにオクは必ずしも空間上の奥ではなく奥と意識されている場で、この場を決定する際には当事者の主観が入る可能性がある。これについては読者の批判を参考に、今後とも検証を続けていきたい。

さて第四章では集落空間のオクに聖地が設定されて重要な秩序を創出している事例を紹介しているが、さらに聖地そのものを分析する際にもクチ―オクの視座が有効である。たとえば沖縄県南城市の祭場御嶽《せいふぁうたき》では参道の入り口の御門口《うじょうぐち》がクチで、最初の拝所である大庫理《うふぐーい》を経て突き当りの拝所である三庫理《さんぐーい》がオクに相当する。しかし琉球王国時代には聞得《きこえ》大君《おおきみ》は三庫理から東方約五キロメートルの海を隔てて位置する久高島を拝したと考えられ、かつては久高島が観念的なオクだったといえよう。ちなみに久高島の聖地外間殿《ふかまどぅん》のオクの空間には火の神が祀られており、地元の古老によるとこの島で行われるすべての神事はこの火の神への拝礼から始まるという。このように南西諸島の聖地では儀礼を通して空間的、観念的な広がりをさぐることが可能である。

日本列島の集落や聖地について、クチ―オクの視座から分析することを今後の課題としたい。

註

(1)森隆男『住まいの文化論―構造と変容をさぐる―』八四～九二頁　柊風舎　二〇一二
(2)宮田登はオモテとウラの属性について列挙している(宮田登『女の霊力と家の神』一七〇～一七一頁　人文書院　一九八三)。このうち「統合」「隔離」を指摘したのは村武精一である(村武精一「家のなかの女性原理」『家と女性―暮しの文化史』三五六頁　小学館　一九八五)。
(3)多田道太郎は「奥」の空間を、感覚としてとらえた論考を発表している(多田道太郎「奥の感覚」『空間の原型―すまいにおける聖の比較文化』四二三～四三四頁　筑摩書房　一九八三)。
(4)大河直躬「民家における『広い部屋』」『住まいの人類学―日本庶民住居再考―』一一〇頁　平凡社　一九八六
(5)南西諸島に住まいには、現在でも玄関をもたない事例が多く残存している。とくに奄美地方では数か所の出入り口が設けられ、それらの使用は厳密に区別されている(森隆男『住居空間の祭祀と儀礼』一五一頁　岩田書院　一九九六)。
(6)石塚尊俊「納戸の神」『民間伝承』五―九　一九四三
(7)高取正男「土間の作法」「ワタクシの論理」『民俗のこころ』一六一頁　朝日新聞社
(8)鈴木棠三『対馬の神道』一七五頁　三一書房　一九七二
(9)大庭良美「氏神様と大元さま―石見鹿足郡日原村畑―」『民間伝承』第一〇巻第一号　一九四四
(10)森隆男『住居空間の祭祀と儀礼』一八五～二一三頁　岩田書院　一九九六

第一章　列島の住まいにみるクチ―オクの秩序

第一節　通過儀礼の動線からみた南西諸島の住まい

はじめに

南西諸島の住まいでは、各部屋の序列が明確で神々、とくに火の神の祭祀が厳重に執行されているため、通過儀礼の際にクチ―オクの秩序が顕在化する。

石垣島の西方に位置する小浜島は隣の竹富島とは異なり、島の南東部に建てられたリゾートホテルを除けば観光化がほとんど進んでいない。そのため島の中心に位置する小浜集落には比較的伝統的な住まいが多く残存し、新築される住まいにも伝統的な観念が反映している。

小浜島の住まいは、門を入るとヒンプンが設置されており、その横を経て庭から直接部屋に入る構造である。現在は四または六部屋の母屋で生活機能が完結する住まいが多いが、かつては炊事棟や便所、家畜舎などが別棟で建てられていた。本節で取りあげる大嵩善立家は重厚なヒンプンを設けた旧家で、盆行事や豊年祭などに備えて広い庭が確保されている。母屋の西側には広い土間をもつ炊事棟があったが、約五〇年前に改築して三番裏座にまとめられた。その際に三番座の前に玄関を設置した。玄関を使用するのは家族と親しい人だけで、現在でも客は縁から直接一番座に招き入れられる。

本節では大嵩善立氏の妻スエ氏（昭和六年〈一九三一〉生まれ）から、当家で行われた通過儀礼とくに婚礼と葬儀に

写真１　大嵩善立家

写真２　母屋に新設された玄関

ついて聞き書きをした結果をもとに、住まいにクチ―オクの秩序が顕在化する非日常時の動線を明らかにする。その上で当家の近くに住む大盛哲雄氏（昭和五年〈一九三〇〉生まれ）、慶田盛英子氏（昭和六年〈一九三一〉生まれ）、大盛武氏（昭和二二年〈一九四七〉生まれ）からの聞き書き情報も加えて、動線上で展開する暮らしと神々の祭祀を分析して、儀礼の意味を考察する。

一　通過儀礼の際に顕在化する動線

図1は大嵩家の間取り図に婚礼と葬儀の際の動線を記入し、クチとオクの空間を表示したものである。

（一）婚礼

スエ氏は同じ集落内から嫁いできたが、実家を出るときは婚礼衣装を着た後、まず三番裏座の火の神を拝んで別れの挨拶をした[1]。続いて二番座の仏壇、一番座の床の神を拝んで別れの挨拶をして、一番座から庭に出た。そのあとヒンプンの東側を通り、門を出て集落の道を進んで婚家である当家に到着した。

当家ではヒンプンの東側を通って庭に入り、縁から一番座に入った。まず床の神を拝み、次に二番座の仏壇、最後に三番裏座に入って火の神を拝んだという。これらは新しく家族に加わることに対し神々の許しを得る儀礼で、この島では一般的にみられる習俗である。

次に一番座でまず夫、次いで親族と三々九度の盃事を済ますと、新婦はすぐに親しい女性たちと一番裏座に移動して夜明けまで話しこむのも当地の慣例である。これも儀礼の一部とみていいだろう[2]。この間、一番座と二番座では夜を徹して宴が続いた。

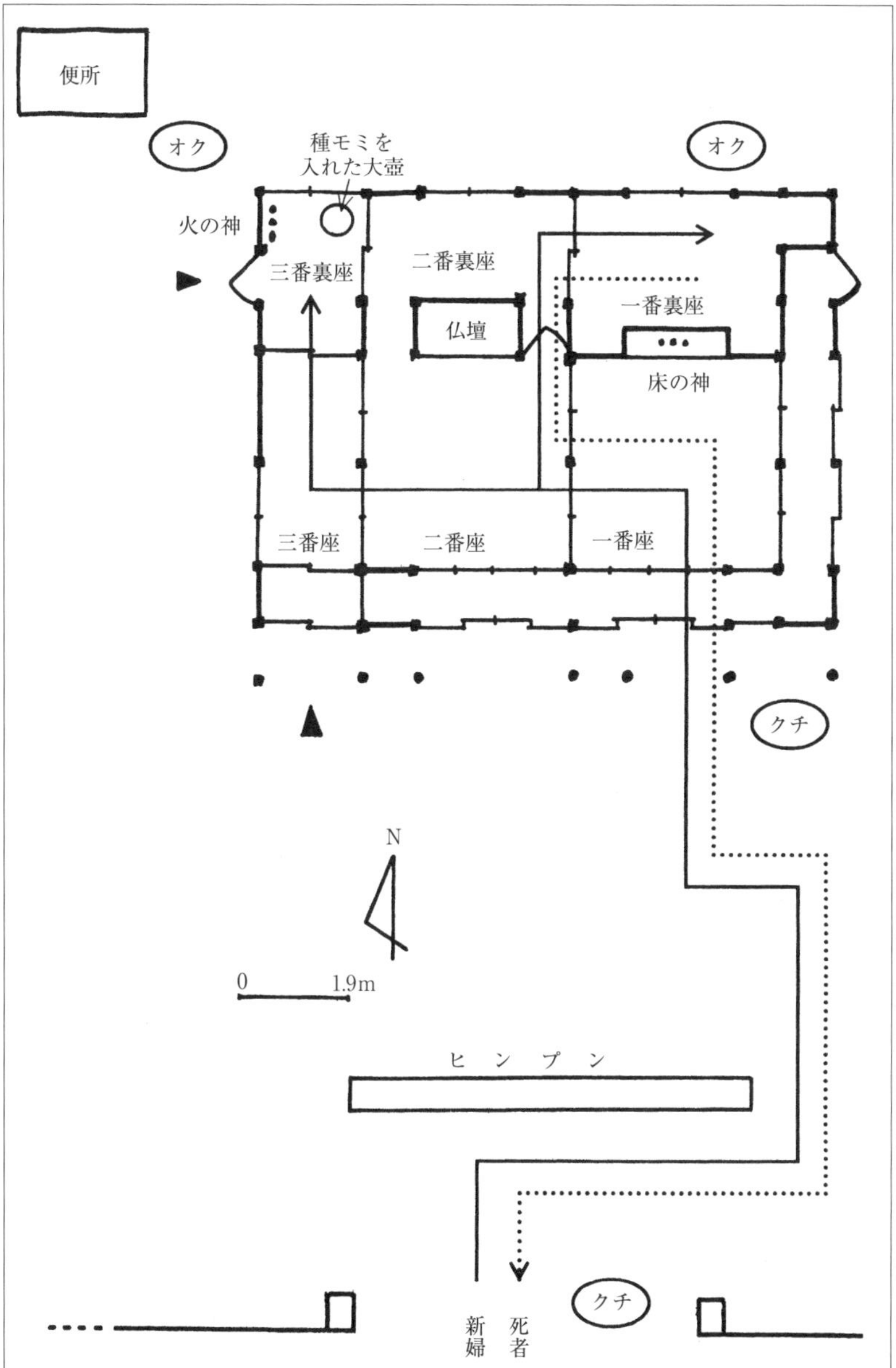

図１　大嵩善立家における婚礼と葬儀の動線

（間取り図は、関西大学教授岡絵理子氏から提供された原図をもとに作成）

(二)葬儀

死者は一番裏座で死を迎えることが多い。そこで湯かんを済ませ、死装束を着せて棺に遺体を納め、二番座に安置する。頭は仏壇すなわち北側に向ける。葬儀は二番座で行ない、近所の参列者は縁側に置いた香炉を拝む。出棺の時は死者の頭を西に向けて一番座に移し、そこから庭に出してヒンプンの東側を通り、道に出て墓地に向かう。

(三)クチ―オクの動線の抽出

婚礼ではまず門が屋敷のクチに、一番座が母屋のクチに相当する。最後に拝礼する火の神を祀る三番裏座と、友人と過ごしたあと新夫婦の寝室になる一番裏座がオクに相当する。婚礼では二本の動線が存在することになる。一方、葬儀では家人が死を迎える一番裏座がオクに相当する。そして出棺する一番座が母屋のクチに、門が屋敷のクチに相当する。すなわち婚礼の動線は、実家においてはオクからクチに、婚家においてはクチからオクの方向性を示している。また葬儀の動線はオクからクチの方向性を示していることになる。

二　クチ―オクの線上に配置される部屋と神々

(一)部屋

一番座は主として家長の男性が管理し、日常的に使用することは少なく、重要な客の対応や儀礼の場に充てられる。二番座は近所の人や親しい人との対応の場である。また老夫婦の食事の場と寝室にも充てられた。ただし家人は死期が近づくと一番裏座に移される[3]。三番座は家族の食事や団らんの場である。

一番裏座は通常は夫婦の寝室で、衣装などの収納の場にも充てられる。二番裏座は子供たちの寝室に充てられる。また出産の場でもある。三番裏座には現在ガスコンロや流しなどが設けられ、調理場になっている。ここには種籾を入れた大型の壺が置かれ、家族の生命を維持するための象徴的な存在として意識されていた。種籾の入った壺も含め裏座全体を管理しているのは主婦である。

(二)神々と祭祀

クチからオクに向かう各部屋に祀られている神々は次の通りである。司祭者は神ごとに決まっているようであるが、正確には部屋ごとに決まっているというべきであろう。すなわち男女の領分が見えてくる。この点については第三章で述べたい。

写真3　一番座の床の神

①　床の神

一番座には床の間が設けられ、そこに床の神が祀られている。この神は家族の健康などを祈願する家の守護神と考えられている。子供が誕生し名前を付けたときは「命名札」を床の間付近の壁に貼る。また床柱に稲穂や粟穂を掛けて豊作の祈願をする。話者に共通しているのは、床の神の利益が抽象的であることである。

床の神の司祭者は男性の主人である。供物は主婦が供える家もあるが、大盛哲雄家では毎日茶を供えることも含めて主人が担当している。

②　仏壇

二番座の仏壇に祀られているのは、名前がわかっている比較的近い男系の祖先の霊である。位牌の上段に男性、下段に女性の名前が記入された木札を差し込む。当家では右側から古い順に木札が並べられている。仏壇の祖先の霊も家族を見守ってくれる家の神であるが、利益は床の神と同様抽象的である。

写真４　二番座の仏壇

写真５　三番裏座の火の神

写真６　東方に向かって願い事をする場

仏壇の祭祀は男性と女性が同じ立場で担当する。

③　火の神

聞き書きをした四人全員が火の神は女神であると主張する。火の神を女神とする信仰は宮古島や与那国島の調査でも確認することができた。火の神が最も重要な神と意識され、家族の病気治癒や子供の学業向上など具体的な願い事をする対象になっている。慶田盛氏は願い事をするときだけは酒も供えるという。また大盛武氏は火の神の役割として、いろいろな神々に願い事を伝えるメッセンジャーの役目ももっていると祖母（明治二七年〈一八九四〉生まれ）から教えられたという。火の神の香炉に敷いている砂を換えることはなく、分家する際にはその一部をもって出て香炉に納め、新しく火の神を祀る。

火の神の司祭者は女性だけであり、男性が関わることはない。火の神の祭祀が女性に限定されていることは南西諸島に共通している。

④　拝礼と供物の順序

毎朝、まず火の神に、次に床の神に、最後に仏壇に水を供える。火の神と床の神はほぼ同じ供物である。時々酒や塩も供える。それに対して仏壇に祀られているのは家族につながる祖先の霊であるので、家族が食べる御馳走を供えるという。(4) ただし種取り祭の日だけは火の神と床の神にも握り飯を供える。そのあと仏壇にも握り飯を供える。

⑤　屋敷の神

慶田盛氏によると、一年に二回八月と一二月に「屋敷の御願」を行ない、屋敷の北方から東方、南方、西方、門、便所の順に酒、塩、洗米を供えて回る。最後に屋内の火の神に酒、塩、洗米を供えて、家族の幸福を祈願する。大盛武家の母屋の東側には、東方に向かって願い事をする際の場所を示す石が据えられている。

三　儀礼の解釈とクチとオクの属性

(一)動線から解釈した婚礼と葬儀

新婦は婚礼の当日に実家ではオクからクチに向かい、婚家では逆にクチからオクに向かう線上を進む。実家を出るときに「私」の空間である三番裏座から二番座を経て「公」の空間である一番座を通過することが、新婦に付属する実家の個性を徐々に希薄にし、本人だけでなく家族も彼女が構成員から離脱したことを認識する機会になっている。また婚家で新婦が一番座から二番座、三番座を経て三番裏座に設けられた調理場に足を踏み入れることは、新婦がその家の構成員になっていく過程と彼女の役割を象徴的に示しているといえる。さらに新郎との盃事の後に夫婦生活を送る一番裏座に足を入れることは、夫婦の関係が確定したことを示している。ここには「秘匿」の観念が働いていると考えられる。(5) ちなみにクチの一番座と二番座で催される披露宴から、この二つの部屋には「公開」の属性が認められる。

一方、葬儀では、「負」とケガレの性格をもつ死者は、まず一番裏座に安置される。死期が近づいた老人の場合、前出のように寝室である二番座から一番裏座に移される。ここには「隔離」の観念が働いているといえる。湯かんの後二番座に移されることにより、死が公にされ、遺体の処理が地域の人びとに託される。また死者が「公」の場である一番座やヒンプンの東側を通ることで、その家の構成員から離脱したことが葬儀の参加者に意識される。死者を三番裏座に近づけないのは、火の神のケガレを恐れたからであろう。

いずれにしても新婦や死者がクチ—オクの線上を移動することによって、当事者の身分・地位が変化していることが儀礼的に示されている。

(二)クチとオクの属性

部屋の機能や祭祀から見たとき、クチには「公」「男性」、オクには「私」「女性」の属性が認められる。さらに本節で検討した通過儀礼という非日常的な日に、クチには「公開」、オクには「秘匿」「隔離」の属性も認めることができる。中間に位置する部屋の属性は曖昧で、クチ—オクの線上で両者のうち近い方の属性をもつ傾向がある。

なお沖縄本島や宮古島、小浜島では一般的には二番座に仏壇が設置されている。それに対し与那国島ではかつて仏壇は一番座に設置することが一般的であったが、沖縄などの影響を受けて二番座に設置されるようになったという。[6] クチからオクの方向に移動することによって、仏壇に祀る祖先の霊が家族にとってより身近な祭祀の対象になったといえよう。

四　玄関の設置と日常生活の動線

本節では通過儀礼とくに婚礼と葬儀の際の動線に着目してクチとオクの検証をしてきたが、日常生活においてはどのように意識されているのだろうか。家族はヒンプンの東側を通って三番座から出入りすることが多く、ここがクチに相当する。それに対してオクはウラ側に配されている三番裏座、二番裏座、一番裏座が相当する。オクは家族以外の人物が立ち入らない部屋であり、クチには「外」、オクには「内」の属性が認められる。なお客は訪問の目的に合わせて一番座や二番座から出入りしており、そこがクチになるが、一番座を上席と意識することはあってもそこがオクと意識されることはない。

前出のように大嵩家では昭和三〇年代に玄関を設置したが、そこを使用するのはほぼ家族だけである。この島の重要な年中行事である豊年祭や盆行事では、多くの人が一番座から出入りするので、邪魔にならないように玄関を三番座に設置したという。[7] 八重山地方の小浜島では、玄関の設置が母屋における動線にほとんど影響を与えていないといえる。これは与那国島の事例でも同様であった。

一方、沖縄本島では玄関の設置後、動線にも変化が認められた。別稿で紹介した事例[8]を再度検証しておく。沖縄本島北部の太平洋側に位置する国頭村安波《あわ》の當山光造家は、当地の標準的な間取りをもつ住まいである。図2は一九九九年に新築された住まいの間取りである。旧宅の門口に設置されていたヒンプンは撤去され、現在この集落でヒンプンをみることは少ない。庭を儀礼に使用することもなくなり、庭木が植えられた。門柱の上に

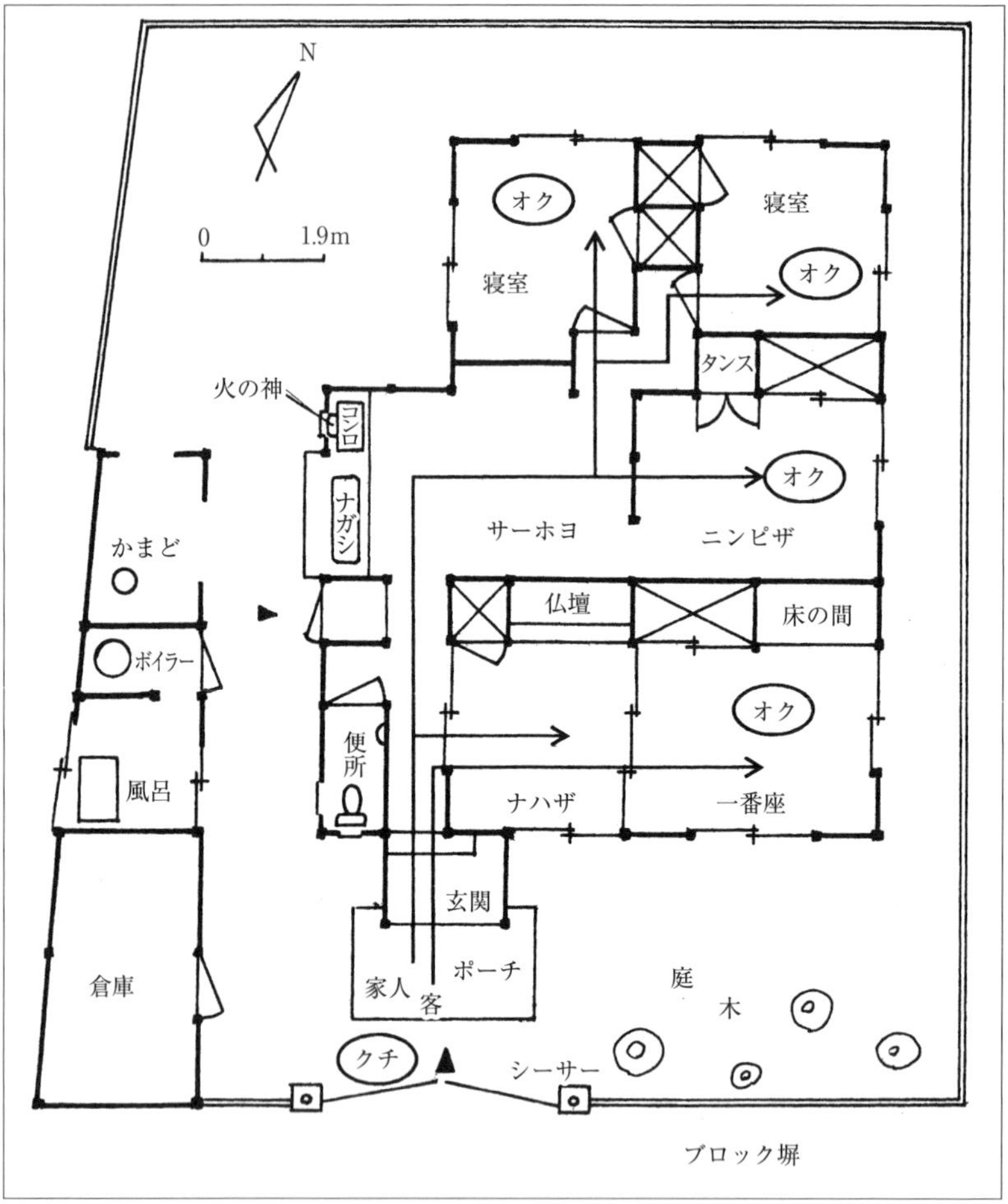

図2　當山光造家における日常の動線

はシーサーが置かれ、正月には玄関にしめ縄を張るようになった。豚小屋に付設されていた便所は母屋内に設けられた。

母屋をみると、客間の一番座には床の間が設けてあるが、床の神は祀られていない。ナハザ（二番座）は家族の団らんの場であり、身近な人との接客に使用される。ここには仏壇が安置されている。ニンピザ（一番裏座）は寝室で、サーヨホは食事の場に充てられる。調理場はサーヨホに付設され、火の神の神体として香炉が置かれている。これらの部屋の使用状況は旧宅と同様であるが、火の神の神体が「三ツ石」から香炉に変わった(9)。

大きな変化はナハザの前面に玄関が新設され、家族と客の出入り口が一本化されたことである。一番座に直接出入りしていた客は玄関から屋内に入り、ナハザを経て一番座に招き入れられることになった。すなわち玄関をクチ、一番座をオクとする新しい秩序が成立した。なお新築の際に新しく息子たちの寝室二室が、ニンピザとサーヨホの裏側に設けられた。これらの部屋の出入りはサーヨホを経由することになり、動線が変化したわけではない。家族個人のための寝室が裏座に連続して設けられているのは、「私」などの属性をもつオクの空間が発展・延長した結果といえる。

写真７　當山光造家の門と玄関

小浜島と沖縄本島の事例において、玄関が与えた影響に差が生じた背景は何であろうか。小浜島では豊年祭や盆に来訪する神々と交流する場として庭と一番座、二番座が使用されるため、玄関が邪魔になるという。そのため玄関の普及があまり見られない。もし設置されるとしても、接客の装置としての機能はほとんどないといえる。今なお濃厚に分布するヒンプンも日常と非日常の空間を演出する装置であることは、別稿で指摘したとおりである(10)。さらにヒンプンは住まいのクチを示す重要な装置でもある。一方、沖縄本島では住まいの庭を祭場とする儀礼が消滅しており、ヒンプンも衰退・消滅した。このように沖縄本島と八重山地方の住まいに生じた動線の差は、豊年祭や盛大な盆行事及び婚礼・葬儀の古い習俗の有無が要因とみていいだろう。沖縄本島に比べて玄関の普及が遅れ、非日常時のクチ―オクの秩序が今なお明確に存在している小浜島には、古い琉球文化の残存を認めることができよう。

むすび

分棟型の住まいが分布する南西諸島において屋敷を一つの空間としてみるとき、敷地内の付属施設もクチ―オクの線上に配置して分析することができる。慶田盛氏が行なっている「屋敷の御願」では、最後に母屋の火の神に祈願する。母屋の西側に建てられていた炊事棟に火の神が祀られていた時代は、そこが最後の祈願場所であり、すまいのオクに相当する。住まいのオクに最も重視する神を祀っていたのである。また宮古島地方や八重山地方では、母屋の西側に別棟の便所を建てる事例が多かった。門をクチとすると、クチ―オクの秩序を示す線が現在よりも長かったことになる。生活が便利になったが、住まいのオクへの広がりが浅くなったと感覚の変化を証言する人も多い(11)。

なお後述するように与那国島では母屋の西側に便所が建てられ、そこに女神の便所神が祀られていた。すなわち敷地全体をみたとき、オクに女性の管理する空間が広がっていた認識の存在が浮上する。これについては第三章で取りあげる。

註

(1)沖縄地方の久高島では、嫁は婚礼の三日前から友人の家で暮らし、婚礼の当日に一〇名以上の友人に囲まれて実家に行く。その際に必ず台所から入るという。そのあと友人に囲まれたまま一番座に入り、父との別れの儀礼を済ませて一番座から出る。この過程も実家のオクからクチに向けて進むことで、嫁の地位が変化していくことを示すものであろう(比嘉康雄『日本人の魂の原郷　沖縄久高島』二〇六頁　集英社　二〇〇〇)。

(2)筆者は来間島など宮古地域でも同様の習俗を聞くことができた。

(3)対馬でも老人はオモテ側の座敷で就寝するが、寝たきりになるとウラ側のナンドに移す(森隆男「対馬の住まい―空間構成と祭祀を中心に―」森隆男編『住まいと集落が語る風土―日本・琉球・朝鮮―』五頁　関西大学出版部　二〇一四)。

(4)奄美地域では床の神の祭祀が重視されているが、香炉に水と茶を供える程度である。それに対し先祖棚(仏壇)の祖先の霊には、ご飯や豚肉の煮物、酢の物などが供えられ、祭祀儀礼の後に参加者が共食する(森隆男「南西諸島の床の間―祭祀儀礼からのアプローチ―」『民俗建築』第一三〇号　二〇〇六　のち森隆男『住まいの文化論―構造と変容をさぐる―』柊風舎　二〇一二　に収録)。

(5)宮本常一は寝室をオクと呼ぶ地域が香川、徳島、鹿児島県などに分布することを紹介し、そこが必ず奥にあったわけでなく、他人に見せることがない部屋の意味であったと考えている(宮本常一『日本の住まい―生きる場のかたちとその変遷―』一〇八頁　社団法人農山村文化協会　二〇〇七)。

(6)宮良保全『与那国島の民俗と暮らし―住居・墓・水』七二頁　与那国町教育委員会　二〇〇〇

(7)小浜島の民宿では一番座付近と三番座の前の両方に玄関を設けている事例がある。客を迎える設備として、重厚な玄関を一番座付近に設けたという。家族や近所の人は三番座前の玄関を利用している。

(8)「沖縄の住まいと暮らし―変容の視点から―」『民俗建築』第一二八号　二〇〇五(のち森隆男『住まいの文化論―構造と変容をさぐる―』柊風舎　二〇一二　に収録)

(9)火の神の神体が「三ツ石」から香炉に変化したことについて、多田道太郎は火の神の信仰に仏教が覆いかぶさった結果と指摘している(多田道太郎「奥の感覚」『空間の原型―すまいにおける聖の比較文化』四二八頁　筑摩書房一九八三)。

(10)森隆男「住まいの変容と伝統儀礼―沖縄県小浜島のヒンプンを中心に―」『関西大学東西学術研究所研究紀要』第四四輯　二〇一一(のち森隆男『住まいの文化論―構造と変容をさぐる―』柊風舎　二〇一二　に収録)

(11)八丈島ではクチ付近に祖先を祀る持仏堂を建て、敷地の最も奥に「石場様」と呼ばれる屋敷神を祀っている。クチからオクへの広がりが重視され、それぞれに住まいを守る神を祀っている(森隆男「持仏堂から仏壇へ―八丈島の事例から―」『民俗建築』第一三六号　二〇〇九　のち森隆男『住まいの文化論―構造と変容をさぐる―』柊風舎　二〇一二　に収録)。

第二節　琉球とヤマトの住文化が併存する徳之島

はじめに

奄美群島は地理的に沖縄と日本本土の中間に位置する。また歴史的にも琉球とヤマト（ここでは沖縄からみた日本本土を指す言葉として使用）の両方の文化が入り込み、独特の様相を呈している。奄美地方にみられる琉球の文化を、この地域が薩摩藩に直接支配された慶長年間以前の名残と理解することも可能であるが、それを示す確実な史料があるわけではない。実際には近世から明治にかけて沖縄と奄美、九州のエリア内で多くの人やモノが行き来した結果と考えられる(1)。

文化地理学の小川徹は、南西諸島から九州、本州中部地方と関東地方の太平洋岸に、母屋とは別に竈を備えた別棟の建物が分布することに着目し、分棟型住まいの分布圏を発表した。小川は奄美地方と沖縄地方を同一の文化圏とみなしている(2)。母屋とトーグラを別棟にする奄美地方の住まいは、まさに分棟型住まいの文化といえる。

建築学の野村孝文は、沖縄地方の母屋の部屋が並列する縦分割の方向に発達したのに対し、奄美地方の母屋はオモテとウラに二分する横分割の方向をたどったと指摘した。さらに沖縄地方でも国頭村ではウラザが発達し、奄美地方南部の沖永良部島と与論島の住まいに共通する点にも言及している(3)。野村は南西諸島の住まいを比較して、それぞれの地域性を抽出しようとした。

筆者はこの一〇年間に沖縄や宮古、八重山地方に加えて、奄美群島の主たる島を廻ることができた。とくに二〇一四年に訪れた徳之島は、予想以上に住まいと暮らしに関する古い文化が残存していた。その時のフィールドワークで得た情報をもとに、他の南西諸島の情報を参考にしながら、徳之島の住まいについて間取り、祭祀、日常・非日常の動線から考察する。その際にクチ―オクの秩序からの分析を採用したい。また南西諸島から九州南部にかけてのエリア内で、住文化の伝播を考える指標を得たいと考えている。

なお徳之島は奄美群島の中央に位置し、群島の中でも面積約二五〇平方キロメートルの広い島である。森が深く、島のほぼ中央部に高さ六四四・八メートルの井之川岳がそびえる。人口は天城町・伊仙町・徳之島町の三町合わせて約二万五〇〇〇人、サトウキビの栽培と黒砂糖の生産が主要産業である(4)。

中世以前は沖縄の王朝の支配を受けていたが、近世初頭に薩摩藩の支配下に入った後、島役人を通して行政から島民の生活まで薩摩藩独特の制度の中に組み込まれていった(5)。当時、島の政治や経済の中心地は徳之島町の亀津であった。

一　機能別空間による構成と変容

徳之島では、食事・団らんの場であるトーグラと、接客・儀礼・寝室の機能をもつ母屋がつながった二棟造りが一般的であった。このうち独立してつくられていた便所や風呂がトーグラに設けられるようになり、トーグラの規模が拡大する結果になった。またはトーグラを廃し、その機能を母屋のウラ側の規模を拡大することで吸収した事例も多いようである。本稿では前者の事例として松本ちさ子家を、後者の事例として平光家家を取りあげる。

写真8　松本ちさ子家（左・母屋、右・トーグラ）

事例1　徳之島町井之川地区　松本ちさ子家

この家は明治に建てられたと伝承されており、縁側の付設からみて明治中期以降の建築と思われる。かつては茅葺であったが、現在はトタン葺になっている。図3は、母屋の平面図とトーグラの間取り図である。徳之島では当家のように母屋をトーグラの西に配置する事例は少ない(6)。

母屋には新しく玄関が付設されたが大きな改築は認められなかった。オムテは正式な客の対応と冠婚葬祭の儀礼の場である。ふだん家族がここに立ち入ることはきわめて少なかったという。また近所の人も同様で、母屋の前の濡れ縁に一緒に座って話し込む程度であった。シルビは寝室で、古い構造材がむき出しになっている。シルビの裏手には独立した小規模な便所が建てられていた。クダは物置であるが、家族が多い家では寝室に、また出産の場にも使用された。花徳地区での調査では病室に充てたという情報も得た。クダとシルビは開口部の少ない暗い空間で、オムテとは対

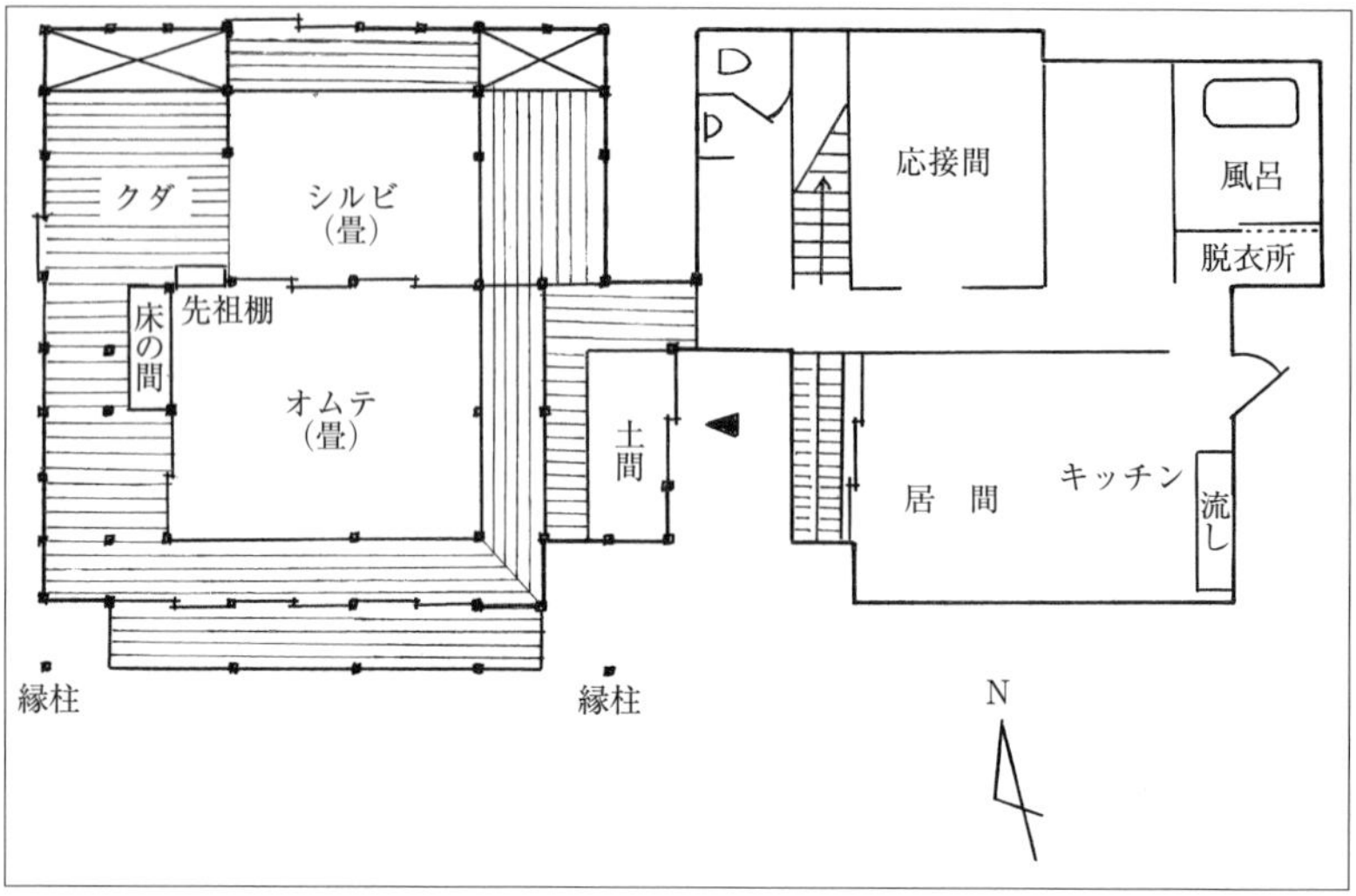

図3　松本ちさ子家

照的である。

一方、母屋と廊下で結ばれたトーグラ部分は昭和六〇年（一九八五）に全面的に改築され、台所や風呂、便所のほかに居間や応接間、二階には寝室が設けられた。本来は二間半四方であった規模が、現在は母屋とほぼ同じである。トーグラに寝室が設けられたことにより、母屋のシルビは現在物置になっている。

昭和三三年度に徳之島の住まいを調査した野村は、井之川地区で採集した松本ちさ子家ときわめてよく似た松本米豊家の図を残している（図4）[7]。地元の研究者である町田進（昭和二二年〈一九四七〉生まれ）によると、両家は松本米豊氏の兄弟であった大工が建てたものである。そのため両家の母屋はよく似た間取りをもち、松本ちさ子家の変容を理解しようとするとき、貴重な資料になる。

松本米豊家の間取りを検証してみたい。西側に配置した母屋には、まだ玄関が設けられていない。クダは竹床である。シルビの板の間の部分には、半間四方の炉が切られている。母屋のウラ側とつながるトーグラには水場と二穴の竈が築かれている。二枚の引違の建具を取り付けた部屋は食事と団ら

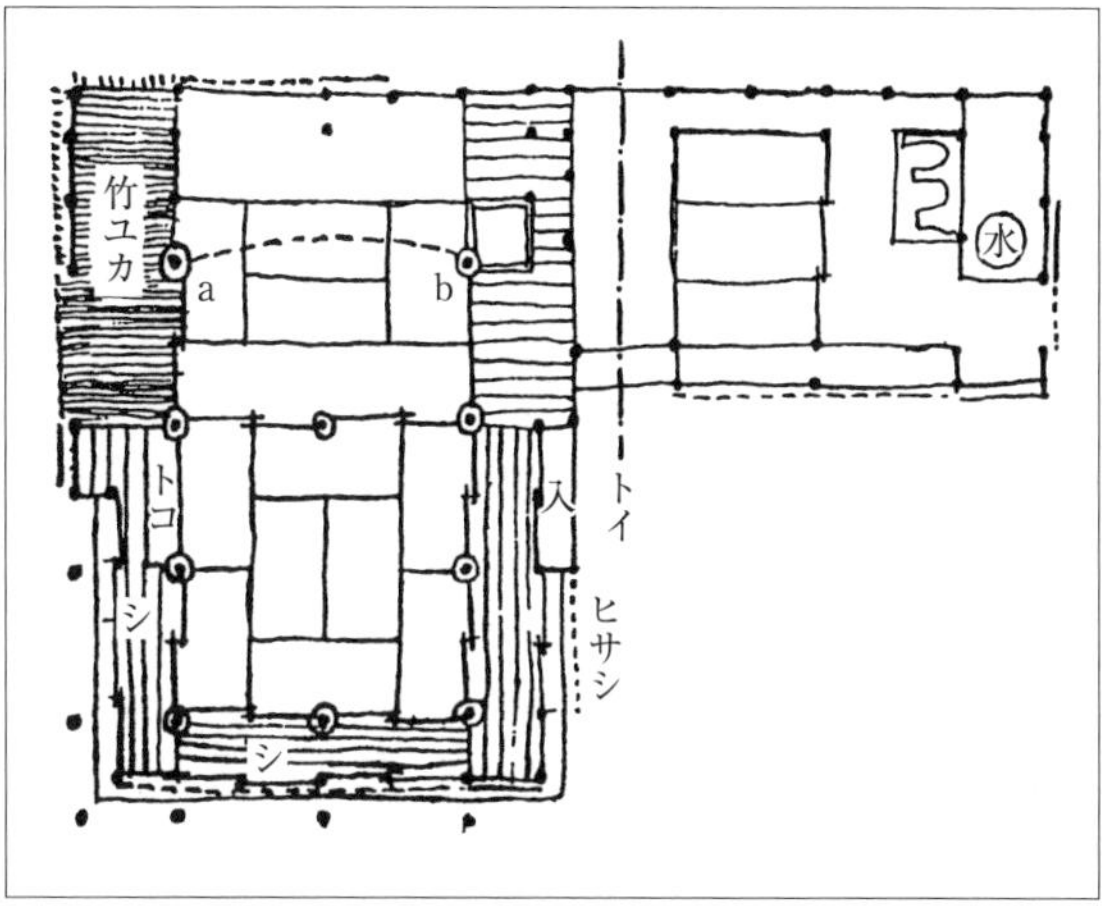

図4　松本米豊家
（奄美群島住宅調査団『奄美群島住宅改善調査報告書』より）

んの部屋であろうが、寝室を兼ねていた可能性もある。

二枚の図を比較すると、松本ちさ子家は別棟になっていた便所と風呂がトーグラに吸収され、母屋の寝室の機能も移されて、底地で二倍、延床では四倍程度に規模が拡大したことになる。一方、母屋がそのまま残され、オムテの接客と祭祀の機能は依然として維持されている。事実上、トーグラと母屋が日常と非日常の機能を分担しているといえよう。

事例2　伊仙町阿権　平光家家

平《ひら》家は明治前期に建築されたと伝承されている。現在はトタン葺であるが、瓦の一部が敷地内に残存しており、当初は赤瓦で葺かれていたことがわかる。母屋の北西側にトーグラの基礎が残存している。母屋の前面に五本の縁柱が残り、沖縄地方の住まいとよく似た外観を呈している。二か所に踏み石が設置されており、玄関が新設される前は直接オムテに出入りしていた。

図5は平家の間取り図で、現在も当主夫妻が生活している。夫人の晃美氏（昭和二四年〈一九四九〉生まれ）によると、食事や団らんなどの日常生活はクザを中心に展開する。調理は母屋のウラ側に増築した台所で行ない、風呂と便所は別棟である。松本家では物置であったクザ（クダ）が、当家では寝室に充てられている。出産もクザで行なった。現在は母子センターで出産するが、退院後は現在でもクザで静養するという。同じ阿権地区に住む丸野

写真９　平光家家

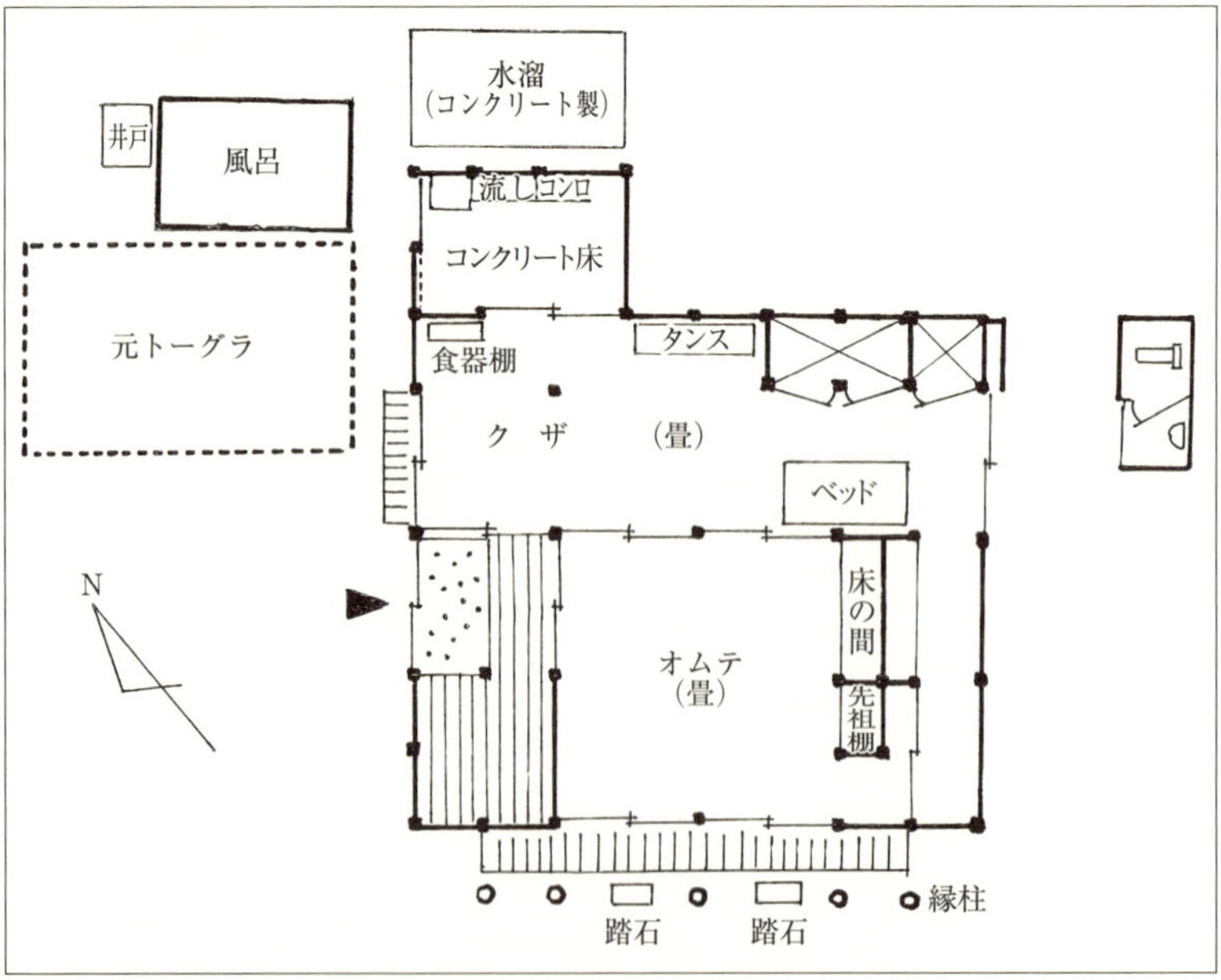

図５　平光家家

写真10　近所の人が訪ねて来て会話を交わす濡れ縁

みえ子氏（昭和一二年〈一九三七〉生まれ）によると、昭和四〇年（一九六五）ごろまで自宅のクザの天井から吊るした男性の帯を持って出産したという。また阿権地区の茂岡マツ氏（大正四年〈一九一五〉生まれ）は、クザをウチンジョと呼び寝室と出産の場に、クザの手前の部分をとくにウチと呼んで主婦が裁縫や機織りをする場に充てたと述べた。

オムテは接客と儀礼のための部屋である。以前は日常的に使用しなかったので、畳は床の間の裏側にある板の間に積み上げていた。当地では第一子の名づけ祝いを盛大に行なうが、その際はシギト（杉戸）を外して、オムテを中心に広いスペースを確保した。なお丸野氏はナーバシラ（中柱）の呼称を記憶しており、そこに名づけ札を貼っている。中柱には家を守る霊的な存在の依代としての機能が認められている(8)。

オムテと縁柱の間には、ほとんどの住まいで低い濡れ縁を設けている。蒸し暑い夏の間、風が吹き抜けるこの場所は快適な憩いの場になる。松本家と同様、近所の人が訪ねて来て気楽な会話を交わすのもこの場である。接客と儀礼の部屋であるオムテに接しているが、屋外と屋内の境界的空間であるため、このような使用がなされているのであろう。

水場を含むトーグラが取り壊され、または改築されるケースが多いが、松本家のように母屋はあまり手を加えられることなく存続しているのは何故だろうか。母屋が日常生活の場としての役割を終えて、専ら祖先祭祀の場になっていることもその理由の一つであろう。また家族にとって母屋が精神的にも中心となる建造物と意識されていることも指摘しておきたい。ちなみに、このような間取りをもつ母屋の在り方は、与論島や沖永良部島、奄美大島など奄美群島に共通している。

二　祭祀

徳之島の住まいで、主たる屋内神は火の神と祖先神である。ともに家族を守る神で、総括神の性格をもっている。奄美地方では沖縄地方と同様、火の神である竈神は祖先神より位が高いとされている。(9) 徳和瀬地区では、正月料理は竈神に供えた後に祖先神に供える。(10) また火の神の司祭者は主婦で、主婦が亡くなると火の神の霊力が失われたとして竈を取り換える習俗があった。(11)

(一)火の神・竈神

花徳地区の山本克孝氏〈大正八年〈一九一九〉生まれ〉によると、火の神はウカマガナシと呼び、トーグラに築かれた竈の右前に直径三センチメートルほどの小石三個を三角形になるように置く。小石は昔から家に伝わっているものを使用し、主婦が亡くなっても取り替えることはないという。日常的に線香と酒を供えている。

松本家では竈をつくるときその前面に、火吹き竹の先を当てて三つの円を三角形になるようにつけた。これをカマチラと呼ぶ。主婦がその日の最初の茶を供える。また主婦が亡くなると、竈を壊して海に捨てる。(12)阿権地区の平晃美さんは、盃の底で円を刻印した。同地区出身の母親から学んだという。ウカマガナシの司祭者は女性であるが、神の性別は不明である。

窪徳忠は南西諸島の竈神についてフィールドワークを通じて豊富な情報を収集し、徳之島においても精力的に調査を実施した。窪は中国のように夫婦二神としているところはないという。その上で三個の石を鼎型に置いたものが原初的な竈であり、神体であったと考えている。それが竈の後または傍らに置いた三個の石に変わり、カマチラ（窪の調査ではカマンツラ）が竈神のシンボルと意識されていると指摘している。さらに竈が使用されなくなると香炉が神体に代わるとする。(13)

奄美地方の竈神信仰には沖縄地方の竈神信仰と共通点が多い。なお火の神に対する祭祀と信仰は、現在かなり衰退している。それに対し、祖先神に対する信仰が相対的に高まる傾向にある。

火の神の呼称ウカマガナシについても検討したい。天城町兼久の向井氏はジルガナシと呼んでいたという。ジルは地炉のことであろう。そのほか窪はヒノカミ（伊仙町伊仙など）、ヒノカミガナシ（伊仙町佐弁など）、マチガナシ（徳之島町徳和瀬）などの呼称の存在を指摘している。(14)そしてシマ（村）に関係なく共通する呼称が存在している背景に、竈神の信仰に関わる宗教者の往来を想定している。(15)ウカマガナシは沖縄地方に多く分布する呼称で、明らかに琉球文化の影響を受けているとみることができる。ヒノカミについては窪が指摘するように鹿児島県とのつながりを示している。(16)一方、ジルガナシやヒノカミガナシは、カナシという敬称が示すように、琉球文化とヤマト文化の単なる習合とみるより、琉球文化の上にヤマト文化が入ってきた結果を示しているとみるべきであろう。

写真11　花頭窓の扉をもつ御厨子
（平高明家）

（二）祖先神

住まいの中で祀られる祖先神は、オムテのウジシ（御厨子）に納めた位牌を依代とする。祖先神はウジンまたはウヤホウガナシと総称されているが、それぞれのイフェ（位牌）には個人の名前が記されている。御厨子の形態は、ヤマトの仏壇とほぼ同様である。前出の平光家家に残っている御厨子はヤマトの古い神棚とよく似ている。また阿権地区の平高明家の場合は、花頭窓の扉をもち、中に白木の位牌を納めている。いずれにしても仏教と神道の要素が混在した形態といえよう。

盆行事について記しておこう。松本家の場合、八月一三日の夕方に御厨子の前に机を置き、位牌と遺影を安置して供物を供える。その日の夜はソーメンと茶、一四日の昼におはぎ、一五日の昼には白餅を供える。一五日の夜に、提灯をつけて墓地まで送っていく。新仏も同様の扱いをする。ただし海で遭難した死者の霊は、それぞれの家が海岸で供養をする。花徳地区の山本克孝家では、御厨子の前に屏風を立て、机を置く空間を仕切る。そのほか、徳之島町では御厨子から出した位牌を床の間に並べる事例も報告されている[17]。これは沖永良部島にもみられる。このように盆行事は家によって多少の違いはあるが、ほぼヤマトの盆行事と同様である。

祖先神を祀る御厨子の位置はオムテであり、この部屋は前述したようにふだんは家族が立ち入らない非日常的な空間である。家族の団らんの場である二番座に祀る沖縄地方とは明らかに異なる。

ウカマガナシやウヤホウガナシのほかに、屋敷地の東南隅にジガミサマが祀られている。かまぼこ型の自然石を神体とし、毎月一日と一五日に浜から採ってきた白砂と水を供える。屋敷内に悪霊が侵入することを防ぐ神という。司祭者はその家の男主人である場合が多い。筆者が天城町兼久で見たジガミサマは、母屋からみて太陽が昇る方向に高さ約四〇センチメートルの自然石を立てていた。当地に居住する向井一雄氏〈昭和四年〈一九二九〉生まれ〉によると、この石は川から拾ってくるという。近年はシーサーを置いている家もある。

この島では、門の付近にシンチン〈便所〉を設ける家が多い。外で悪い神と出会うと急いで家に戻り、便所に入ると難を避けられるという。町田氏によると、便所の神は位が高いと伝承されている。松山光秀は便所の神の呼称をカバヤノミヨヌと聞いており、本来は臭気が悪霊を払ったと指摘している[18]。そのほか住まいを守る呪術として、井之川では井之川八幡神社の砂を持ち帰り敷地の四隅に撒くとハブが侵入しないと伝承されている。

三　日常・非日常の動線

日常的な家族の動線は、トーグラと母屋のウラ側を結ぶ線でほぼ完結する。トーグラが改築される前の松本家の場合、母屋のウラ側とはシルビとクダが相当する。調理と食事、家族の団らんはトーグラで行なわれ、就寝の際に母屋のウラ側の部屋が使用されることになる。母屋のオモテ側にあるオムテが使用されるのは、かしこまった上客の対応の際で、客は玄関から招き入れられる。ただし玄関が設けられるようになった歴史は比較的新しく、奄美大島では旧家でも大正時代からである。上客は、かつては庭から濡れ縁を経て直接オムテに入ったはずである。

一方、非日常の際はオムテが重要な役割を果たす。

正月には床の間に三重ねの餅や昆布、ミカンなどを飾り、元旦だけはその前で家族がそろって祝いの膳を囲む。

茂岡マツ氏によると、婚礼の際に嫁が実家を出るときは、オムテから縁側を経て直接庭に出て婚家へ向かった。その際、「後ろを振り向くな」と言われたという。婚家に到着すると、昼でも入り口付近に松明を焚いて迎えられた。嫁の一行は、庭を経てオムテの縁側の前に置かれた砥石を踏んで直接オムテに入った。

葬儀の際は、婚礼とは逆の動線を取る。死者はシルビに寝かされて、近親者の悔やみの言葉を受ける。松山の報告によると弔いに訪れた村人のうち男性はオムテに、女性はシルビまで入る。タイミングを見計らって茶碗酒が振舞われるが、この時、女性の座に配った後、男性の座に配り歩く。これは「内から外に事を運ぶため」という[19]。近親者は遺体を清めた後納棺し、棺をオムテの床の間の前に安置する。ここで神職が唱えごとをして、近親者は玉串を供える。そのあとトリカワシと呼ぶ簡単な食事をして、棺は縁側を経て庭に出される。ここで再度棺を筵の上において、神職が酒を供えて唱えごとをする。そして葬列が墓地に向けて出発をすることになる[20]。なお上面縄地区では葬列が出発するとき、喪家に残る身内の女性が内側から雨戸を三回たたく。そのあと他の女性たちがシルビから順に箒で掃き、最後にオムテから庭に掃きだす所作をする[21]。

このように婚礼と葬儀は、母屋のオモテ側とウラ側を結ぶ線上で展開する。とくに葬儀では、茶碗酒の振る舞いや出棺の際に箒で掃きだす所作から、ウラ側からオモテ側への方向性が明確に意識されていることがわかる。換言すれば婚礼はクチからオクへ、葬儀はオクからクチへ向かう秩序のもとに儀礼が展開するといえよう。そしてオクに女性、クチには男性の属性が認められる。これは第一節で検討した八重山地方の結果と同様である。ただし火の神を祀るトーグラが非日常時の動線に関わることはなく、オクと意識されることもない。ここには沖縄地方や八重山地方との相違点をみることができる。また屋内の祭祀において火の神の占める地位も低く、奄美地

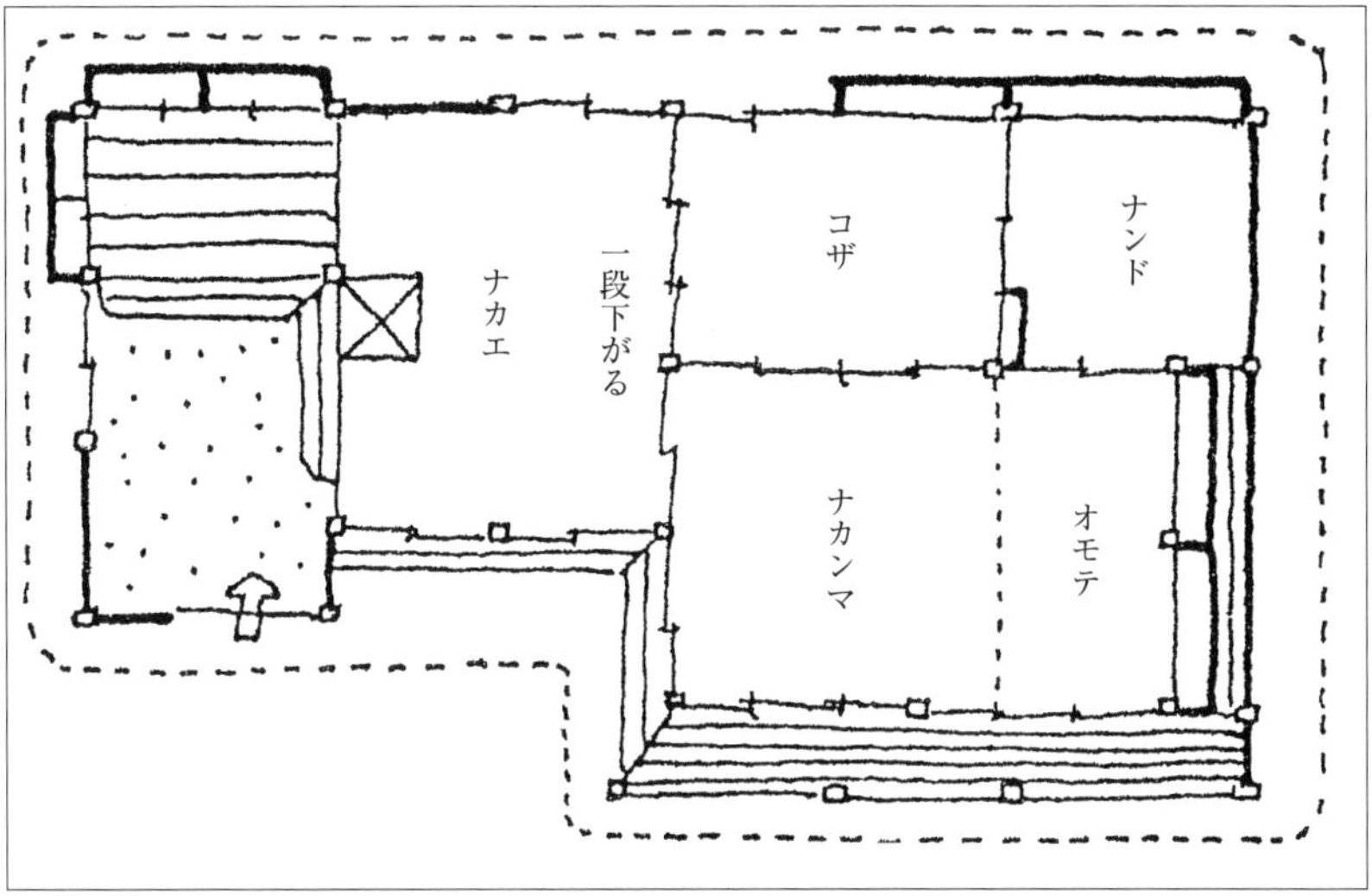

図6　知覧町・折田忠則家

（小野重朗『九州の民家―有形文化の系譜（上）』慶友社より）

方で火の神の信仰が衰退している理由もこの点に求めることができよう。

四　オムテの意義

母屋の部屋のうち、儀礼と上客の接客の場にほぼ特化したオムテの存在が、祖先祭祀の場と非日常の際の動線を決定しているといえる。

オムテと同様の系譜をもつオモテの呼称が、西日本を中心に広く分布している。[22]ただし部屋の機能は多様で、客座敷の次の間を指す場合や、オモテ側の部屋すべてを指す場合もある。とくに鹿児島県にはオモテの呼称が濃厚に分布し、部屋の位置や機能も徳之島のオムテと同様である点に注目したい。

小野重朗は鹿児島県下の住まいを調査し、多くの事例を紹介しながら間取りをもとに類型化している。図6は南九州市知覧町の旧士族である折田忠則家で、イエとナカエが連結した型である。[23]オモテとナカンマが区分されているが、かつては広いオモテ一室の段階があったとみていいだろう。ナカエの位置と機能は徳之島のトーグラに相当し、松本家とよく似た構造をみることができる。

徳之島と鹿児島県の住まいについては、二棟造りに加えて間取りの共通点も多い。そして部屋の呼称のオモテも共通する。オモテを必要としたのは家格と接客機能を重んじる士族であろう。このように考えると、徳之島のオムテは近世にこの島を支配した薩摩藩の役人が持ち込んだ可能性が高いとみていいだろう。

むすび

徳之島の住まいと習俗の事例は、琉球文化とヤマト文化の関係を考える上で重要な示唆を与えてくれる。住まいからみた奄美地方と沖縄地方の境界線は、間取りと動線から判断すると沖縄本島と与論島の間で引くことができる。とくに奄美地方において動線上でも明確に区別された非日常的空間のオムテの存在は、住居空間の秩序に大きな影響を与えている。オムテというオモテ側の部屋であることを強く意識した呼称は、ヤマトの武家住宅に系譜をもつと考えられよう。そこに祀られている先祖神は、家族の守護が期待されているが、身近な存在ではなく象徴的な存在である。ちなみに沖縄地方の二番座は葬儀の際は棺の安置場所にはなるが、ふだんは食事や団らん、親しい人との接客の場であり、そこに祀られている先祖神も家族と同居する身近な存在である点で異なる。

一方、日常空間のトーグラに祀られている火の神は、呼称や祭祀形態からみて沖縄地方の竈神の系譜をもっている。沖縄地方から奄美地方に伝播する過程で、緩やかに変化したようである。ただし前述したように、その地位は比較的低い。別稿で論じたヒンプンにも同様の傾向が認められる[24]。

このように、住まいの間取りとそれに伴う動線には、ヤマトの薩摩藩の支配という政治的な影響を認めざるを得ない。しかし日常生活レベルの信仰には、琉球文化圏の中で伝播し変容した文化が確実に存在している。今後、南西諸島を含む日本列島の文化を考える場合、複線的な文化の流れが複層の構造をつくり上げている点を考慮することが重要であろう。

註

(1)亀津や井之川の港には、明治年間まで薩摩船だけでなく沖縄のマーラン船が来航していたという(窪徳忠『奄美のカマド神信仰』一四三頁　第一書房　二〇〇〇)。
(2)小川徹「日本民家の型式とその系譜—研究の回顧と再構築—」『駒澤地理』第三五号　一九九九
(3)野村孝文『増補版　南西諸島の民家』五五頁　相模書房　一九七六
(4)徳之島三町のホームページ
(5)『徳之島町史』五五頁　徳之島町役場　一九七〇
(6)前掲(3)六七〜六八頁
(7)奄美群島住宅調査団『奄美群島住宅改善調査研究報告』一八頁　一九六〇
(8)中柱には本来神が降臨する依代としての機能があり、床柱と共通する機能が認められる(森隆男「南西諸島の床の間—祭祀儀礼からのアプローチ」『民俗建築』第一三〇号　二〇〇六　のち森隆男『住まいの文化論—構造と変容をさぐる—』柊風舎　二〇一二に収録)。
(9)松山光秀『徳之島の民俗』七三頁　未来社　二〇〇四
(10)前掲(9)五三六頁
(11)前掲(9)五七六頁
(12)加計呂麻島の俵では、夜明けに海や川から三個の石を拾って誰とも出会わないように家に持ち帰り、これらの石を塗り込んだ竈をつくる。家に死者が出ると竈を壊して海に捨て、忌が明けるか、次の正月を待って新造する。毎日主婦が熾火をのせ、線香を立てて家の幸運を祈るという(村田熙『日本の民俗・鹿児島』一六九頁　第一法規出版一九七五)。
(13)窪徳忠『中国文化と南島』三四七～三四八頁　第一書房　一九九五
(14)前掲(1)一四三頁
(15)前掲(1)一四〇頁
(16)前掲(1)一四五頁
(17)前掲(5)五五三頁
(18)前掲(9)七二頁
(19)前掲(9)九六～九七頁
(20)前掲(9)一〇三頁
(21)平敷令治『徳之島調査報告書』(3)一五四頁　沖縄国際大学南東文化研究所　一九八五
(22)『日本民家語彙集解』一四三～一四四頁　日外アソシエーツ　一九八五
(23)小野重朗『九州の民家―有形文化の系譜(上)』四八頁　慶友社　一九八二
(24)森隆男「ヒンプンの諸相からみた中国文化の展開」『関西大学東西学術研究所創立六十周年記念論文集』　関西大学東西学術研究所　二〇一一

第三節　「広い部屋」をめぐる動線と秩序

はじめに

第三章で対馬の住まいにみられる「広い部屋」のダイドコロを紹介するが、東京都西多摩郡檜原《ひのはら》村の住まいでもザシキと呼ばれる「広い部屋」がみられる。本節で取りあげる大野家では一〇畳、村内には一五畳から一八畳の広さをもつ事例もあった(1)。ザシキは通常の客間として使用される。地区の会館が建築される昭和三五年(一九六〇)までは、対馬と同様に地域の集会所にもなった。また子どもたちの寝室にも充てられる。

本節では、大野家の当主大野光春氏(一九二六年生まれ)からの聞き書き調査をもとに、「広い部屋」をめぐる動線から当家の住まいの秩序をさぐる。

一　大野光春家の間取りとくらし

大野家は片かぶと造りの茅葺民家で、現在はプラスチック瓦で覆われているが、かつての豪壮な雰囲気を残す住まいである。昭和三〇年(一九五五)ごろまで、この地域の主要な生業であった養蚕を目的に建てられた農家である。間取りは広間型に分類でき、ザシキと呼ばれる広い部屋を中心にダイドコロ、チャノマ、ウチザ、ヘー

写真12　かぶと造りの形態を残す外観

ヤ、オクザシキ、トバノマが取り囲む。
　正面の大戸をくぐると土間で、当地ではここをダイドコロと呼んでいる。ダイドコロはチャノマとザシキに接しており、これらの部屋に入るために浅い踏み段が設けられている。チャノマにはいろりが切られており、家族が食事をしてテレビを見る団らんの場である。チャノマの下手は四年前に増築されて台所や風呂・便所が設けられているが、以前は台所がチャノマの裏側にあった。大戸の横に小便所があり、大便所は屋敷の入り口に外便所として設けられていた。風呂は平成七年まで別棟にあり、雨が降れば傘をさして風呂場に行き、ろうそくの明かりで入浴したという。

　オクザシキは重要な客の対応と婚礼や葬儀などの儀礼を行なう場である。部屋の格式を示す床の間が設置されている。トバノマは儀礼の際には次の間の機能をもつが、日常は若夫婦の寝室に使用される。出産の際は、畳を揚げて産部屋としても使用した(3)。

　ウチザは主人夫婦の寝室である。その上手はヘーヤやナンド、サンジョとも呼ばれる狭い部屋である。こ

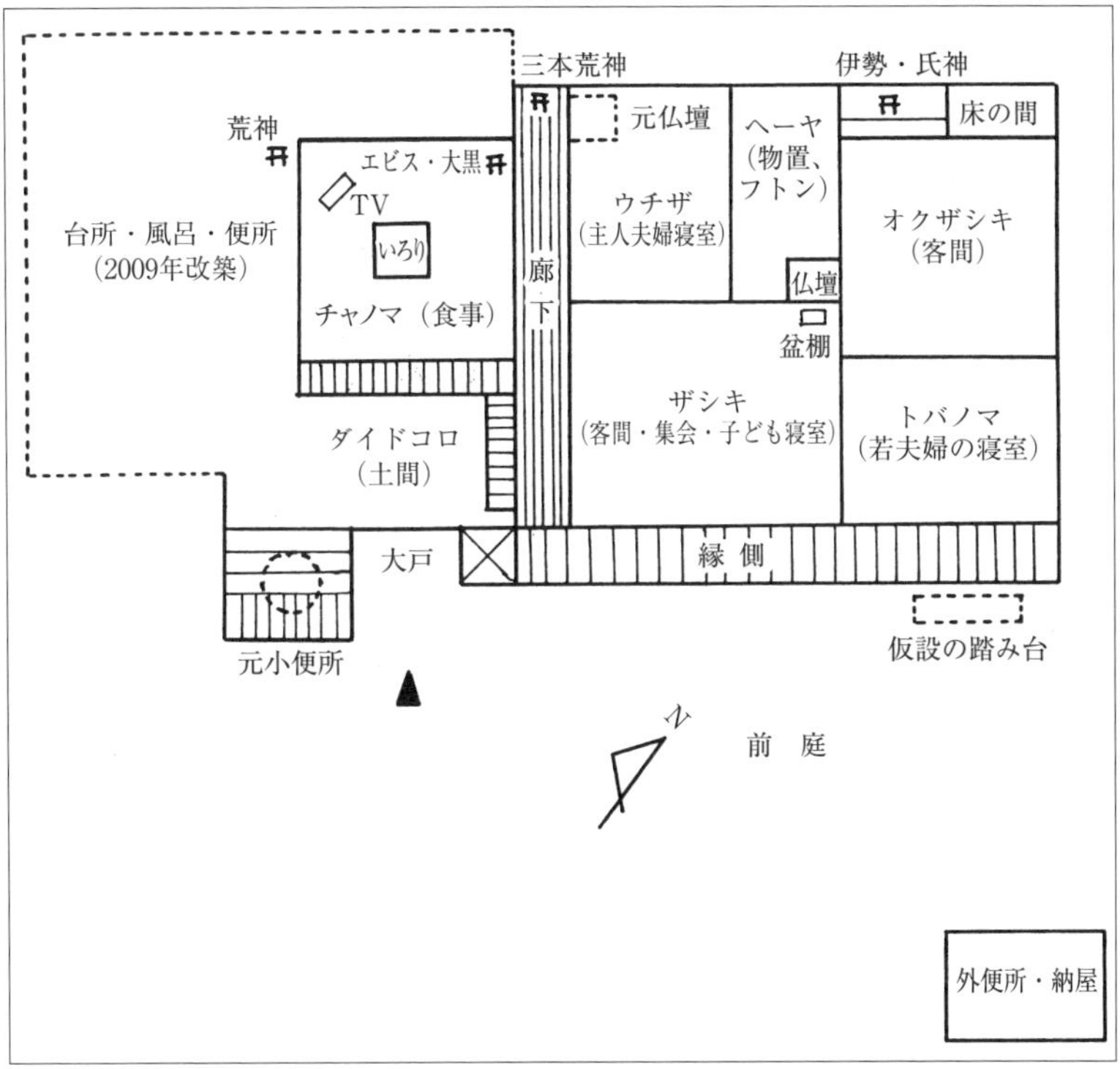

図7　大野光春家

の部屋はオクザシキとの間が壁になっており、ウチザからのみ出入りできる閉鎖的な空間である。産部屋に充てられることもあったという(2)。現在は布団などの家財道具を収納する場になっている。

祭祀についても触れておきたい。仏壇は座敷に面してヘーヤに設置されている。盆棚は子どもの机などを利用して、仏壇の前のザシキに設けた。かつて仏壇はウチザの裏側部分に設置していたという。神棚はオクザシキに設けられた床の間の横に設置されている。小祠の中には氏神の貴布禰神社、伊勢神宮、明治神宮の神札を収納している。チャノマとウチザの間にある廊下の最深部には、三本の御幣を藁の土台に差し込んだ「三本荒神」が祀られている。また新築された台所の隅にも五本の御幣を藁の土台に差し込んだ荒神が祀られている。チャノマの

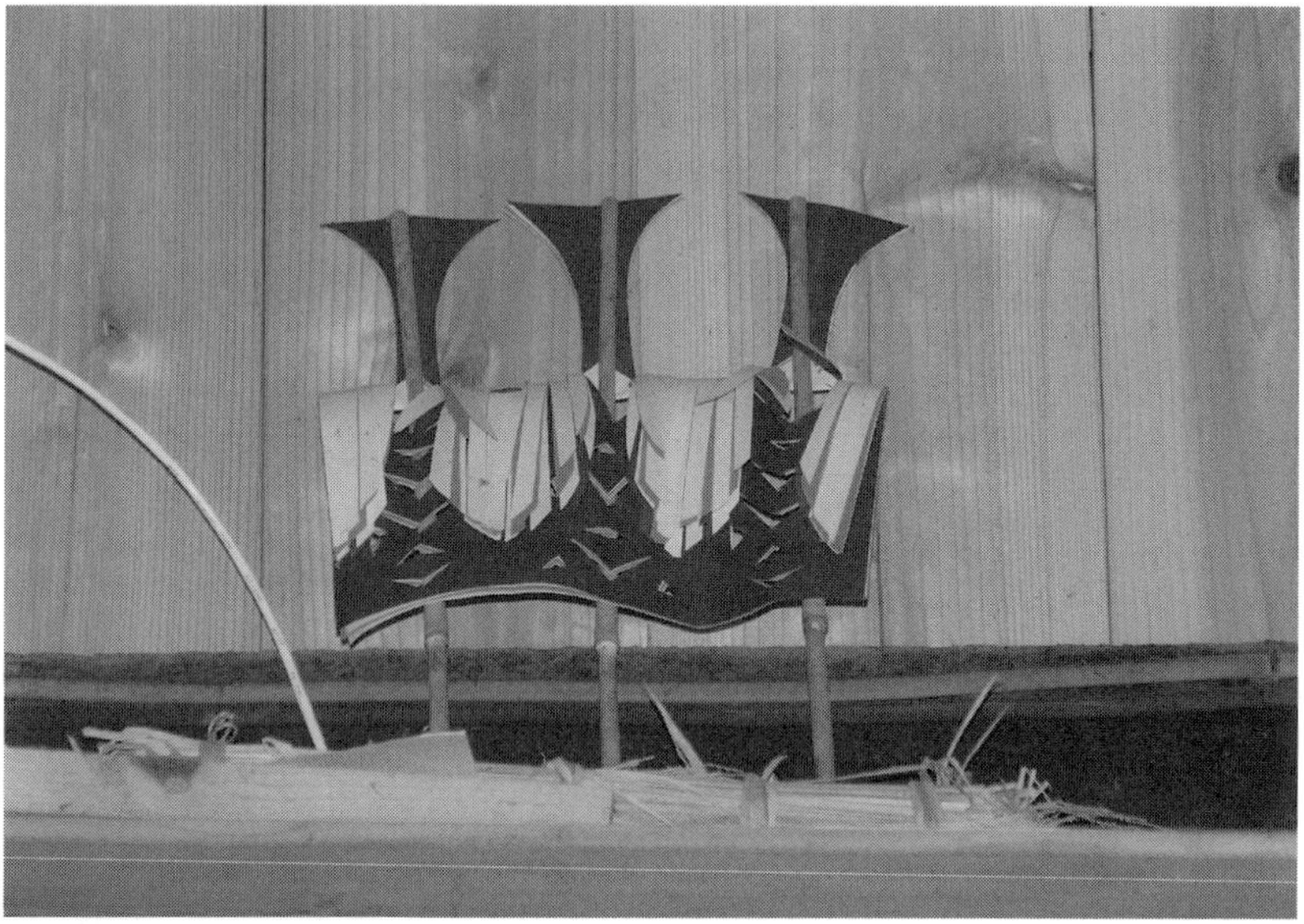

写真13　「三本荒神」

隅には棚が設けられ、エビス・大黒の像が置かれている。

二　ザシキをめぐる動線

部屋の呼称から、ザシキ—オクザシキの連続性が認められる。そしてこれらの二室のみが棹縁天井になっていることから接客を前提にした空間であるといえる。ちなみに次の間であるトバノマは根太天井である。またザシキとオクザシキの食い違い部分の半間が、両者の通路になっている。

当家は昭和一四年(一九三九)まで毎年訪れた瞽女《ごぜ》の宿になっていた。瞽女は二人連れで訪れ、大戸からダイドコロへ、そして踏み段を通ってザシキに入った。この部屋に村人も集まり、彼女たちの唄を聴いた。大野家からは無料で食事を提供し、この部屋で就寝させた。浪曲師も訪れ、瞽女と同じ対応がなされた。そのほか約一〇年前まで毎年富山から薬売りも訪れ、大野家を宿としていた。薬売りは通常二泊したが、やはり宿代は取らなかったという。薬売りはザシキで持参した薬の整理をして、この部屋で就寝した。彼らに共通するのは、決してオクザシキには立ち入らなかったことである。

一方、かつてしばしば訪れてきた「乞食」は、玄関の敷居を越えることはなかった。しかし光春氏の父（明治二二年〈一八八九〉生まれ）は、ダイドコロの踏み段に座ってもらい、お茶を出していたという。

非日常時の動線についても紹介したい。婚礼の際、仲人を先頭に嫁とその一行は前庭から縁側を経てトバノマに入り、一旦この部屋で休憩をした。そのあとオクザシキで杯事をする。仏壇を拝むことはない。杯事が終ると、オクザシキとザシキ、トバノマを開け放して一晩中、披露宴が催された。

家人が亡くなるのは寝室のウチザであった。ここで湯かんを済ませ、オクザシキに棺を移す。床の間横の神棚に白紙を貼り、その前に祭壇を設ける。葬儀とダンバライ（食事）もオクザシキを中心にして行なわれる。棺はオクザシキで蓋をしてトバノマを経て縁側まで出し、縄を掛ける。そのあと庭に出して、左回りに三回転させたあと墓地に向かう。藁火を燃やしたり茶碗を割ったりすることはなかった。日常は縁側を経て直接トバノマに出入りすることはない。婚礼や葬儀のときだけ、木の踏み段を置いて臨時の出入り口にする。

以上のように、当家では大戸のある出入り口を使用し、チャノマからウチザさらにヘーヤにつながる家族の動線と、ザシキからオクザシキにつながる客の動線があり、これらは日常の動線といえる。一方、婚礼や葬儀の際には仮設の踏み段を設置して、前庭―縁側―トバノマ―オクザシキを結ぶ非日常の動線が浮上することになる。

三　クチ―オクの観念

まず日常の動線を決定している住まいの空間認識をさぐってみたい。

写真14　玄関上に取りつけられた枯木の枝

来訪者に応じて、対応する場所が明確に区別されている点に注目する。「乞食」に対して、一般的には大戸の敷居をはさんで家人から食料や金銭の提供が行なわれる。ダイドコロの踏み段で茶を提供した大野氏の父の行為は例外であった。敷居は屋内と屋外の結界であり、当家でも節分に魔除けの装置である柊の枝が戸口付近に挿し込まれる。また同様に大戸の上に取り付けられている枯れ木の枝は、戦前に奥多摩湖で拾ってきたものと伝承されている。装飾を兼ねているが、ここが結界であることを意識したことによるものである。

瞽女たちと薬売りはザシキまで招き入れられて、食事と就寝の場の提供を受けた。彼らは施しを受ける対象であり、ここには定住している農民と漂泊民の間に存在した古い意識を、客ではあるがオクザシキへの侵入を許さない対応にうかがうことができる。そして瞽女の芸が披露されるザシキは、村人に解放された公的な場でもある。すなわちザシキは多様な対応を可能にするあいまいな性格をもつ空間であるといえよう。

当家にとって重要な客はオクザシキまで招き入れられ、そこが食事と就寝の場になる。オクザシキには床の間や違い棚などの接客装置が設けられ、ザシキとの間に格式の差異が強調されている。

このようにクチである大戸とオクであるオクザシキを結ぶ一本の軸があり、来訪者への対応がオクを上位とする秩序に基づいて行なわれていることを読み取ることができる。

一方、婚礼や葬儀など非日常の際には、オクザシキとトバノマ、縁側、前庭が一本の軸上に並び、ここには前庭をクチとしオクザシキをオクとする別の秩序が創出される。

むすび

大野家のような間取りは農村で比較的よくみられるが、客の動線から考察すると特異な構造をしていることがわかる。オクザシキのオモテ側にあるトバノマは一般的には客間に準じる次の間であるが、ここでは若夫婦の日常生活の場になっている。部屋の呼称が示すように大戸口→ザシキ→オクザシキが接客の動線になっており、前出のようにザシキとオクザシキは接客仕様の棹縁天井が張られている。そしてザシキが、接客時の複雑な対応を可能にしている。それはザシキがクチ―オクの線上の中間にあいまいな空間として配置されているからである。大野家はクチ―オクの秩序が明確に確認できる事例として興味深い。

なおトバノマにも言及しておく。一般的に若夫婦の寝室は他人の目に触れにくいウラ側の部屋が充てられるからである(4)。とくにオモテ側の部屋が産室に充てられることがあるのは特異であり、このような事例を筆者は聞いたことがない。この点については今後の課題としたい。

註

（1）小谷田孝之「秋川流域の民家（3）檜原村について」『民俗建築』第七三号　一九七七

（2）前掲（1）

（3）『東京の民俗7』東京都教育委員会　一九九一

（4）福島県鮫川村では、トバノマの位置にある部屋を新婚夫婦に充てている。子供が生まれるまで嫁を正式な家族のメンバーとして認めないとする意識からであった（森隆男「納戸の観念的位置」『昔風と當世風』第九四号　二〇一〇　のち森隆男『住まいの文化論―構造と変容をさぐる―』柊風舎　二〇一二　に収録）。

第四節　都市の住まいにみる動線

はじめに

都市の住まいは比較的狭い敷地に建てられるため、効率を優先した部屋の配置がみられる。農家のように整形の部屋とは限らず、食い違いの間取りになった事例もしばしばみられる。また昭和になって婚礼や葬儀を専門の施設で行なうようになったため、広い座敷をもつ住まいが減少した。さらに家族それぞれの個室や、使用人の部屋も確保され、結果として複雑な動線がみられる。

一方で、近世以来の伝統をもつ大型の商家も残存している。そこには客を住まいのオクまで招き入れてもてなす、武家の価値観が伝承されている。商人の経済力は豪華な客室と中庭を作り上げることになった。

本節では大規模な商家と中産階級の都市民の住まい、生活の場に診療の場を組み込んだ開業医の住まいなど多様な都市の住まいを取りあげ、客の動線をもとに構造をさぐる。一般的な商家については第四章で取りあげたい。

一　醤油屋を営んだ商家―兵庫県朝来市生野町―

生野鉱山町は天文一一年(一五四二)に山名氏が本格的な採掘を始めて以来、佐渡の金山と並ぶ「銀山の町」として発展する。近世初期には代官所が設置され、最盛期を迎えた。しかし大火や事故によって衰退し、幕末には廃山同然であったという。近代に入って官営鉱山になり、フランス人技師の指導で再開発が行なわれた。その後三菱が経営権を獲得して、一九七三年に閉山するまで営業が続けられた(1)。

A家は鉱山町のクチに当たる口銀谷で、元禄時代から穀物・油・醤油を商ってきた。商いは鉱山の労働者を顧客にして繁盛し、それが住まいの造りにも反映している。建築材はもちろん、客間や中庭にすぐれた造作がみられる。現在の建物は二階建ての瓦葺切妻平入で、明治後期に建築された(2)。図8は、家族七人と女性のお手伝い一人の計八人が暮らした住まいの間取り図である。

広い土間は、南側に隣接する店と当家を訪れる客を導入する場になる。ウラ側に続く土間は家人が食事をとるクチノヘヤ、ウラ側にある台所を結ぶ通路となり、商家の典型でもある。事務室も生業に関わる空間である。オモテ側には事務室に続いて子供部屋と家族の寝室が続く。

正式な客はオモテとウラの間にある三室(これらの部屋の名称は伝承されていないので、仮に、イ、ロ、ハとしておく)を経て客間1に招かれる。客間1は当家で最も格の高い部屋で、客は床の間を背にしてアオキやモミジ、サツキなどが植えられた美しい庭をみることができた。客間2では毎年桃の節供に豪華な雛壇が飾られた。この日だけは近所の子供たちがこの部屋まで招き入れられ、食事の接待を受けた。なお節分の日は、イの部屋で近所の子どもたちに菓子を与えたという。二階には六部屋があり、その多くは家族と客の寝室に充てられた。

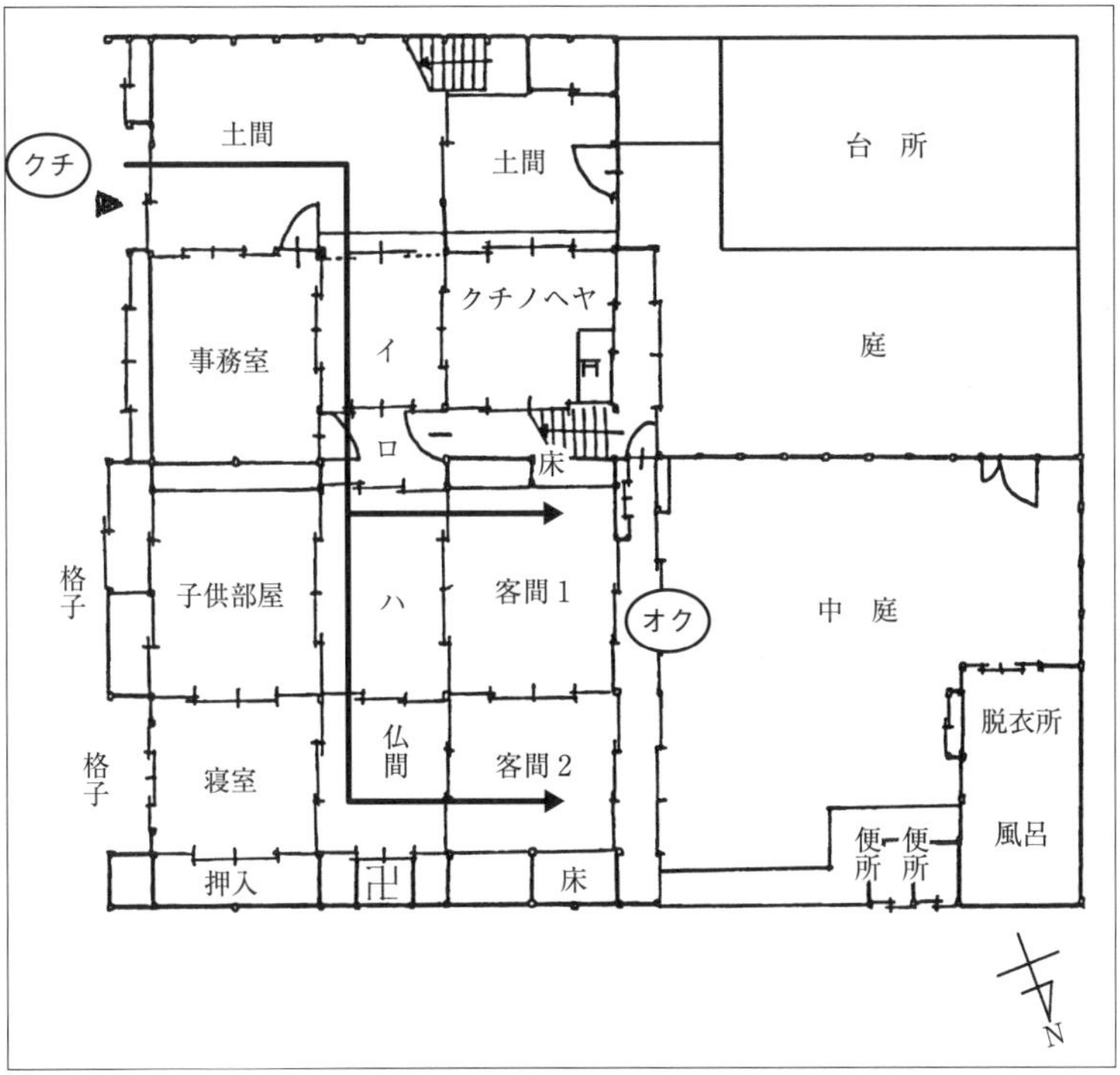

図8　生野鉱山町商家・A家

（原図：椿原佳恵作成）

かつて家人が息を引き取るのは寝室であったが、近年は病院で亡くなる。その場合、帰宅した死者はまず最高の客間1に寝かされ、その後に湯かん、納棺を済ませて仏間に安置される。葬儀は仏間を取り囲む部屋の建具を外して営まれる。読経が終わると、ハ、ロ、イの各部屋を経て土間に至り、そこから玄関を出て墓地に向かった。玄関を出た所で、親族の一人が、死者が生前使用していた茶碗を割った。

以上のようにA家ではクチの玄関からオクの客間まで明確な接客のルートが設定されている。出棺もこのルートと重なるが、本来は仏間から寝室を経て直接道路に出棺した可能性がある。この地域では当家のように寝室に相当する部屋の格子が比較的簡単に取り外しでき、そこから出棺した事例がみら

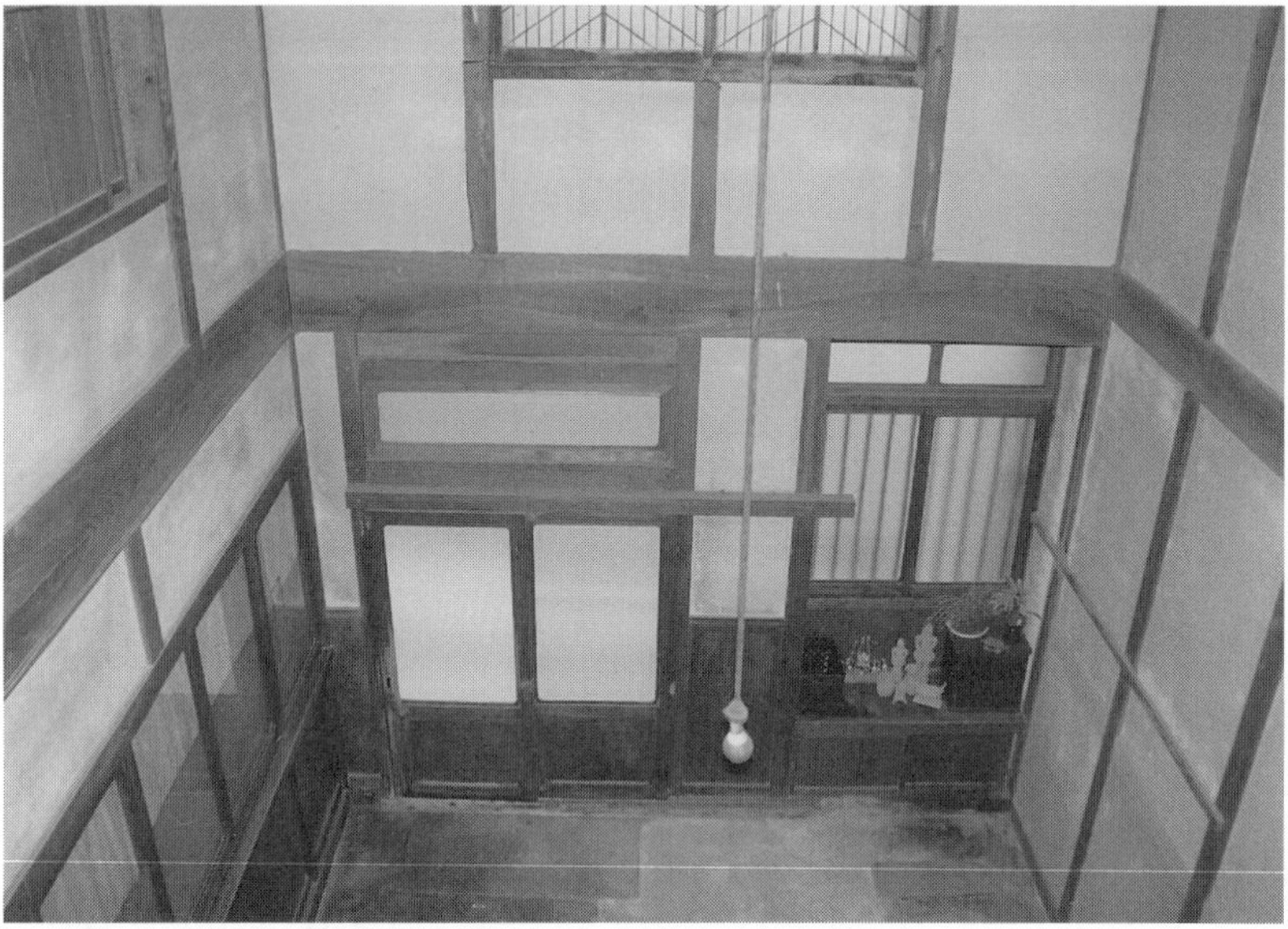

写真15　A家の玄関と広い土間

写真16　イからロ、ハ、仏間の各部屋を望む

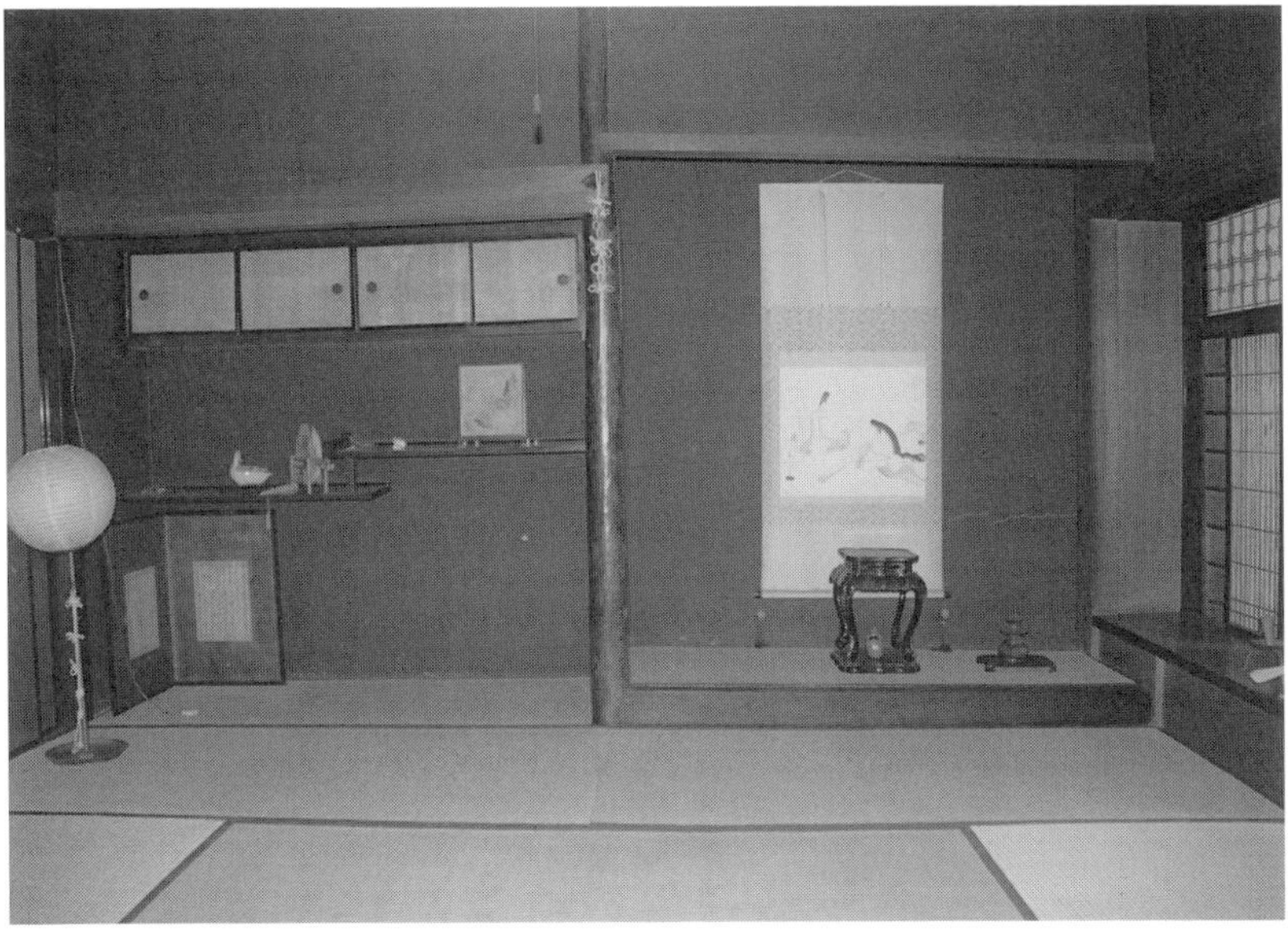

写真17　客間 1

写真18　客間 1 から望む中庭

れるからである。なお、イ、ロ、ハの各部屋は特定の機能をもたず通路というべきであるが、これは明治に導入された中廊下に相当する空間といえよう。

一階の大部分を接客のスペースに充てたA家は、通り土間に沿って部屋が並ぶ京都の商家とは異なる。家族の日常生活より客の対応に重点を置いた構造で、鉱山町という大消費地をもつ町が生み出した商家といえよう。生野の鉱山町には、このような豪壮な近代建築物が多く残存している。

二　大阪近郊の都市住宅

関西初の田園都市として大正中期に整備された大阪府吹田市の千里山住宅地には、和洋折衷の住まいが建てられた。昭和一一年（一九三六）に建築されたB家は、外観が和風で門を備え土蔵も併設されているが、内部には一部洋風の要素が認められる。図9はB家の間取り図である。

一階からみていこう。玄関を入ると比較的広い畳敷きの部屋があり、客は左手の客間に招き入れられる。そこはマントルピースが設置された、この家の唯一の洋間である。玄関の右手には畳敷きの書斎が配されている。当時、書斎は応接間と並んで洋間にすることが多く、和風の生活を好んだ当家の主人の意向が反映している。小型の床の間も設置され、客間としても使用されたのであろう。

母屋の中央部には南側に縁側をもつ広い部屋があり、かつては老夫婦の寝室にも充てられたが、最も格式の高い客室である。それは一間幅の床の間と装飾的な棚が設けられていることからもわかる。この部屋はオクノマと呼ばれており、玄関から近い位置にかかわらず家人には精神的なオクに位置するため、このような呼称になったのであろう。この部屋の一角には当初から仏壇が設置されており、祖父などの位牌が納められていた。以後亡く

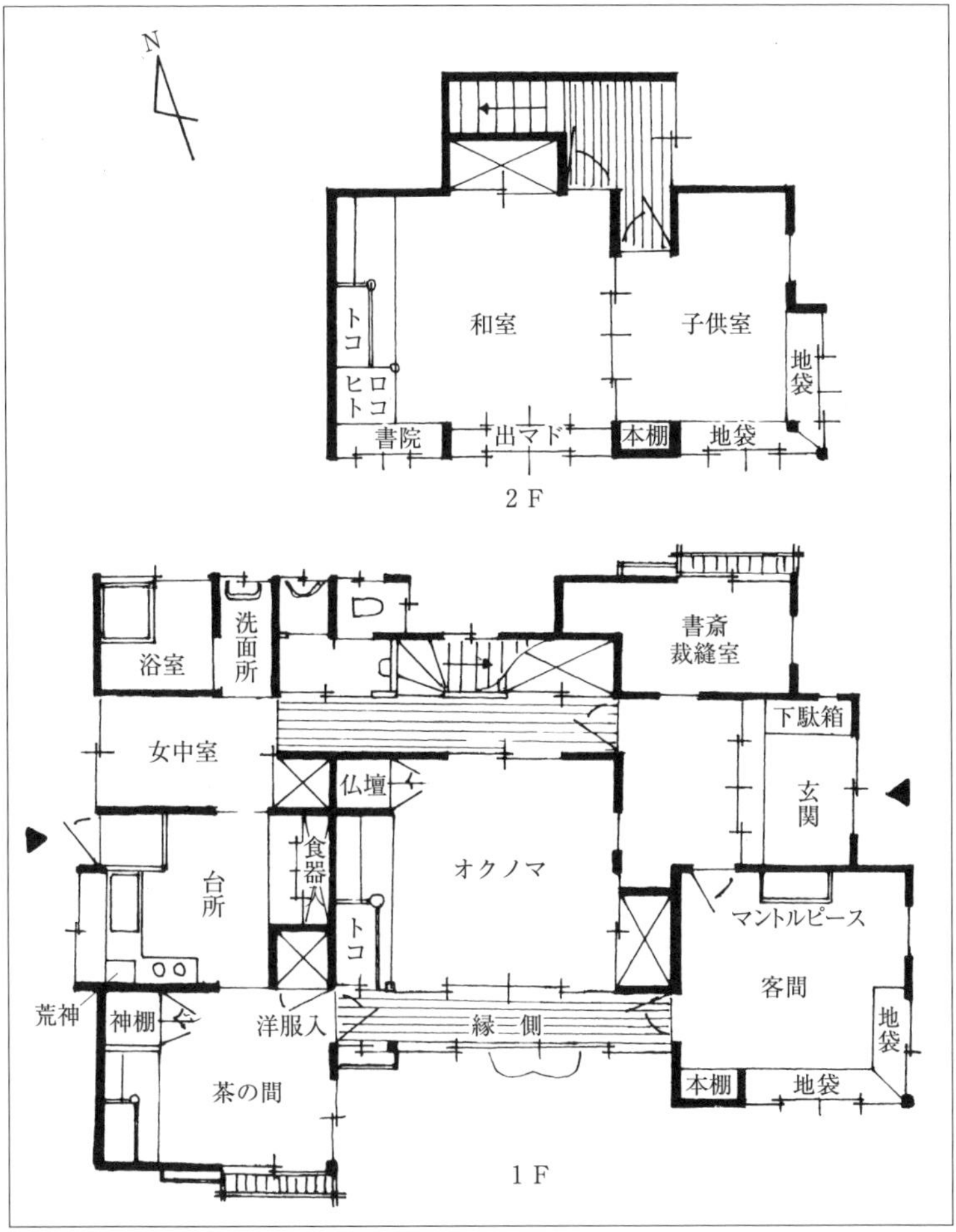

図9　千里山住宅地・B家

（原図：渡会奈央作成）

写真19　B家の玄関

写真20　オクノマ

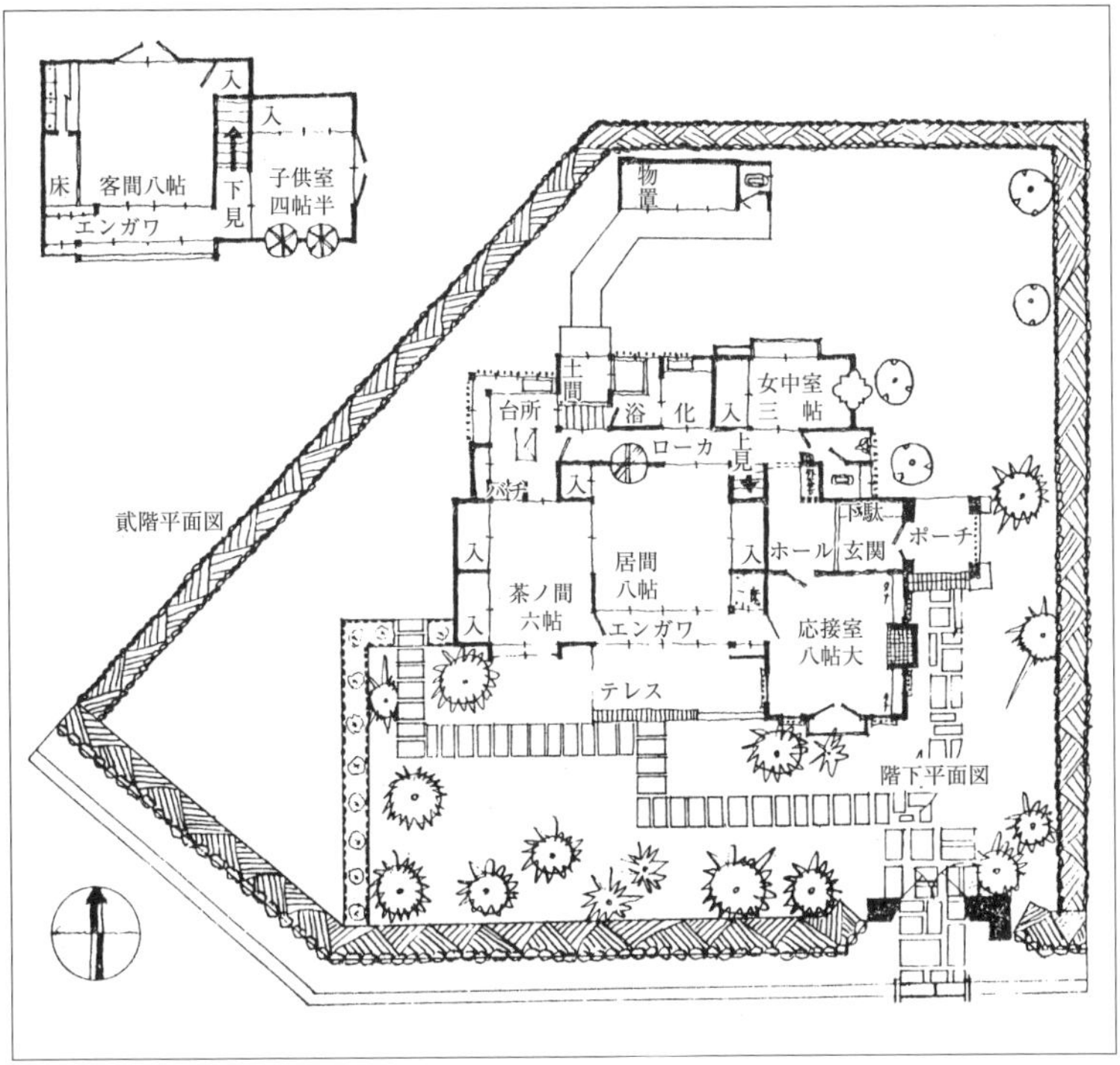

図10　尼崎市・C家

（阪急電鉄地所課売り出し広告、尼崎市教育委員会蔵）

なった、現当主の両親の位牌も納められている。そしてこの家で亡くなった家族の葬儀がこの部屋で営まれたことに留意したい。

廊下の奥には便所が配されており、家族と客が使用する。最奥部には「女中室」、浴室と洗面所、台所が配されている。台所の南側に続く茶の間は食事の場であり、家族の団らんの場である。この部屋には神棚が設置され、伊勢神宮や氏神の神札が納められている。水や塩などが供えられ、ていねいな祭祀が行なわれてきた。

二階には床の間や書院が設けられた八畳の和室と、六畳の板の間がある。八畳の間は家族の寝室として使用されたが、客の寝室に使用されることもあったという。板の間にはベッドが設置され、主として子供部屋に充てられてきた。

以上のようにB家では、洋間の客室や、書斎、女中部屋など当時の中産階級の住まいの特色を採用しながら、住まいで冠婚葬祭を行なう伝統的な和風の生活が展開されたとみることができよう。

B家が建築された三年後の昭和一四年に、兵庫県尼崎市の北部に位置する阪急武庫之荘駅の北側に住宅地が分譲された。比較的広い敷地のそれぞれに建売住宅が建設され、自然環境に恵まれた郊外住宅地として宣伝された。その際に配布されたパンフレット(3)に計一九戸の間取り図が掲載されている。そのうちの一つをC家として、B家と比較してみたい。C家は「洋風二階建」とされ、道路に面した外壁の一部に幾何学的な装飾が施されていたようである。しかし間取り（図10）は和風の外観をもつB家と大変よく似ている。異なるのは便所と「女中室」が玄関付近に配されている点である。これはパンフレットに掲載された他の家にも共通する。B家では客の動線がクチの玄関から、便所を使用する際にはオクの便所まで伸びる。それに対しC家の場合は客の動線がほぼ玄関付近に限定されることになる。B、C家ともクチに客のための接客空間、オクに家族の生活空間を設定するコンセプトは共通するが、C家ではそれが徹底されているといえよう。C家は家族中心の日常生活を守るための住まいにさらに傾斜し、換言すればそのために精神的な閉鎖性が強まったことになる。以後、C家の型が大阪近郊の都市において住まいの主流になる。

三　開業医の住まい

天草市牛深町は牛深港を中心に民家が密集した漁村集落で、狭い路地が複雑に交差している。河野道人家は、この地で昭和六〇年（一九八五）まで内科・小児科を開業していた医院である。当家の出身である西岡章子氏（昭和

写真21　河野家正面の外観

二二年〈一九四七〉生まれ）によると、西岡氏の父が誕生した明治三四年（一九〇一）には建築されており、すでに築一一〇年を経ていることになる。(4) この事例は住まいの中に優先的に生業の空間が確保された場合、生活の場や接客の場がどのように配置されるか、その結果どのような動線が生じるかを考える上で興味深い。

(一)河野家の概要

河野家は母屋が切妻平入りの瓦葺民家で、中庭を囲んでコの字型に三棟の建物が配置されている。漁村集落においては比較的広い敷地といえる。ホンドオリと呼ばれる集落の主要道路に面した母屋の正面は、一階の開口部は格子戸、二階は虫籠窓になっている。開口部を除き漆喰が塗られ、格子戸とのコントラストが美しい外観を創り出している。

かつては炊事場と風呂に接して土蔵が建てられており、使用人の部屋に充てられることもあった。また裏庭には杏や槙などが植えられ、切石を積んだ石塀が築かれている。その奥に便所が新設されて、板塀で囲まれるこ

写真22　待合室（右奥は薬局）

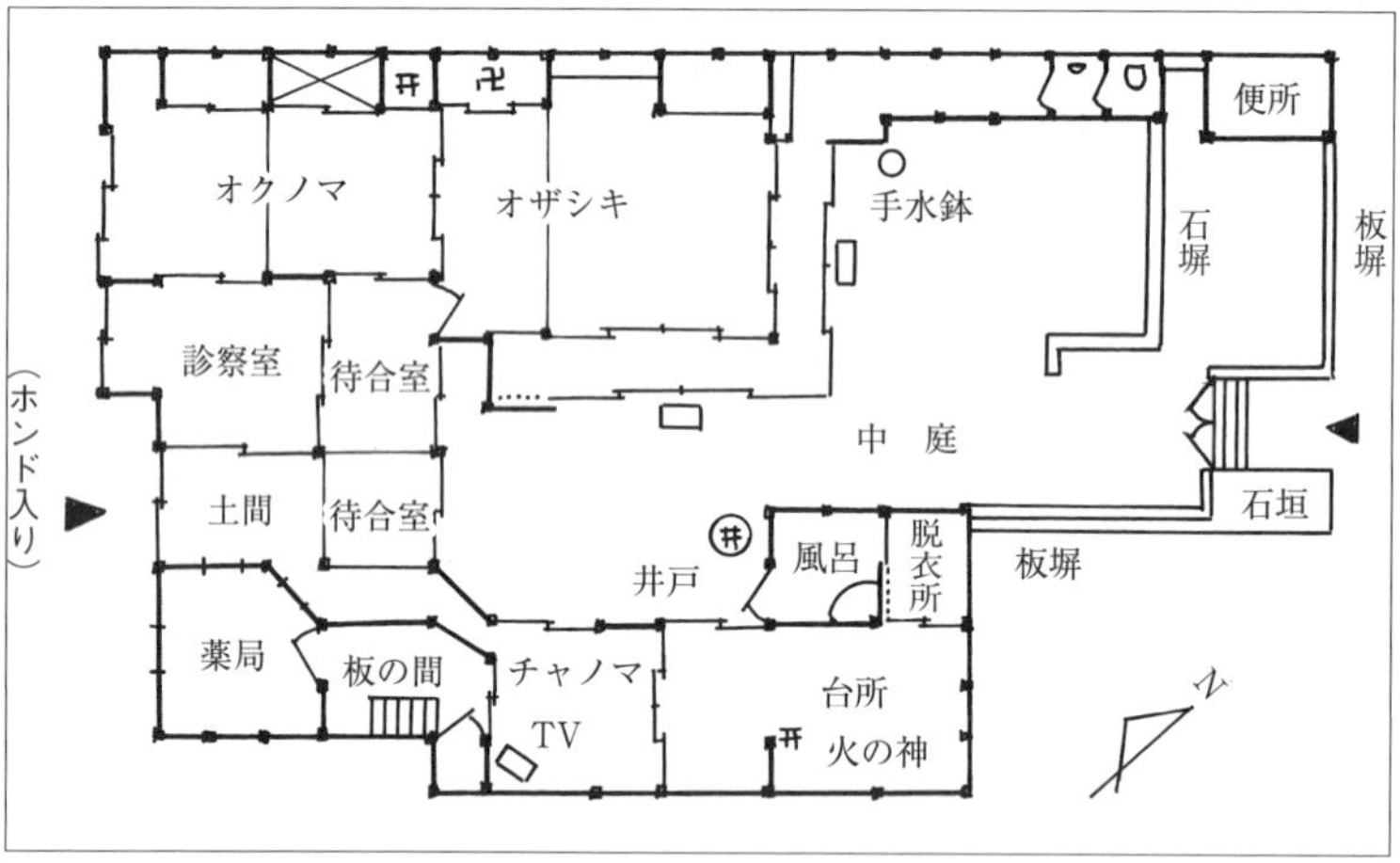

図11　河野家間取り

（原図：椿原佳恵・西田麻美作成）

写真23　神棚に祀られた先祖の像

とになったようである。

間取りは基本的に商家とよく似ており、オモテ側に医業に必要な診察室と待合室、薬局が、ウラ側には接客空間と生活空間がそれぞれ別棟で配されている。ただしオクノマは家族の寝室に充てられており、その二階は子供部屋であった。医院の診療時間中は患者と家族の動線が交差することはなかった。しかしかつては便所が一か所しかなく、茶の間や台所から中庭を横切って行く必要があり、雨の日は困難であったという。診療時間外は待合室が日常空間と接客空間及び寝室を結ぶ通路になった。

オザシキは当家の格式を示す重厚な造りが施されている。中庭から客を迎え入れることが想定されており、踏み石から縁側を経て部屋に入ると、正面に床の間と違い棚、付け書院が目に入る。違い棚の横には仏壇が設けられているが、オモテ側の三畳と区切る敷居があり、そこに建具を入れると仏間になる。造り付けの仏壇であり、当初は独立した仏間であったと考えられる。仏間と客間を区切る欄間には、六枚の鍔を埋め込んだ洗練された意匠がみられる。

オクノマは通常は寝室として使用されているが、氏神の祭礼の際は格子戸をはずして緋毛氈《ひもうせん》を敷いた。ホンドオリを通る神輿に神酒を供える場になったからである。

当家の仏壇は、琉球地方のように比較的高い位置に棚を設けた形態である。棚の下の引き出しには重要な書類を収納し、先祖に守ってもらうという。盆にはタイモの葉に栗や柿の初物をのせて供物とする。また神棚も建築当初の造り付けであり、障子で閉じる古い形態である。中には氏神の牛深八幡神社の神札などが納められている。さらに高さ三〇センチメートルほどの塑像が祀られている。胸に当家の家紋が描かれており、先祖の像と伝承されている。この像は、天草土人形であろう。台所には火の神を祀る小祠がみられる。正月に鏡餅を供える場所は、神棚、床の間、火の神、薬局、診察室、そして井戸である。井戸にも神霊の存在が意識されている。

(二)機能別空間の配置と出入り口からみた住居観

道路に面した母屋の主たる機能は生業の場である。そのため一般的には連続する日常生活の場と接客の場が分離し、それぞれ独立した付属棟として母屋に接続されている。寝室や便所の位置も考慮すると、この住まいは日常生活より医業を優先した構造といえよう。一方、接客機能が重視され、オザシキは一〇畳の広さをもち優美な装飾が施されている。客用を兼ねた便所には、有田焼と思われるタイルが使用されている。また限られた敷地の中で比較的広く中庭の空間が確保され、装飾的な植栽が行なわれている。丁寧に加工した石を積み上げた重厚な塀も、接客のための重要な装置になっている。現在は勝手口として使用されているが、かつては裏口から客を迎え入れ、中庭を経てオザシキに至る動線が存在していた。海岸線が敷地に近く、勝手口は海に注ぐ川に接していたという。船を使用して客が訪れたことも多かったはずである。ちなみに当家では家族が亡くなったとき、仏壇の前に安置した棺を勝手口から出したという。裏口が単なる通用口というだけでなく、重要な客や非日常の出入

写真24　オザシキに続く勝手口

り口になっていたのである。

道路に面した土間から待合室・診察室や薬局で完結する患者の動線、土間から茶の間や炊事場に連なる家族の日常生活の動線(これは夜には日常生活の場から待合室を経てオクノマに向かう動線になる)、さらに土間から待合室を経てオザシキに向かう客の動線が混在している。しかし前述のように、かつては現在の勝手口が正式な客を迎えるクチと意識され、道路から来訪する患者の動線と交差することはなかった。ここには質素なオモテ側に対し、ウラ側に数寄空間を創る、町人の住まい造りと重なる構造をみることができる。

なお祭礼の際、普段は寝室に使用しているオクノマに緋毛氈を敷いてハレの空間に転換し、オザシキと連続させて道行く人に公開する習俗にも注目したい。これは祇園祭などの際に京都の商家にもみられる。

医院を兼ねた特殊な住まいであるが、綿密に計算された空間の配置がみられ、生業の場を取り込んだ住まいの構造を考える上で貴重な事例といえよう。

むすび

農村に比べて都市部の住まいは敷地の制限を受けることが多い。また生業の場を兼ねる場合は複雑な間取りと動線をもつ。事例として取りあげた生野鉱山町の商家は接客を重視し客室が占める割合が多いが、オクを「上」とするクチ—オクの秩序が明確に意識され、それが建具や床の間などの造りに反映している。客はオクに進みながらこの秩序を視覚的に理解する構造である。クチに生業の場を配した医院は、重要な客の対応をオクの客間で行なうために、出入り口をウラに設けている。いずれも客の動線を優先する間取りが認められる。

一方、昭和初期に中産階級が求めた住まいは伝統的な儀礼から解放された、家族の生活を重視するものであった。その結果、客間としての座敷が家族の団らんの場になっていく。玄関付近に設けられた応接間は簡易な接客に対応するもので、やがてこの部屋も家族の団らんの場に変化していく。現代のマンションはこの時代の住まいに系譜を求めることができよう。

また接客の在り方も多様で、それが間取りに反映している。

註

（1）『生野鉱山及び鉱山町の文化的景観保存調査報告書』一六～二〇頁　朝来市教育委員会　二〇一〇

（2）『生野鉱山町の住まいと暮らし』関西大学文学部森研究室　二〇一六

（3）尼崎市教育委員会所蔵資料

（4）森隆男「住まいの中の医院」荒武賢一朗編『天草諸島の歴史と現在』二四一～二四四頁　二〇一二

第五節　祭場に転換される住まい—宮崎県椎葉村の神楽—

はじめに

宮崎県椎葉村では二十数か所の集落に神楽が伝承されており、毎年一二月に「冬祭り」と称して奉納されてきた。しかし椎葉神楽の存在が知られるようになったのは、昭和三九年(一九六四)に民俗芸能の研究者である本田安次が当地で聞き書きをしてからであった。その後、昭和五六年からの四年間に本格的な調査が実施されて、学術的な価値が明らかになった。

日本民家集落博物館に移築されている椎葉の民家で、平成一八年(二〇〇六)に大河内神楽が演じられ、以後、利根川神楽や尾前神楽の公演がそれぞれの保存会のメンバーによって行なわれた。これらは現在、地元では公民館等が会場に充てられているが、本来は民家(神楽宿)で行なわれた芸能である。

筆者の関心は、半世紀ぶりに民家が祭場になる公演で、日常生活の場が祭場に転換するときの動向を確認することにあった。盆や正月に来訪する祖先神や歳神、頭屋儀礼における氏神などを住まいに迎えて祀る事例は多いが、それらは日常生活を送る家族と来訪神が同居する形態である。それに対し椎葉の神楽宿は、数日前に家族が住まいを明け渡し、住まい全体を神聖な祭場に転換する事例である。

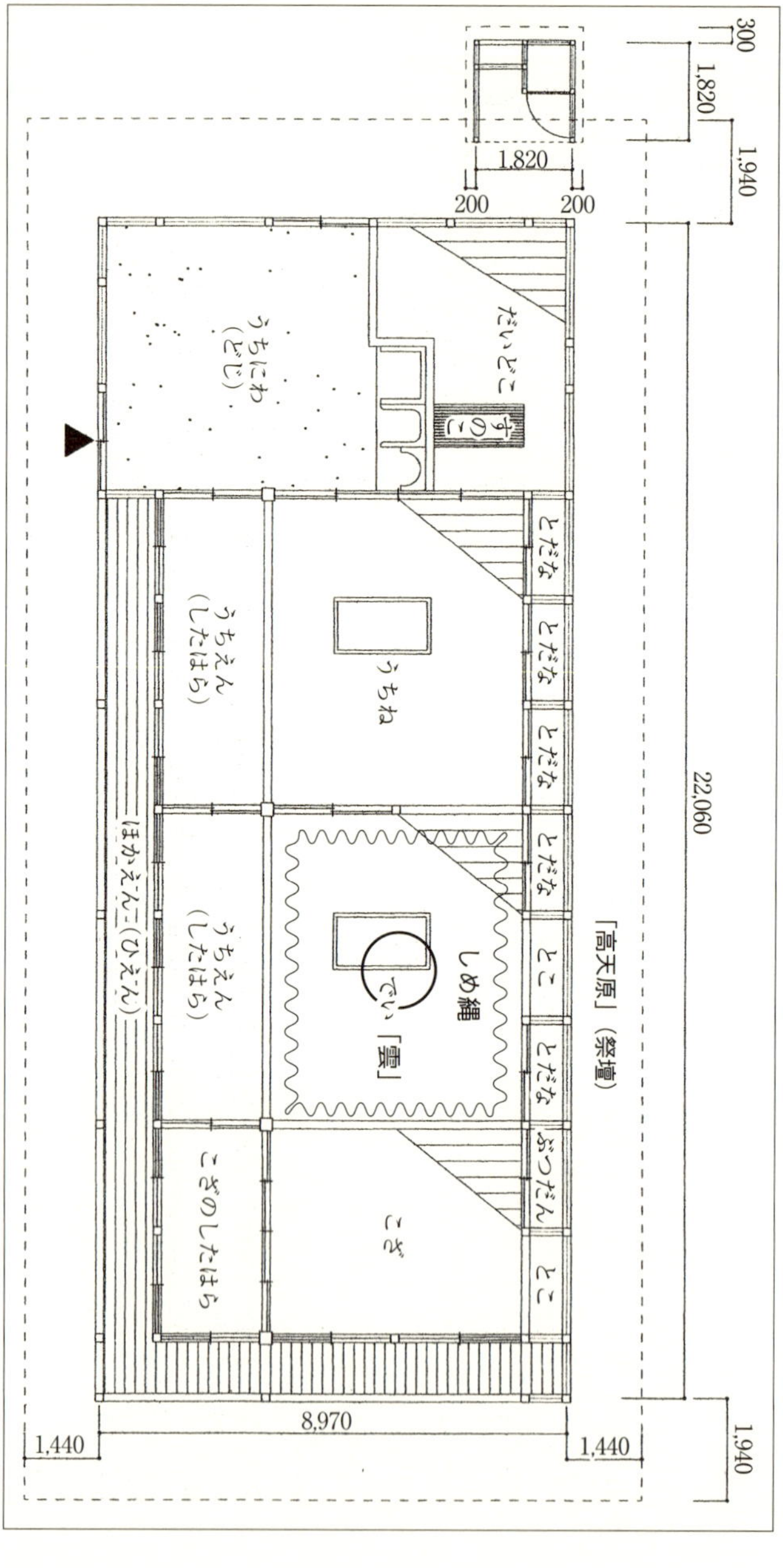

図12　旧椎葉彦蔵家

（日本民家集落博物館編『民家案内』より）

一　椎葉家の概要と神楽当日のしつらえ

昭和三四年（一九五九）に椎葉村高尾から移築された旧椎葉彦蔵家住宅は、江戸時代末期の建築といわれ、古態を残していることから国の重要文化財に指定されている。椎葉家はかつて神楽宿を交代でつとめた旧家であるが、山の斜面を造成した奥行きの狭い敷地に建てられていた。そのため図12のように山村住居特有の並列型の間取りをとり、山側はすべて板壁になる。母屋の前の庭も狭い。コザは仏壇と床の間が設けられた客間で、コザノシタハラは隠居部屋として使用された。デイは主人夫婦の寝室であるが床の間がつくられ、神聖な部屋と意識されている。とくに下肥を扱った日や月経中の女性の立ち入りが禁止されていた。ウチネは家族が食事や団らんの時間を過ごす部屋である。ダイドコは調理場で、食材や食器の水を切るため一部が竹床になっている。

写真25　庭に立てられた依代（大河内神楽）

神楽の当日、デイのいろりに蓋がされ、舞台になる。庭に神を招く大型の依代が立てられる。デイの床の間には「高天原」と呼ぶ祭壇が設けられ、その前にさまざまな供物が供えられる。デイの四隅にしめ縄が張りめぐらされ、「雲」と呼ぶ天蓋様のものがつりさげられる。この空間が神楽

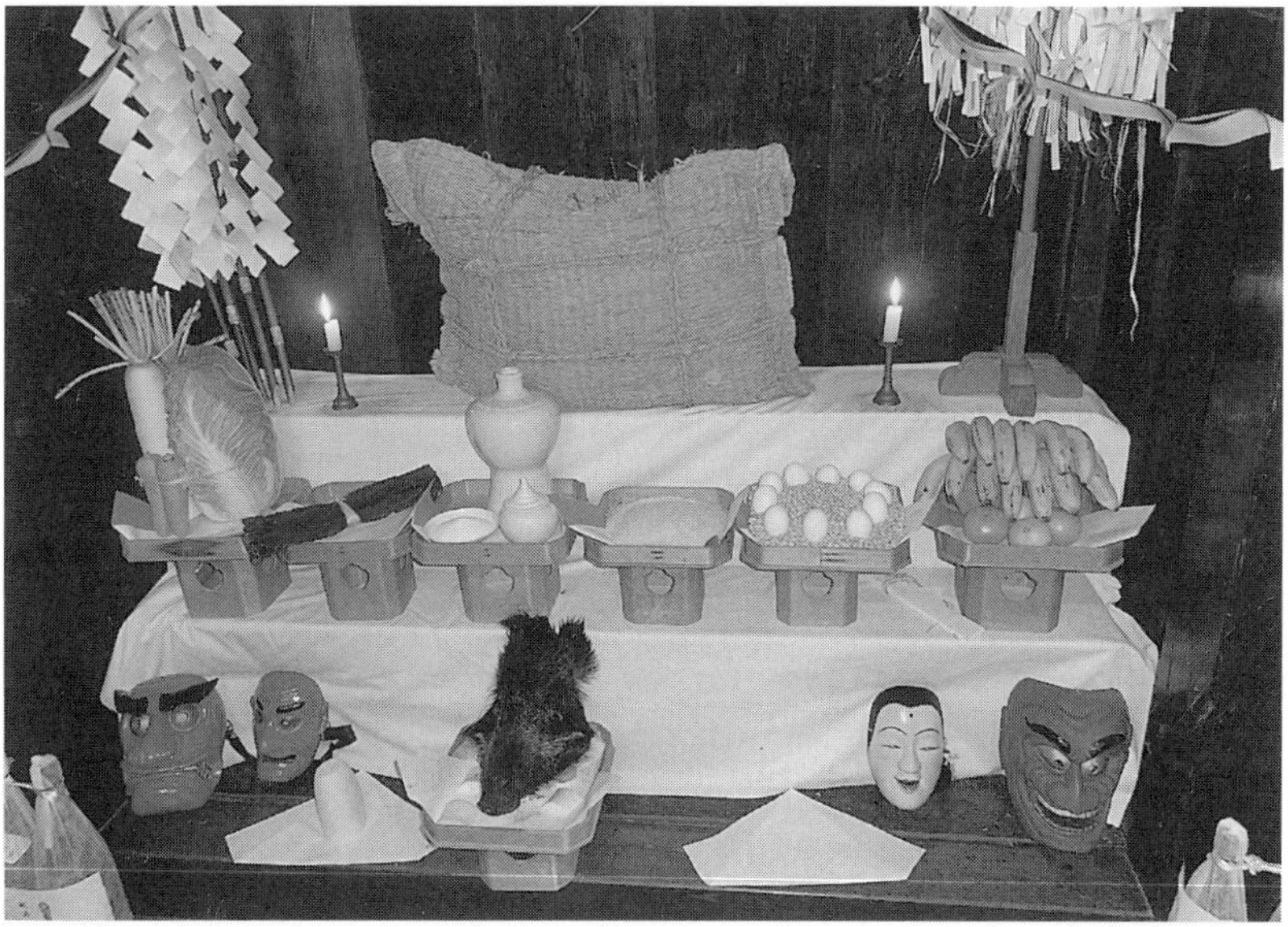

写真26　祭壇「高天原」（尾前神楽）

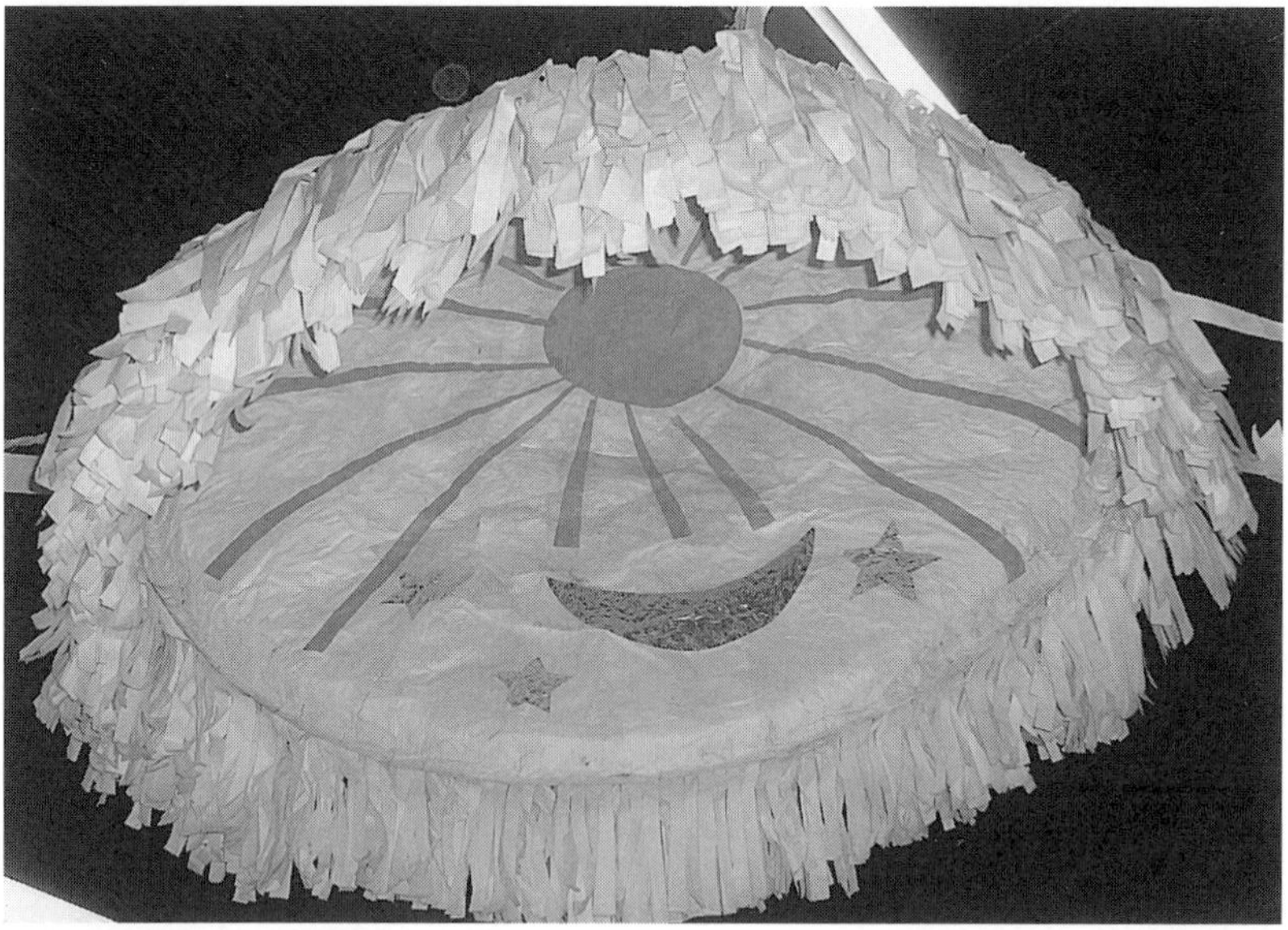

写真27　「雲」（大河内神楽）

写真28　「御神屋」（利根川神楽）

を舞う場となり、「御神屋《みこうや》」と呼ばれる。コザは囃子や神歌を歌う人が座る場であり、神職や舞手たちの控えの間になる。また村人はウチネと二つのウチエン、濡れ縁であるホカエンで見学する。デイ・ウチネとウチエンを仕切る敷居には建具を立てるための溝がなく、神楽を舞う場と観客を区別する結界の機能を果たす。溝がない敷居の存在は、椎葉家が数年に一度回ってくる神楽宿をつとめることを前提につくられていることを示している。

二　神楽の奉納と顕在化する秩序

椎葉神楽は出雲系の神楽で、いずれも御幣や鈴、刀などを手に取って舞う「採物舞」と、鬼などの面をつけて舞う「面の舞」が伝承されている。ここではその一つである利根川神楽を中心に紹介する。

利根川神楽はかつて旧暦の一一月一七日の夕方から一八日の朝にかけて舞われた夜神楽で、三三演目が伝

写真29　舞手と観客（尾前神楽）

えられている。神楽宿は三戸が交代で受け持っていたが、昭和三三年（一九五八）に氏神の境内に神楽殿を建築し、それ以来民家で行なわれることはなかった。

神楽に先立って、まず舞手たちが「神招きの歌」で八百万の神を庭の依代に招き、さらにデイの祭壇に勧請して神酒を酌み交わす神事が行なわれる。その際に庭の依代から縁側に立つ神職の手に綱が張られ、神々が綱を通して屋内に導かれる様子が演じられ、観客は神の来訪を視覚的に感じることになる。最初の演目は「有長」で、神降ろしの曲である。以下鬼面をつけた「鬼神」などが次々に奉納される。舞手の激しい動きは、神の感情を表現しているといわれる。「雲」が激しく揺り動かされるのも同様である。神歌が唄われるのも椎葉神楽の特色である。終わりのころに演じられる「火の神」では、舞手がダイドコの竈の前で経を唱えた後、火の神と神酒を酌み交わす。椎葉の神楽は本来夜通し行なわれるので、村人たちは銘々ご馳走を持ち寄り、食べながら見物したという。

椎葉の民家では、日常的にはドジ（土間）から出入り

写真30　舞手の激しい動き（尾前神楽）

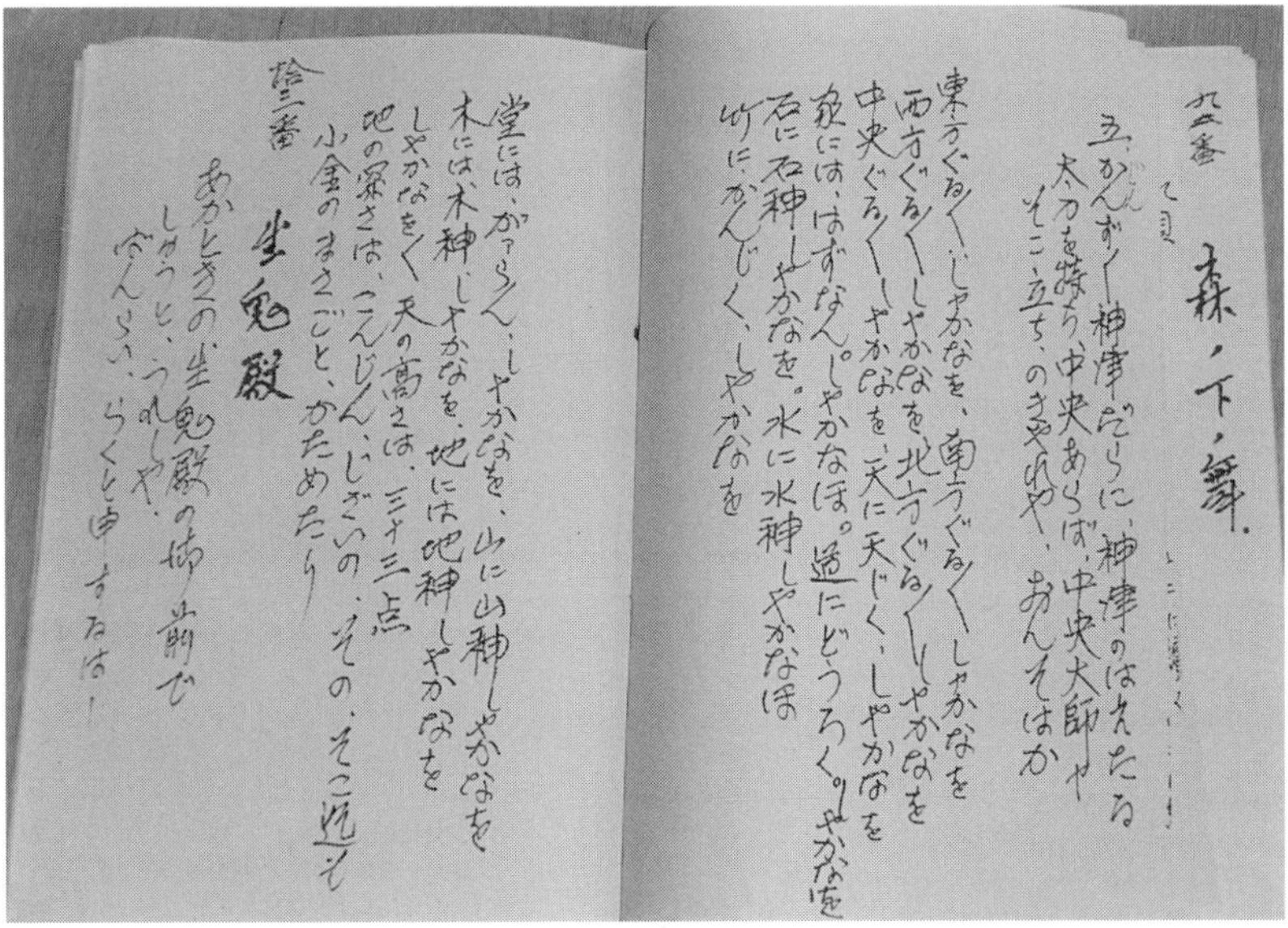

写真31　神歌（尾前神楽）

し、客はデイやコザに招き入れられる。ウチネ、デイ、コザの順に部屋の序列が高くなり、客の階層や対応内容によって使い分けられる。一般的には通路の機能をもつウチエンが、当家では建具によって三つに区分されている。ウチエンの主たる機能が各部屋と屋外の緩衝にあるといえる。

神楽の当日、デイが最も高い格式の部屋となり、神々の動線は、庭→ホカエン→ウチエン→デイ→床の間になる。神楽は床の間の祭壇を正面にして演じられるので、舞手はウチエンやホカエンの観客に対して背を向けることになる。神楽を奉納する対象はあくまでも神なのである。そして床の間とデイが神の空間、ウチエンとホカエンが人の空間に区別されていることになる。この日、神の来訪によって、ホカエンをクチとし、デイの床の間をオクとする古い秩序が顕在化する。

三　神と人の交流　さらに再生の場の出現へ

尾前神楽では神饌としてイノシシの頭部が供えられる。演目「板起こし」は狩猟神事であり、この地域の生業の一つが狩猟であったことを伝えている。これについては、柳田國男が『後狩詞記』で当地の狩猟伝承を紹介している(1)。神楽の合間に、山刀を使って猪の頭部から肉を切り取る儀礼が行なわれる。この肉は竹串に挿してたいまつの火で炙り、参加者に振舞われる。またすべての神楽で、舞手たちが観客席に入ってきて酒をすすめる。これらは神と人の共食として理解することができよう。

また演目の間に、神職が観客の間を回って頬に墨をつける所作をする。これは神が祝福した印であるとともに魔よけの意味をもつ呪術で、全国的にみられる習俗である。大河内神楽で獅子頭が観客の頭をかぶる所作をして回るのも同様の意味がある。

写真32　猪の頭部から肉を切り取る（尾前神楽）

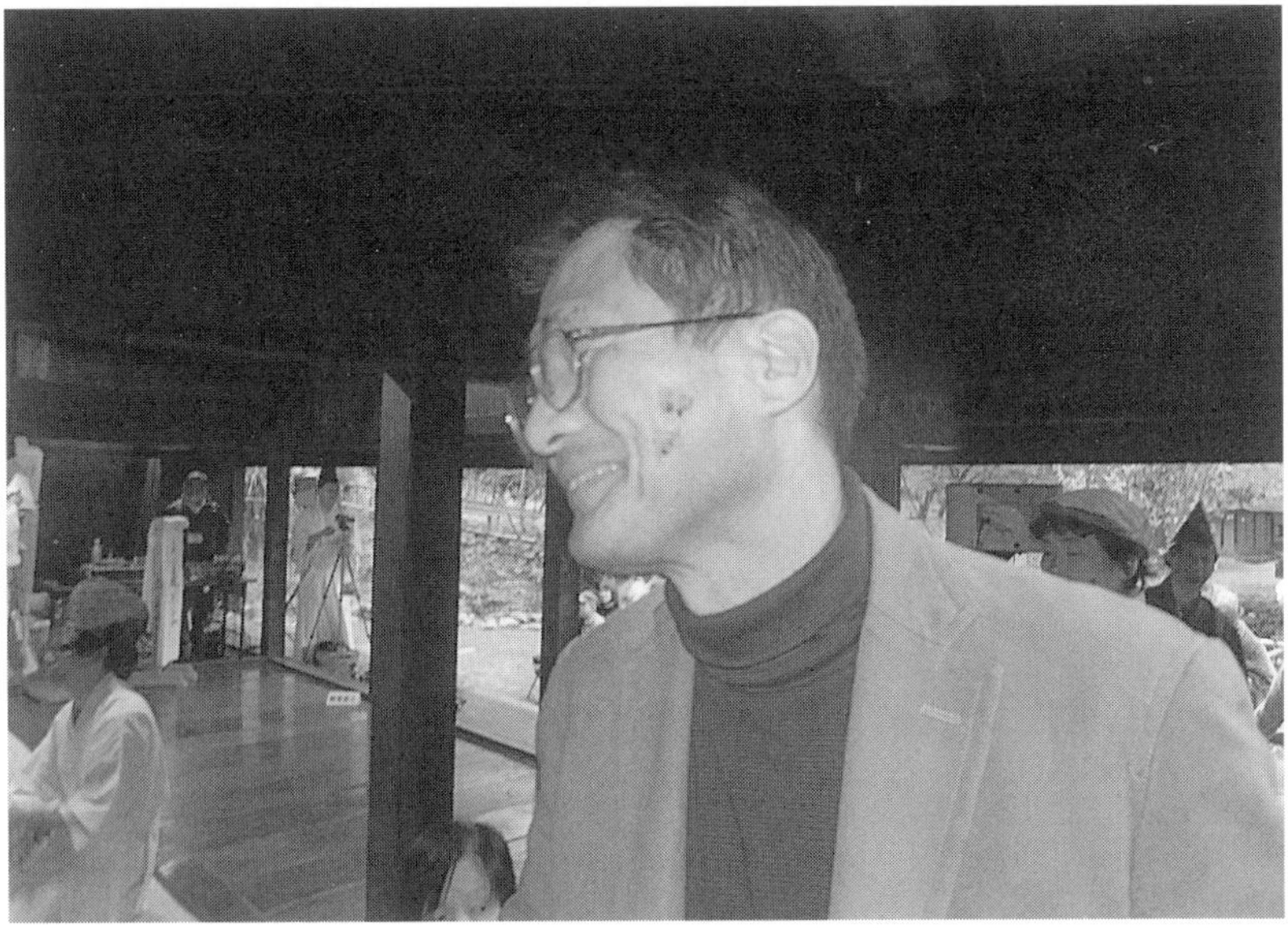

写真33　筆者の頬につけられた神の祝福の印（尾前神楽）

写真34　女性器を模した仮の門をくぐる（尾前神楽）

愛知県の東部の奥三河地方で行われる花祭りでは、神である鬼が炉の火をかき乱し、しめ縄を切ることで結界が破られる。そのあとは神と人が入り乱れて乱舞が展開される。椎葉神楽でも結界を切る儀礼が行なわれた可能性がある。神楽の祭場では、結界を切って人と神が時間と空間を共有することが重要であったといえる。それは人の世界に、神のもつ活力がもたらされることを意味した。

さて尾前神楽ではクライマックスを迎えるころ、祭壇の前で二人の舞手が弦を外した二本の弓を合わせて仮の門をつくる。これは女性器を模したもので、観客がここをくぐることで肉体が生まれ変わると考えられている。早川孝太郎は文献や伝承をもとにかつて花祭りにおいて「白山」と呼ばれる再生の場がつくられ、老人や病人がここをくぐることにより健康な体を取り戻す儀礼が行なわれたことを明らかにした(2)。尾前神楽で行われる所作にも同様の観念が存在しており、すでに花祭りで失われた神楽の重要な役割が今なお伝承されていることに驚かざるを得ない。

ちなみに「白山」とは、早川によると二間ないし二間半、高さ三間ないし三間半の屋根のない方形の建物である。四方の壁はすべて青柴を束ねて葺き囲い、各々の壁に出入り口が開けてあった。また内部は約二尺の高さの床がつくられ、その下にも青柴の束が敷き並べられていたという。さらに天井に相当する部分に梵天を飾り、そこから四方に青・赤・黄・黒・白の五色の布を張り渡していた。このような白山の内部は、黄泉の世界に想定されていたと指摘している。

祭壇を設け神楽を舞うデイは多くの神々が集い、神々のエネルギーに満ちた空間と意識されている。再生への期待も、このような意識の延長線上に位置づけることができよう。二本の弓がつくる仮の門は、それを実感するための装置である。

むすび

母屋の前の庭に神を迎えて、縁側を通ってデイの床の間に祀る作法は、庭をクチとし床の間をオクとする秩序を示している。同様の祭祀は奈良県下の頭屋祭祀でもみられる。別稿で奈良県下の頭屋祭祀を取りあげ、頭屋を訪れた氏神がまず前庭の御仮屋で祀られ、数日後に座敷の床の間に迎え入れられる儀礼を紹介したことがあった(3)。その背景に屋内に神を祀る場として床の間が整備される歴史の存在を指摘した。しかしその際に筆者がみた床の間は、美しい床柱や框を備えた装飾的な床の間であった。

椎葉村は敷地の奥行き方向に制限を受ける山深い山村である。本節で取りあげた椎葉家は神楽宿を担当する旧家のうちの一軒であり、デイに設けられた床の間は、来訪する神のための祭壇として設置されている。装飾的な床柱が使用されているわけではなく、極めて素朴な仕様である。床の間の前身は上段の間や押板が想定されているが、[4] 当家の床の間はその起源を考える上で重要な事例といえる。また当家における床の間の存在は神楽宿を引き受けることができる家格の象徴であり、当家の空間的、精神的中心にもなっている。

なお屋内のカミ―シモの秩序にとらわれず移動して村人と交流する神の姿は、結界が破られ、神から活力が与えられることを演劇的に表現しているといえよう。神楽が本来の場である住まいで演じられる様子を観察することができ、多くの示唆があたえられた。

註

(1)柳田國男「『後狩詞記』」『定本　柳田國男集(新装版)』第二七巻　筑摩書房　一九七〇
(2)早川孝太郎全集第二巻　未来社　一九七二
(3)森隆男『住まいの文化論―構造と変容をさぐる―』一四一〜一四六頁　柊風舎　二〇一二
(4)太田博太郎『床の間』岩波書店　一九七八

第二章　クチの諸相にあらわれた住まいの開閉

第一節 「閉じた住まい」を追って

はじめに

十数年間、筆者は南西諸島の住まいの調査を続けてきた。敷地の周囲を石塀で囲む外観は、兵庫県の但馬で育った筆者には異様であった。雨の日が多く日照時間の短い但馬の住まいは、できる限り陽光を取り入れるために開放的に造られるからである。その後各地の住まいを調査する際に、石塀などで「閉じた住まい」に留意してきた。

住まいを開閉する空間として捉える視点は、昭和五九年(一九八四)に関根康正が提示している。(1) しかし、その後このような視点に立った研究が展開されることは少なかった。その主たる理由は、開閉の度合いを決定する基準作りの困難さであろう。外観と心意面の両方で、客観性が求められるからである。

住まいの本質を動物の巣に求める指摘がある。(2) 巣は外敵から身を守り、寝処《ねどころ》と繁殖の場である。また構成員以外の侵入を認めない。結果として、巣は閉鎖的な構造をもつことになる。「閉じた住まい」とは、動物の巣がもつ条件と重なる。その外観は、石塀(石垣も石塀と同じ意味で使用されているが、一般的には敷地の造成のために積み上げたものをさすので、これと区別するために本書では「石塀」の語彙を使用する)や生垣、屋敷林で敷地が囲まれた状態を指すものである。また垣を設けない住まいでは、母屋の開口部が少ない住まいを「閉じた住まい」とみなすことができる。近年の縁側を喪失した都市の住まいは、まさに閉じた住まいというべきであろう。さらに心意的に閉じた住まいは接客の場を住居空間の中で位置づけることで、検証が可能である。玄関付近の応接間で客と簡単な対応をする構造は、前章で論じたように家族以外の者を住まいの奥に入れないという精神的に閉じた住まいとみなすことができるからである。

さて石塀は、しばしば来襲する台風に対する防風の役割を果たすといわれている。石塀の分布をみると、確かに台風の進路に当たる地域に多い。風速と石塀の位置や規模について考察した研究成果も提出されている。一方で、屋根が草葺から瓦葺に変わり建築材料が木材や土からコンクリートに変わって堅固な住まいが建築されるようになっても、依然として石塀が残りコンクリートの塀が築かれている。住まいの形態を決定する要素として数値で表現される気候条件だけでなく、地域の歴史などが創りあげた風土も考慮する必要があろう。

本節では、住まいの開閉の視点から石塀をもつ住まいの分布と形態を取りあげる。あわせて屋敷林によってあいまいに閉じられた住まいにも言及する。その上で閉じた住まいが必ずしも気候条件によって決定されるのではなく、歴史や文化の伝播によって影響を受けた「型」である可能性をさぐりたい。

一　石塀に関する先行研究

『石垣が語る風土と文化—屋敷囲いとしての石垣—』は、日本列島から済州島、台湾までの地域に分布する石塀を取りあげている。地理学者である漆原和子は石塀の分布には自然条件が最も強く働いていると述べ、風速や風向、石塀の高さと厚さを数量的に分析している。その上で南西諸島から九州・四国・本州の太平洋沿岸域の石塀が台風による風の強さを、その他の地域が冬の強い季節風を前提に築かれていると指摘した(3)。また石塀の築造

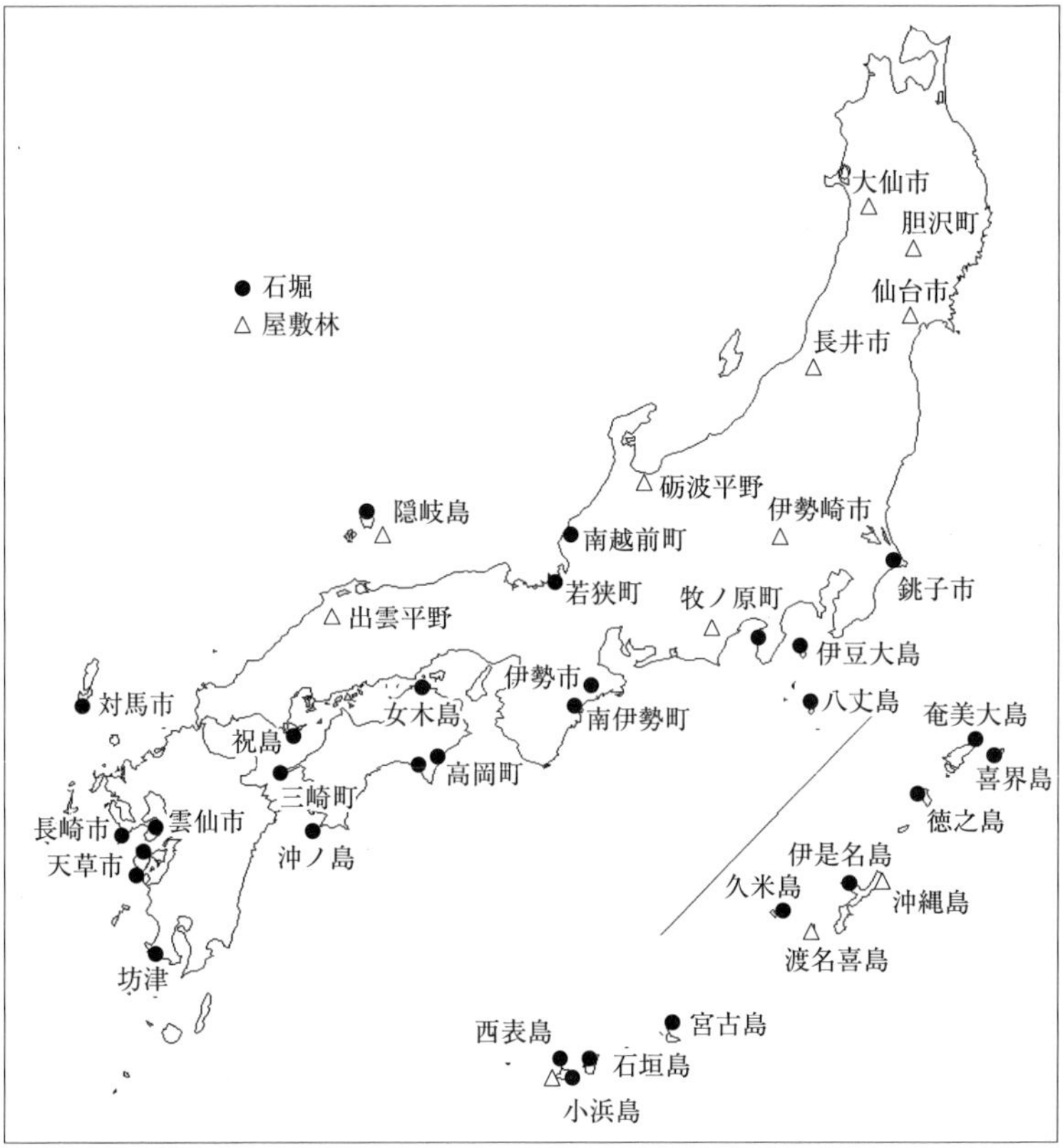

図1　石塀・屋敷林の分布

（漆原和子作成の図をもとに加筆）

技術に注目して、隅が曲面である琉球様式と鋭い稜線をもつ本州様式に分類し、それぞれの分布の領域を示した(4)。中国から伝来した魔よけの壁ヒンプン（次節で詳説）の分布域も考慮して、琉球様式が九州西部から対馬まで延び、この地域が本州様式の分布領域と重なる点を指摘したことは琉球文化圏の広がりを考える上で重要である(5)。さらに日本海側の隠岐島で西部は石塀、東部は屋敷林が防風の機能を果たしており、この島に石塀と防風林の境界線を引いている(6)。

建築学の古川修文は石塀と強風の関係について、集落全体で対応する相互互助型とそれぞれの住まいが対応する独立防御型に分類し、風速を測定したデータをもとに分析をしている。(7)また古川は、屋敷囲いの分布を示し、風の方向と強さのデータを重ねて解説している。月平均秒速四メートル以上の風が吹く地域について、南西諸島、鹿児島県と宮崎県の南部、高知県室戸岬、徳島県、愛知県と静岡県の南部から伊豆半島にかけての太平洋側、島根県、石川県能登半島、佐渡島、新潟県、山形県、秋田県の日本海側をあげている。このうち、石塀をもつ住まいは九州地方の南部や四国地方の南部、さらには紀伊半島や伊豆半島、関東地方の太平洋側の一部に分布するとしている。(8)

漆原や古川の成果に筆者が調査などで得た情報などを加えると、石塀をもつ住まいの分布は九州地方の西部や対馬、隠岐島、さらに北陸地方まで、太平洋沿岸では八丈島、さらに千葉県まで広がる。いずれにしても黒潮文化圏と呼ばれる太平洋の沿岸が主たる分布域といえよう。

田淵実夫は石垣の技術面から各地の事例を考察し六種類の型を提示したが、(9)材料には身近に存在する石が使用されているという指摘は、筆者の調査でも同様であった。

二　石塀をもつ住まいの事例

(一)南西諸島の集落と石塀

八重山・沖縄・奄美のそれぞれの地方に石塀をもつ住まいが分布しており、地域により密度や形態は異なるが、フクギなどの樹木が植えられているところが多い。

写真１　竹富島の石塀とヒンプン

①　八重山地方

現在も石塀をもつ住まいが集落を形成し、美しい景観を創出している。その代表が重要伝統的建造物群に選定された竹富島であろう。西隣の小浜島では石塀と道路が創り出した景観が「沖縄の道百選」に選ばれている。その多くは浜から運んだ珊瑚石を約一・五メートルの高さに積み上げている。道路からみて軒から下が見えない高さである。珊瑚石の塀はハブの棲み処になるため、コンクリートブロックに変化した事例も多い。

鳩間島はかつてのテレビドラマ「瑠璃の島」（日本テレビ）のモデルになったように、過疎化がすすみ廃屋が目立つ。集落内には石塀と正面開口部のヒンプンだけが残存している敷地も多い。石塀は高さ約一・五メートルまで珊瑚石を積み上げただけであるが、強度を確保するために下部の厚さが一メートル程度ある。屋根が低いので、この高さでも十分防風効果が期待できるのであろう。そのため敷地内に入ると比較的開放的な印象を受ける。このような石塀の形態は西表島や

写真２　屋敷林が少なく開放的な印象を与える伊是名島の集落

石垣島でも同様であった。また住まいは島の南側に形成された集落に集中しており、石塀が隣家との境界を示す役割も果たしている。

② 沖縄地方

石塀とヒンプンが創る景観は、沖縄地方も同様である。しかし石塀やヒンプンの多くは、材料がコンクリートブロック製に変わっている。石塀が濃厚に残存しているのが、伊是名島である。島の西部に位置する勢理客地区ではそれぞれの住まいが高さ約一・六メートルの石塀で囲まれている。屋敷林が少なく、開放的な印象を与える。一方、渡名喜島の集落は石塀が低く、フクギの屋敷林が発達している。フクギの高さは約七メートルあり、敷地を囲んでいる。また近代になって敷地を一メートル程度掘り下げて風の影響を減じる工夫がなされている。さらにソンジャキと呼ばれるヒンプンは高さが二メートル近くあり、「返風」とも表記されるように防風のための重要な設備になっている。このように石塀とフクギ、ヒンプンが閉鎖的な

写真３　軒の高さまで珊瑚石を積みあげた与路島の住まい

住まいをつくっている。

③　奄美地方

奄美大島は樹木の垣が目立つ。しかし与路島は海岸に沿って防風のための樹木が植えられ、その内側に集落が形成された。それぞれの住まいには、軒まで届く高さに珊瑚石が積み上げられている。近年、地域づくりの一環として、石塀の積み直しが行なわれている。

奄美地方の事例で注目したいのは喜界島である。この島の東海岸に位置する阿伝地区は、ほとんどの住まいが軒まで積み上げられた石塀で囲まれ、さらにその内側に樹木が植えられてほとんど建物がみえない。しかしこの島の他の集落では比較的少なく、石塀が家格を示すシンボルにもなっている。白水地区の勝連家では切り石を二メートルの高さに積み上げた見事な石塀を見ることができる。また小野津地区の旧西家の跡地には敷地の周囲に三メートル近くまで積み上げた曲面の石塀が残っており、要塞のような景観を呈している。

写真４　要塞のような高い石塀をもつ喜界島の旧西家

(二)九州・四国地方

九州・四国地方には樹木を植えた石塀は少なく、石塀が単独で設置されている。

①　鹿児島県

坊津には、石塀が軒より高く築かれた住まいがみられる。高さが四メートルを超すものもあり、ほぼ完全に住まいを閉じている。外光もほとんど入らない構造で、防風を最優先した結果であろう。石塀は曲面を呈しており、喜界島の旧西家とよく似ていて、沖縄地方のグスクの石垣や石塀を想起させる。坊津は近世以前から琉球貿易の港として知られており、物資の流通とともに石工が訪れた可能性も否定できない。

②　熊本県天草地方

天草地方には石塀の住まいが多くみられるが、今まで注目されることが少なく、先行研究も少ない。天草市の魚貫崎地区には、敷地の周囲に高さ二メートル、

写真５　石塀で閉じられた鹿児島県坊津の住まい

厚さ〇・五〜一メートルの石塀を築いた住まいがみられる。一階部分がほとんど隠れることになり、防風を目的に設置されたものであろう。残存している石塀の中に隅が曲面になっている事例があり、坊津と同様琉球の様式が認められる。この地区の石塀には海岸の丸石が多用されている。また巨大な樹冠をもつ亜熱帯の高木榕《あこう》が植えられ、防風と防潮の役割が期待されている。高浜地区の住まいにも、敷地の周囲に高さ約二〜二・五メートル、厚さ〇・八メートルの石塀が築かれている。付近に産する緑片岩を軒まで積み上げたもので、開口部は出入り口だけであり住まい全体が閉鎖的な構造である。

北部の倉岳町棚底地区は集落の北に倉岳がそびえ、冬季には「倉岳おろし」と呼ばれる強風が吹く。そこで住まいを守るために、敷地の北側および東側に高さ約二〜三メートルの石塀を築いている。海岸付近の住まいには北側だけでなく南側にも、高さ約二メートルの石塀がみられる。残された文書から近世後期には築かれていたことが確認でき、現在一四〇余りの石塀が

写真6　曲面をもつ琉球様式の石塀

（天草市魚貫崎地区　茶谷まりえ氏撮影）

独特の景観を創り出している。ちなみに棚底地区の石塀は扇状地を構成する火成岩である。畑を造成する過程で掘り起こされ、処理を兼ねて石塀が作られたと考えられている。(10) 天草地方の石塀の断面は台形で、基礎部分の厚みが一～二メートル、上部が〇・五～一メートルである。強風に備えて、経験から編み出された規模であろう。

③　長崎県

島原半島の雲仙市国見神代小路に所在する鍋島家の周囲には、高さ約一・六メートルの石塀が築かれている。石塀の最上部はアーチ状の形状であり、琉球様式と判断できる。この付近が琉球様式の石塀が確認できる北限であろうか。これは武家住宅の格式を表す目的で作られたと考えられる。島原城下を流れる水路の両側にも石塀をもつ下級武士の住まいが並んでいる。

南島原市有家山川地区は海岸から約一・五キロメートルのところにあるが、道の両側に並んだ住ま

写真７　鍋島家の石塀の上部にみえるアーチ状の形状(雲仙市)

写真８　高さが２メートルを越す石塀(長崎市旧外海町)

いに高さ約二メートルの石塀がみられる。石塀をもつのは旧家が中心であり、暴風対策より家格の表示が目的と思われる。

南島原市南有馬町甲地区の鬼塚家は、海岸から五〇メートルほどのところにある石塀を築いた住まいである。当家の主婦によるとこの地域は石材が豊富にあり、石塀は防風の役割も果たすが、家格を示す「家の宝」と表現している。

西部の長崎市永田(旧外海町)は常時強い風が吹き、ほとんどの家に石塀が築かれていたが、現在はコンクリート製に変わっている。防風と防潮のためといい、高さは二メートルを超え、一メートル前後の厚みがある。

④　**長崎県対馬市**

対馬市厳原《いずはら》の武家屋敷には高さ約二メートルの石塀がみられ、ここでは防火のために築かれたと伝承されている。しかし当地では冬季の季節風が強く、当然防風の役割も果たすことになる。椎根地区や根緒地区にも敷地の周囲に石塀を設けた住まいがみられる。しかし高さが約一・三〜一・五メートルと低く、防風効果はほとんど期待できない。なお対馬の中部西海岸に位置する木坂地区には、住まいではないが、石壁を用いた藻小屋が残存している。藻小屋は畑で肥料として使用する藻を収納する小屋である。韓国の済州島にみられる石壁の住まいと共通しており、関連が予想される。

⑤　**愛媛県**

佐田岬の先端付近に位置する伊方町正野地区には、海岸に沿って長さ約一四〇メートルの大規模な石塀が築かれている。高さは約四メートルに達し、ところどころに海岸に出るための開口部が設けられている。この石塀に

写真９　防火と防風のための石塀（対馬市厳原）

は防潮と防風の役割が期待されている。集落の最深部にある旧金沢旅館では敷地の北側と東側に高さ二～三・五メートル、厚さ〇・七メートルの石塀を設けており、当家出身の喜井ムツ子氏（一九四一年生まれ）によると、常に強風が吹く当地では日当たりよりも防風を優先していたという。第二次世界大戦後までほとんどの住まいにみられたが、石工がいなくなって消滅していったようである。材料の石は浜から運んでいる。この地区では海からの風を防ぐ海岸の石塀に加えて、それぞれの住まいが防風のための石塀を築いていたことになる。正野地区の西に位置する三崎町名取地区は海に面した急斜面を造成して石垣を積み上げた宅地がみられるが、石塀がなく解放的な外観を呈している。この地域には身近な石材を利用する、巧みな石積みの技術が存在していたことがわかる。

⑥　高知県

宿毛市の沖ノ島には、石垣を築いて狭い宅地を造成し、さらに石塀で囲んだ住まいがみられる。この島で

写真10　海岸に沿って築かれた大規模な石塀（愛媛県伊方町正野地区）

は海からの風を防ぐ樹木がほとんどなく、石垣と石塀が防風対策の重要な設備になっている。

高知県室戸市の高岡集落は、海岸から一〇〇メートルほど内陸部に形成されているが、石塀に囲まれた住まいがみられる。この集落では住まいが海岸に沿って一直線に並ぶ形態をとり、古川はそれぞれの住まいが石壁で守られる独立防御型であると指摘している[11]。山側を除く三方に石塀がみられ、その高さは約三・五メートルである。道に面した正面は丁寧に加工された石が積まれているが、側面は自然石を積む事例が多い。コンクリート塀に変わった住まいもある。同市の新村地区も石塀で囲まれた住まいが多くみられる。石塀の高さは二〜三・五メートルで、地元で入手された石である。石工がいなくなり、昭和四〇年ごろからコンクリート製に変わっていったという。

⑦　瀬戸内海

山口県上関町祝島は、周防灘の東に位置し、古来、瀬戸内海航路の寄港地であった。集落は島の東部に開

写真11　石塀で囲まれた閉鎖的な住まい（室戸市高岡地区）

かれ、幅一メートル程度の狭い道が複雑に走っている。この島の住まいにはコの字型に石壁が用いられており、厚さは数十センチメートルある。高い石塀をもつ事例もあるが、その場合は石壁が築かれることはない。海に面した住まいだけでなく、内陸の住まいにもみられ、防風に加えて防火の機能も期待されている。数軒で石塀を共有する事例もみられる。入り口を入ると狭い路地があり、両側に住まいが配置されている。昭和四〇年代に新築ブームが起こり、その際に石壁が壊されることが多かった。

地元の研究者である橋部好郎氏によると、近世までの集落は山の中腹にあったようで、石壁や石塀は海岸沿いに移ってきた後に外敵に備えて築かれた可能性もある。石塀の一例に焼けた痕跡が認められ、文政年間（一八一八～一八三〇）に大規模な火事があったとの伝承があることから、現在地に移ったのはそれ以前ということになろう。なお、石壁はトウドと呼ばれる共同作業によって築かれる。作業は比較的容易であるが、隅の部分は高度な技術を要する。石壁の住まいは、夏

写真12　石壁の住まい(山口県上関町祝島)

写真13　石塀と石壁をもつ韓国済州島の住まい

写真14　海岸付近の石塀（高松市女木島）

は涼しく冬は暖かいという。なお橋部氏は祝島の石壁を済州島との関連で理解しようとしている。両者は石が多く産出し、風が強い島という点で共通している。前出の対馬の藻小屋も含めて、今後詳細な検証が望まれる。

香川県高松市の女木島は風が強いことで知られた島である。この島には多くの住まいで石塀がみられ、海岸部では二メートルを超える高さをもつ事例もある。内陸部では高さが一・二〜一・五メートルであった。石塀は新旧のものが混在し、コンクリート製に変わったものもある一方で、新しい石材で丁寧に積み直したものも見受けられる。石塀の管理は各家で行なわれており、共同作業をすることはないという。

(三)隠岐島・北陸地方

①　隠岐島

前出のように、漆原が石塀の日本海側の北限と指摘した隠岐島の島後には、北部に石塀がみられる。しかし南部の加茂地区にもかつて石塀が存在したという証

写真15　島後北部の中村港付近（隠岐島）

言を得た。

北部の久見地区では海岸部に高さ約四メートルの長い石塀がみられ、半分程度ブロック製である。地元で生まれた浜崎交子氏（昭和六年〈一九三一〉生まれ）によるとブロック製になったのは平成七年（一九九五）ごろからで、それ以前はコンクリートや板製、さらにその前は風に強い生竹であったという。ただし生竹を植えていたが、基礎の部分は石積みであった。集落の内部にも境界を明示することを主たる目的にした石塀がみられる。

北部の中村港の一部にも石塀が残存している。高さ四～五メートル、厚さも二～三メートルもある巨大なもので、集落を守る防風・防潮の役割が期待されている。

②　北陸地方

筆者が確認した石塀は、福井県が北限である。

福井県若狭町の小川地区では、防風の設備として一般的に使用されるのは竹垣であるが、経済力のある家

写真16　右近家の石塀(福井県南越前町)

は石塀を築いたという。筆者も一軒確認することができた。南越前町の右近家には、高さ一・五メートル、厚さ〇・六メートルの石塀が築かれている。立地からみて、防潮が主たる目的と考えられる。

能登半島にも足を延ばしたが、石塀の確認はできなかった。川がないため石材がないということであった。この地域は冬の季節風が強く、冬季だけ竹を編んだ間垣を設置する。

(四)紀伊半島・伊豆諸島・関東地方

紀伊半島の東部には防風のための生け垣と石塀が併存している。伊勢市横輪町は内陸部に位置しているが、伊勢湾からの強風を防ぐために屋敷の周りを石塀で囲む家が多い。地元の岡惣松氏(昭和六年〈一九三一〉生まれ)によると、この地域は石材が豊富で古くから石塀を築く家が多かったという。石塀は防風だけでなく、冬季は暖かく夏季は涼しい設備であるからと説明する。沿岸部の南伊勢町押渕地区にも高さ二メートルを超す石塀が多くみられる。一方、生け垣で囲む住ま

写真17　内陸部に残る石塀（伊勢市横輪町）

写真18　高さ３メートルの石塀（静岡県松崎町）

写真19　集落の中に残る石塀（伊豆大島）

いもみられる。

伊豆半島の西部に石塀が残存している。松崎町岩地地区には高さ三メートル近い石塀が残存している。付近に長磯石の産地があり、石工が活動していたことも背景にあろう。この石は江戸に「さくら石」の名前で積み出されていたという。伊豆大島には集落の中に高さ一・二メートル程度の石塀がみられるが、郷土博物館などに残る差木地地区の写真には石塀に囲まれた住まいが写っている。野増や泉津など西風や北風が強い地区では一般的にみられた光景であった。

八丈島の住まいにも石塀がみられる。比較的新しい住まいにも築かれており、海岸から運んできた丸石が使用されている事例が多い。

千葉県銚子市の海岸部に石塀で囲まれた住まいが残っているが、崩れかかったものが多い。この地が、筆者が確認できた太平洋岸の北限である。

写真20　丸石を使用した石塀（八丈島）

写真21　崩れた石塀（銚子市）

写真22　エグネ（岩手県旧胆沢町）

三　屋敷林の分布

本州の日本海側沿岸から東北地方にかけて、また関東地方に、冬の季節風から住まいを守る屋敷林が発達している地域が点在する(12)。

(一)岩手県奥州市旧胆沢町のエグネ

旧胆沢町（現奥州市胆沢区）は、散居村の景観が残る地域として知られている。エグネは敷地の北西側に形成された杉を主体とする屋敷林で、防風と防雪の役割が期待されている。夏の間に伐採しておいた枝や葉は燃料としても利用された。また植樹後三〇年から四〇年経過した杉は、母屋の普請の際に建築材に利用される。さらに夏季には樹林が母屋を包むことで気温を下げる効果もあるという。敷地の北西側にはキヅマと呼ばれる薪を積み上げた塀も作られる。大規模なキヅマはその家の経済力を示すものといわれるが、エグネと同様に防風と防雪の役割をもっている。敷地の周囲に

写真23　カシグネ（伊勢崎市）

はヒバやドウダンツツジなどで生垣が作られている。

このように敷地の北西側に位置するエグネは、住まいの一部を閉じる機能をもっているといえよう。なお母屋にはエグネと密接に関わる構造がみられ、母屋の西側の屋根は寄棟、東側の屋根は入母屋になっている。北西の季節風が強い当地では、開口部となる入母屋の破風を東側に設けて室内の煙を排煙している。結果として台所は母屋の東側の部分に配されることになる。

(二)群馬県伊勢崎市

関東地方の平野部の冬は、降雪量は少ないが、風が強い。そこで敷地の北側と西側に欅などの高木を中心とした屋敷林を設けている。夏には屋敷内の気温の上昇をおさえる効果も期待できるという[13]。

伊勢崎市の金井義明家では、敷地の周囲に屋敷林を設けている。カシグネと呼ばれ、高さは五・五～七メートルに達する。北西側に樫を植えて、冬の季節風への対策とする。他の部分にはベニカナメやモチノキ

写真24　カイニョ（富山県砺波平野）

を植えるが、東側と南側の木は低く抑えて日当たりを確保する。カシグネの下部には高さ〇・三～二メートルの石垣を築いて基礎にしている。正月ごろに枝を切って風通しを良くする。樫の葉は取っておき腐葉土にして利用する。また燃やしても煙が少ないため、燃料にもなった。

同じ伊勢崎市に居住する新井幸司氏（昭和一一年〈一九三六〉生まれ）によると、カシグネの手入れはその家の主人の担当で、毎年枝を切らないと風通しが悪くなって夏に暑い。ちなみに当地では冬から春にかけて赤城山と榛名山から強い寒風が吹き、直径五ミリメートル程度の砂粒も飛んでくるという。カシグネの高さはかつてもっと高かったが、職人に任せるようになって低く抑えるようになった。また北西の隅に欅を一本植えて新築の際に柱として使用した。臼をつくることもあった。

（三）富山県砺波平野

砺波平野の散居村に残る屋敷林カイニョは、重要文

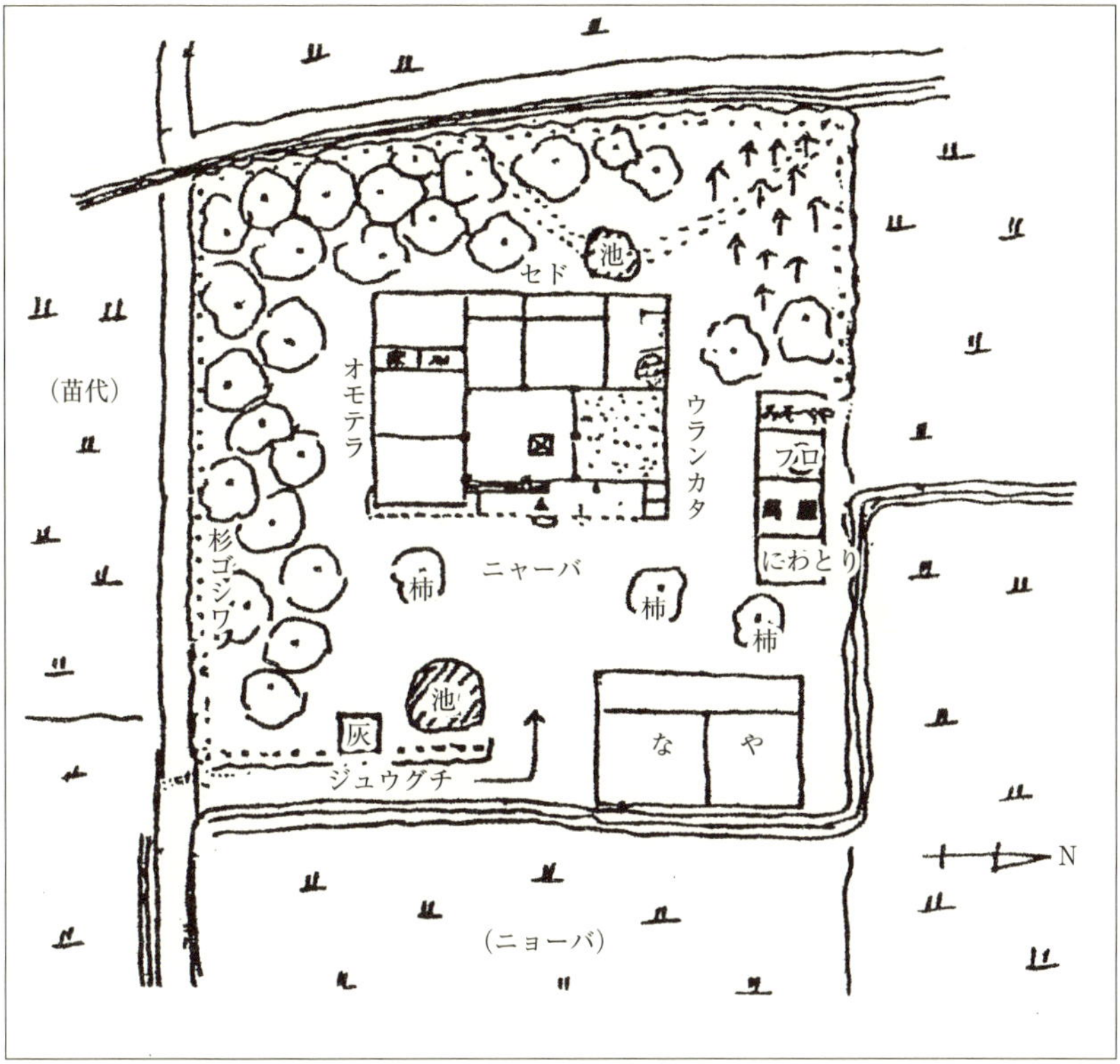

図2　砺波市のカイニョ

（佐伯安一『富山民俗の位相』桂書房より）

化的景観に選定されている。地元の研究者である佐伯安一は砺波市鹿島の事例をもとに当地方の住まいをモデル化し、カイニョの役割について詳細な報告をしている。(14)これによるとカイニョは南西の卓越風が強い方向に、杉を中心に欅などが厚く植えられ、北西の隅には竹藪が発達している。そして母屋の前には柿が必ず二、三本植えられているという。図2では母屋をカイニョと竹藪、納屋が囲む形態になっているが、納屋が建てられるようになったのは昭和に入ってからで、住まいの閉鎖は半分程度であったことがわかる。屋敷林の役割について、冬の季節風から住まいを守るとともに夏の日差しをさえぎる点や、建築材、落ち葉や枝が燃料になることに加えて、富と家格の象徴であったことがあげられている。しかし建築資材の変化やプロパンガスの普及により、屋敷林が減少しているという。

さて佐伯は屋敷林をもつ住まいは、母の胎内にいるような安らぎを感じると述べている。その理由は中から外が見え、外から中が見えないことで、密室状態になっていないからであるという。すなわちカイニョは、あいまいな閉鎖状態を創り出しているといえる。

(四)島根県出雲平野

屋敷林としては出雲平野の築地松もよく知られている。冬の季節風に備えて、敷地の西側に黒松を約二メートル間隔に一列に植えている。北側にも植える事例がある。二〜三年目ごとに枝を切るが、棟より少し高い位置の線に木の高さをそろえるため、八〜一〇メートルになる。このようなノーテゴリと呼ばれる刈込が行なわれるようになったのは、近代に入ってからといわれている。花岡利昌の測定によると、築地松によって風速が三分の一、またはそれ以上減衰するという[15]。西側から見ると高い松の塀がそびえ立ち、母屋は完全に隠れる。当地では母屋を中心に巽(南東)側に倉、乾(北西)側に屋敷荒神、艮(北東)側に井戸、坤(南西)側に墓地が配される[16]。築地松の南の隅に墓地が設けられていることになる。

以上のように屋敷林は住まいを季節風から守ることが主たる役割で、多様な機能も付属している。しかし、閉鎖的な状態を創り出しているわけではない点を指摘しておきたい。

写真25　築地松の手入れ（島根県出雲平野）

四　住まいの開閉と型

住まいを閉鎖する石塀の分布は、南西諸島から九州や本州の太平洋沿岸に沿ってみられ、関東地方がほぼ北限である。また九州西部から対馬、隠岐島さらに北陸地方の一部にも分布する。これは「黒潮文化圏」とも重なる。一方、同様に住まいを閉鎖する屋敷林が東北地方から日本海沿岸、関東地方の一部にみられる。

写真26　内側からみた築地松

写真27　漢民族の四合院様式の住まい（山西省平遥）

日本列島において、石塀と屋敷林がそれぞれ分布圏を形成しているといえる。

石塀と屋敷林はともに住まいを風や雨、雪などから守るために設けられているが、開閉の状態からみると異質である。屋敷林は住まいを柔らかく包み込む、あいまいな閉鎖状態を創り出している。それに対して石塀は比較的完全に住まいを閉鎖する。さらにヒンプンが石塀と連動して住まいを閉鎖していることに注目すると、南西諸島においても地域差があり、奄美地方と比較して沖縄地方・八重山地方はより閉鎖的といえよう。

石塀の分布が気候条件とくに風の強さを反映していることは理解できる。しかし新しい建築材が堅固な住まいをつくり出している今も石塀やブロック塀が残存している。これらが閉じた住まいをつくる要素として機能しているとすれば、そこに住感覚に基づいた住まいの型を抽出することが可能であろう。閉じた住まいの型の背景にある文化を考えるとき、漢民族の四合院形式の住まいが想起される。

四合院形式の住まいは、約二〇〇〇年前に華北に住む漢民族が過酷な気候と異民族の侵略に対してつくりあげたもので、外部に対しては厚い壁で閉じられる点に特色がある。建物は内庭を囲む位置に配置され、内庭は家族の団らんの場になるほか、接客空間でもあり、儀礼の場にもなる。入り口は東南隅に設けられ、影壁（ヒンプン）が視界をさえぎる。北方系の四合院形式の住まいは各地に伝播し、のちに漢民族の基本的な住まいの様式になっ

写真28　内庭

写真29　土楼（福建省）

写真30　土楼の内部

た。

福建省の山間部に居住する漢民族の客家の住まいは、方形や環形の土壁に囲まれた「土楼」と呼ばれる多層の集合住宅である。内庭には道教の神などが祀られており、一族の精神的な核と意識されている。高い強固な外壁と内庭は、土楼が四合院形式の住まいの変形であることを示している。そのほか中国の東北地方には、三方に壁を築いた三合院形式の住まいもみられる。農村部の三合院の住まいは比較的開放的であるが、都市部の三合院の住まいは四周に壁を廻らした閉鎖的な構造である。(17)

四〇〇年ほど前から台湾に移住を開始した客家の住まいにも、三合院の形式が伝承されている。筆者が見学した台北の南西に位置する新竹県の集落には約一〇〇年前の住まいが残存し、現在も一家族が生活をしている。敷地の南側は高さ約二メートルのレンガ塀で、狭い門をくぐると石畳の内庭が広がる。正面の正庁は二階建で、ロマネスク様式の石柱が二本使用され、外壁のいたるところにアールヌーボ風の装飾が施されている。しかし内部は仏画を掛けた祭壇が設けられ、壁には中国風の絵が描

写真31　三合院形式の客家の住まい（台湾新竹県）

かれている。内庭の東西は複数家族の生活の場になる廂房である。いずれも外観はレンガの壁で作られている。建築当時に流行していたヨーロッパのデザインを取り入れながら、すまいの基本には漢民族の文化が確実に踏襲されているといえる。

四合院形式の住まいから読み取れる漢民族の住居観は、防御を最優先する住まいといえる。高く厚い壁は、外敵や過酷な気候から人々を守る象徴である。本来、寒冷の地に誕生した住まいの形式であるが、温暖な地に移住した人びともこの形式を踏襲しているのは、民族の住居観として定着しているからであろう。

むすび

南西諸島や九州・四国・本州の太平洋岸域（ほぼ関東地方が北限）に分布する石塀をもつ住まいは、壁を重視し外観上閉鎖的である点で漢民族の住まいと共通する部分が多い。筆者は閉鎖的な住まいは、中国や韓国の住まいの系譜につながると考えている。しかし閉鎖の程度や心意的な閉鎖も含めた「閉じた住まい」とみなすときは相違点もある。この点については、日本と中国、韓国、台湾などの周辺諸民族の住まいを外観だけでなく建物の配置や間取り、客の動線などの点から比較検証する必要があり、今後の課題としたい。

註

(1)関根康正「住まい方の比較文化論」『日本の住まいの源流』二一四頁　文化出版局　一九八四
(2)上田篤「カクレガからミアラカへ」上田篤他『空間の原型』一〇頁　筑摩書房　一九八三
(3)漆原和子編『石垣が語る風土と文化―屋敷囲いとしての石垣―』二二五頁　古今書院　二〇〇八
(4)前掲(3)二二三頁
(5)下野敏見は年中行事や生業にともなう民具の分布を通して、琉球文化圏と大和文化圏の境界が屋久島の南にあると指摘している(下野敏見『南西諸島の民俗』五四七頁　法政大学出版局　一九八〇)。
(6)前掲(3)二一八頁
(7)古川修文・宮武直樹・山田水城「愛媛県外泊の民家における石垣の形態と防風効果に関する研究」『民俗建築』第一一五号　一九九九
(8)日本民俗建築学会編『図説　民俗建築大事典』「防風の知恵」の項　柏書房　二〇〇一
(9)田淵実夫『石垣』八六頁　法政大学出版局　一九七五
(10)『防風石垣を巡らす棚底の集落景観』天草市教育委員会　二〇一一
(11)前掲(7)
(12)額田巌『垣根』一六二頁　法政大学出版局　一九七五
(13)市川健夫「日本列島の風土と民家」『民俗建築』第一〇〇号　日本民俗建築学会　一九九一

(14)佐伯安一『富山民俗の位相』九八〜一一〇頁　桂書房　二〇〇二
(15)花岡利昌『伝統民家の生態学』一一八〜一二六頁　海青社　一九九一
(16)石塚尊俊『日本の民俗・島根』二七〜二九頁　第一法規　一九七三
(17)茂木計一郎ほか『中国民居の空間を探る』一〇〜二九頁　建築資料研究社　一九九一

第二節　ヒンプンの伝播と展開

はじめに

門と母屋の間に設置されるヒンプンは、南西諸島の住まいの特色のひとつであるにもかかわらず、民俗学や建築学の分野で注目されることが少なかった。そのような中で、比較的まとまった研究成果を残しているのが窪徳忠である。(1)ヒンプンの分布状況を紹介し、分析を加えているが、中国からヒンプンが伝来した時期や日本での展開の状況、背景など明らかにすべき課題を残している。近年、ヒンプンそのものが一部の地域を除いて急速に姿を消しつつある。ヒンプンが残存していても、これに関わる儀礼や信仰の多くが消滅している。

まずヒンプンの概要を確認しておこう。ヒンプンは屋敷を囲む石垣や門とは独立して、母屋との間に設置される形態が一般的である。鈴木雅夫が分類したように(2)門と連続して一体になった事例もみられ、この形態は奄美地方に比較的多く分布している。材料は珊瑚石を積んだものやコンクリートブロック、竹、板、生垣など多様である。窪は呼称が福建省の「屏風」(ピンフン)に似ている点から、元来の設置目的は「魔よけ」であると指摘している。(3)一方、聞き書き調査をすると目隠しとするところが多い。別稿で述べたように(4)住まいへの動線を決定する装置として重要な役割を果たしているところもある。分布については南西諸島が中心であるが、漆原和子は北限を九州南部とする。(5)筆者は八丈島で、ヒンプンの流れを汲むと思われる石垣をみたことがある。西岡尚也氏やベト

写真32　ベトナムのヒンプン　（西岡尚也氏提供）

ナム人留学生であったハータイン氏からは、ヒンプンがベトナムのフエにも分布していることを教えられ、写真や情報の提供を受けた。窪はクアラルンプールやバリ島などにもみられると述べている。(6)また筆者は韓国のソウルでもヒンプンを見る機会があった。このようにヒンプンに関わる文化は東アジアに分布しており、漢民族の文化の進出として理解することができよう。

筆者は南西諸島を中心に住文化に関するフィールドワークを重ね、ヒンプンの情報も収集してきた。本節では南西諸島の各地方におけるヒンプンの状況を取りあげ、分布状況と、形態・材料や儀礼から抽出される機能について比較・分析を加える。その上で窪の研究以後に提出された知見を参考に、ヒンプンの伝播や受容の背景もさぐりたい。この作業は、南

写真33　一枚岩のヒンプン(読谷村)

西諸島の住まいにおけるクチの感覚を明らかにすることでもある。

一　沖縄・宮古島地方

(一)沖縄本島

沖縄本島にはかつてヒンプンが濃厚に分布していたと考えられる。昭和五八年(一九八三)に国頭村安波の集落を訪れたとき、多くの茅葺の住まいとヒンプンが創りだす景観を見た。しかし約二〇年後に再訪したときは茅葺の住まいは一棟のみで、ほとんどのヒンプンは消滅していた。多くのヒンプンが報告されていた読谷村[7]も同様で、二〇一一年に実見できたのは長浜地区に残存していたG家の事例だけである。これは一枚岩の切石でつくられた長さ二・七メートル、高さ一・一メートル、厚さ〇・三メートルのヒンプンである。内側に南天が植えられており、ヒンプンのもつ魔よけの機能をさらに強化することが期待されているのであろう。

写真34　ヒンプンの跡が残る庭(伊是名島)

集落の四割程度にヒンプンが残存しているのが名護市賀陽地区である。ただしそのほとんどは生垣で、かつて主流であった竹製のヒンプンはみることができない。同市の数久田地区や山入端地区にもブロック製のヒンプンがわずかに残存している。

中城村の中村家は多くの研究者が紹介しているように、大型のヒンプンが築かれている。石畳で知られる首里の金城町には、石垣とともに石積みのヒンプンがみられる。浦添市にも数例みることができる。しかし沖縄本島の都市部の住まいには、ヒンプンはほとんど残存していない。

(二)北部の島々

北部の伊是名島では、石製が三例、ブロック製が数例のほか、生垣の形態も含めると比較的多くのヒンプンが残存している。テーブルサンゴを積み上げた跡が残る事例もあり、かつてはほとんどの住まいに設置されていたという。アオイ科の常緑低木である仏桑華(ハイビスカス)を生垣にしたヒンプンもある。一九六

写真35　拝所前のヒンプン（伊是名島）

六年に刊行された『伊是名村誌』によると、目隠しが主要な役割で、チヌブと呼ばれる竹製のヒンプンやレンガ積みのヒンプンが紹介されている。(8)今から四〇年ほど前に、自動車が普及するにつれて出入りの際に邪魔になるという理由で撤去された。東江清栄氏（昭和一七年〈一九四二〉生まれ）によると、ヒンプンは道を行く人の目から二番座の仏壇を隠すために設置されたという。拝所の前に設置されている例もあり、集落の中に設けられた神聖な空間を区別する結界としての機能ももっていると考えられる。またこの島ではかつて墓の前にヒンプンを設置する習俗があったが、現在はみられない。この習俗は重要で、中国における本来の機能が魔よけであり、死者の住まいである墓にも設置されるはずであるからである。浦添市の伊波普猷の墓には長さ一・七メートル、高さ〇・九メートル、厚さ〇・二メートルのヒンプンが設置されている。また糸満市の墓地にもヒンプンが設置されている。(9)

伊是名島で旧暦の七月一一日に行なわれるイリチャヨウの神事では、この島の各集落の女神（カミサンと呼ばれ

写真36　伊波普猷の墓の前に設けられたヒンプン（浦添市）

る女性司祭者）が勢理客地区に勢ぞろいして、神道を通って伊是名地区のアムガナシ（名嘉家）に向かう。アムガナシに到着すると、長さ三・三メートル、高さ一・三メートル、幅〇・二メートルの珊瑚の切石で造られたヒンプンの東側を通って神庭に入り歌舞する。(10)神庭とはヒンプンと母屋が創出する空間である。この島ではヒンプンの内側と外側の空間認識は明確で、ヒンプンは内なる空間をつくるという意識が高い。ヒンプンを喪失したあとは、母屋の建具によって住まいの内外を区別するようになったという証言もある。ヒンプンの喪失で庭が外の空間と意識されるようになった。

(三)東部・南部の島々

東部の伊計島や津堅島では、ヒンプンが比較的濃厚に残存している。伊計島では伝統的な珊瑚の切石製や切りそろえられた生垣、板製、レンガを積み上げた新しいヒンプンを目にした。ここではヒンプンが今も重要視されており、棚橋源一郎氏（昭和一二年〈一九三七〉

生まれ)によると、盆のエイサーの踊りはヒンプンと母屋の間の庭で行なわれる。同家のヒンプンは長さ一・五メートル、高さ一・四メートル、厚さ〇・三メートルのコンクリート製で、母屋との間に約三メートルのスペースが確保されている。五〇年ほど前の改築の際に現在のヒンプンを設けたが、それ以前は珊瑚の一枚岩でつくったもう少し小型のヒンプンであった。またヒンプンは仏壇を隠す位置に設置するといい、二番座との間に前庭が用意されていることになる。これは盆のエイサーの踊りが仏壇の祖先の霊に奉納するものと意識されているためであろう。

津堅島では、半数以上の住まいにヒンプンをみることができた。伝統的な珊瑚の切石製やコンクリートブロック、板製、そしてカラフルな装飾を施した新しいヒンプンもみられる。伊計島と同様に、この島でもヒンプンの文化が維持されている。南部の久高島でも珊瑚の切り石やコンクリートブロック製のヒンプンが比較的多く残存していた。

(四)久米島・渡名喜島

西部の島々のうち、久米島の旧家上江洲家(一七五四年建築)に大型のL字型のヒンプンが設置されている。ヒンプンの中央部に中門が設けられ、その位置は門と仏壇を結ぶ線上にあたる。ただし中心線は仏壇の中心から少しずれている。[11] 仲里村真謝や具志川村西銘などにも中央の部分に竹を編んだ取り外しが可能な中門を設けた事例があり、この中門から出棺が行なわれるという。[12] ここには結界として空間を遮断するとともに、特別の場合は開口部にもなる両義的な機能が認められる。なお屋部憲右は、上江洲家が屋敷・家屋とも風水思想の影響を強く受けており、生気が充満するようにさまざまな工夫がなされていると指摘している。その上でヒンプンは「殺気の照り返し」であり、明堂の生気を収める案山の役目も果たしているとみている。[13] なお集落の中に生垣のヒンプン

写真37　「悪魔返し」が期待されているヒンプン(渡名喜島)

を散見することができるが、かつては多くの住まいには竹を密に編んだ網代が使用されていたという[14]。

渡名喜島には濃厚にヒンプンが分布している。ソーンジャキと呼ばれ、目隠しではなく「悪魔返し」が本来の機能であると伝承されている[15]。この島では門の中心が仏壇の中心にならないように、仏壇の位置を右にずらしている[16]。石造のほか、植木や竹製のものなど形態や材料は多様である。蘇鉄を植えたものや自然石を一点置いたものもあり、これらは象徴的なヒンプンといえる。ブロックを積み上げただけのものやベニヤ板のものは仮設的であり[17]、ヒンプンが現在も機能していることを示している。古くは「チンブ作り」と呼ばれた網代製やテーブルサンゴの石積みであったが、大正のころから珊瑚石製やコンクリートづくりに、その後、生垣へと変容した[18]。

(五)宮古島地方

宮古島は二〇〇五年に訪れた段階で、すでにヒンプンをみることはできなかった。しかし保良地区をのぞ

写真38　新築の住まいとヒンプン（石垣島）

き存在していたとの伝承が報告され、平良市の仲宗根家には珊瑚石の大規模なヒンプンが残存しているという[19]。また窪は城辺町でヒンプンの右側を上客が通行するというように客の出入りを区別するために設けられたという情報を得て、「いささか考えすぎ」とコメントしている[20]。池間島や多良間町では富裕層や士族、役人など上層階層の住まいでのみヒンプンがみられた[21]。

二　八重山地方

(一)石垣島・竹富島

石垣島には比較的多くのヒンプンが残存している。石垣市内の登野城地区には赤瓦の古民家とともにみられるが、多くはコンクリートブロック製であることから一九六〇年代以降のものであろう。しかし古い赤瓦を積みあげて漆喰で固めたものや、最近建築された住まいではコンクリートのヒンプンにカラー塗料を塗ったものなどもあり、ヒンプンが過去の文化とはなっていない。

川平地区にはすでに古い住まいは残っていないが、数例のヒンプンをみることができた。白保地区には古い住まいがかなり残存しているにもかかわらずヒンプンはみられなかったが、『石垣市史』に収録されている写真にはヒンプンが写っている。[22] 宮良地区にはコンクリートブロック製のヒンプンが数例みられた。このように石垣島では都市部にヒンプンの濃厚な分布が認められる。

竹富島の集落は重要伝統的建造物群に選定されており、赤瓦と石垣、ヒンプンなどが構成する住まいが群として「凍結保存」されている。この島でみられるヒンプンには石積みのものが多く残されている。旧家には切石の大型のヒンプンがみられる。設置される位置は門と母屋のほぼ中央で、母屋との間にできる空間を「前庭」と呼んでいる。前庭では種子取祭の七日目の夜にユークイが行なわれ、三〇人以上の人が「巻唄」を歌いながら踊る。[23]

(二)小浜島

別稿で取りあげたように小浜島には現在もヒンプンが濃厚に分布しており、豊年祭や盆行事の際に動線を示す重要な機能をもっている。母屋とヒンプンの間が儀礼の場になるため「前庭」として十分な面積を確保する必要がある。たとえば新本光孝家では門とヒンプンの間が三・三メートルであるのに対し、ヒンプンと母屋の間は五・五メートルである。南面する庭の幅は一五メートル近くある。根原清一家は敷地の西側に、かつて雨乞いをした聖なる石があり、そのため西側を上位の方位としている。南面する当家は向かって左側に床の間を設けた一番座があり、続いて仏壇を設置した二番座が配置されている。ヒンプンはこれらの設備が道からみえないように設置しているという。小浜島では日常の出入りはヒンプンの西側を通るが、豊年祭に来訪するアカマタ・クロマ

写真39　広い前庭をもつ住まい（小浜島）

タの一行や盆の踊りを奉納する一行は東側を通る。

(三)鳩間島・西表島

鳩間島は過疎化が進み、小規模な集落に空き家が目立つ。約二〇戸のうち六戸にヒンプンが残存している。米盛勝家は、石垣で囲まれた敷地に寄棟トタン葺の母屋が建つ。門の間口が二・二メートル、門からサンゴ石を積み上げたヒンプンまで五・四メートル、ヒンプンから母屋まで五・八メートルである。広い前庭には盆にアンガマと呼ばれる祖先の霊が来訪し、ここで踊りが奉納される。その際にアンガマの一行は東側を通って前庭に入り、西側を通って帰っていく。三線を引く人が前庭の中央部に敷かれた筵の上に座り、その周りを左回りに踊る。踊りのあと飲食が振舞われ、最後に獅子舞が行なわれる。ヒンプンの東側を通行するのは祝儀の日の男性だけである。葬儀のような不祝儀に使用されるのは西側で、男性も日常は西側を通る。女性は常に西側のみを通る。当家のヒンプンはサンゴ石を積み上げたもので、長さ六・二メートル、高

写真40　中央に石敢當がはめ込まれたヒンプン（鳩間島）

写真41　テーブルサンゴを積みあげた古いヒンプン（西表島）

さ一・一メートル、厚さ〇・六五メートルと規模が大きい。小底武二家でも門の石垣とヒンプンの間は一・四メートルであるのに対し、ヒンプンと母屋の間は二・四五メートルで、米盛家と同様に前庭のスペースが確保されている。当家のヒンプンは珊瑚石を長さ三・一メートル、高さ一・二メートル、厚さ〇・五五メートルに積み上げたもので、前面の中央部に「石敢當」と彫られた石がはめ込まれている。魔よけの役割が期待されていることがわかる。この島には、廃墟も含めて多くのヒンプンが残存しており、かつてはほとんどの住まいに設置されていたと考えられる。

西表島の干立地区や祖納地区にはかつて多くのヒンプンが設置されたようである。しかし、二〇一〇年に訪れたときはそれぞれの集落に三例程度残存しているだけであった。テーブルサンゴを積みあげたものやコンクリートブロック製で、中には赤瓦を装飾的に用いたものもあった。ただしヒンプンと母屋の間は二メートル程度であり、ここで儀礼が行なわれたとは考え難い。

三　奄美地方

(一)奄美大島・加計呂麻島・与路島

奄美地方のヒンプンは、喜界島を除き沖縄地方や八重山地方と比較して少ない。奄美大島南部の瀬戸内町の自治体史『瀬戸内町誌(民俗編)』にもヒンプンの記載はなく、奄美地方の習俗について調査研究を進めた恵原義盛もほとんどふれていない(24)ことから、一般的にはとくに意識される対象ではなかったのであろう。しかし窪は奄美大島から与論島までの六島のすべてにヒンプン、またはそれに相当するものが設置されていたと指摘している(25)。

だがすべての地区にあったわけではなく、ない家も多かった。概して奄美地方でヒンプンが設けられたのは草分けなど家格の高い家が多く、庶民の住まいにはほとんどなかったといえる。これは沖縄地方や八重山地方と異なる点である。

奄美大島の北部の笠利町にある泉家には大型の生垣でつくったヒンプンがみられる。約〇・八メートルと低いため、目隠しとは考えられない。後出の喜界島の秋山家などと同様に来訪者の動線を決定する役目があったと思われる。同町の旧家である勢フシエ家は周囲をコンクリートの塀で囲まれた住まいであり、門を入ったところに設置されたヒンプンが報告されている。[26] 名瀬市根瀬部の穂積梢成家でもヒンプン様の構造物が報告されている。[27] 宇検村では一例の石積みのヒンプンと三例の生垣のヒンプンをみることができた。

加計呂麻島の諸数集落には切石製や生垣のヒンプンが残存している。諸鈍や能見山の集落にもコンクリートブロック製のヒンプンがみられる。

与路島は集落の東側の海岸に沿ってアダンの防風林がみられる。それぞれの住まいはテーブルサンゴの石垣で囲まれている。約一〇〇軒のうち半数が空き家になっており荒廃した住まいも多い。この島ではコンクリート製のヒンプンを設置した住まいが三軒と、珊瑚石を積みあげたヒンプン様の構造物が認められただけである。なお廃墟になったノロヤシキにはヒンプンを設置していたことを示す痕跡が認められた。栄氏（八〇歳女性）の記憶では、かつてこの島でも石製ヒンプンがあったということであるが、ヒンプンに対する関心がほとんどないようである。この島で精力的に住まいの調査と研究を進めた石原清光もヒンプンへの言及はしていない。[28]

(二)喜界島

喜界島は集落によって大きく様相が異なるが、比較的多くのヒンプンが分布する地域である。ここではメーガ

写真42　門から約10メートル奥に入ったところに設置されたヒンプン（喜界島）

キ（前垣）と呼ばれ、とくに手久津久地区から志戸桶地区にいたる東海岸に多くみられる。

志戸桶地区には比較的多くのヒンプンがみられる。その多くはブロック製であるが、近年に装飾的な要素を加えて設置したものもある。

東海岸の集落に対し西海岸の集落にはほとんどみられず、赤連地区の得本維宗氏（明治四四年〈一九一一〉生まれ）によると、この集落では約一〇〇軒の家があるが、ヒンプンを設けていたのは旧家の二軒だけであった。そのうちの一つである得本家は北側に門を開いた敷地で、母屋との間に切り石を積みあげた長さ約四メートル、高さ一・六メートル、厚さ〇・五メートルのヒンプンが設けられている。現在のヒンプンは一九九〇年に積みなおしたもので、それまでは珊瑚石を積んでいた。この地では南東から強い風が吹くので、風除けの設備ではない。当家は明治に戸長や県会議員を輩出した家であり、ヒンプンは家の権威を示す役割をもっていたという。

西海岸の小野津地区には玄関前に高さ〇・八メート

ル、長さ三メートルの石のヒンプンを設置している住まいがある。高さを考慮すると目隠しの役割を果たしているとも考えられず、結界を意識した象徴的な装置に変容しているといえる。

(三)与論島・沖永良部島他

与論島はヒンプンが少ない。『与論町誌』にもヒンプンの記載はみられない。しかし茶花地区の猿渡家には大型の石製のヒンプンがみられ、「昭和六年十一月建設」の刻銘を認めることができる。当家の出身である平静枝氏(大正六年〈一九一七〉生まれ)によると、左勝手の住まいである当家では、通常はヒンプンの右側を通行するが、祝儀や不祝儀の日は左側を通行したという。母屋での生活の様子を隠す位置には設置されておらず、門をあいまいに閉鎖するためのものである。かつて旧家ではヒンプンを設置していたようであるが、現在はこの地区でも四例が残存しているだけである。また町田原長が与論島にはツキアタリと呼ぶ長さ二メートルほどの生垣や、両端に柱を立ててその間に編んだ竹を組み入れたものがあったことを報告し、その役割が母屋と台所のそれぞれに行く分岐の標識であったと指摘している(29)。ツキアタリとはヒンプンを指す呼称であろう。

沖永良部島の和泊町ではヒンプンを「口隠し」、「障子垣」と呼び、トーグラの前にクロトンやハイビスカスなどの木を植えている。これはトーグラにある茶の間での生活を他人の目から遮断するための設備である(30)。しかし本来は高倉がこの役割を果たしていたようで、高倉が取り壊されて以降にヒンプンをつくる家が増加したという指摘がある(31)。石積みではなく生垣であることも、このことを示しているといえよう。

知名町の宮当ツル家には長さ五メートル、高さ一・五メートルのL字型をした珊瑚の切石製のヒンプンが設置されているとの報告がある(32)。当家は明治中ごろに建築された住まいである。

徳之島の伊仙町や徳之島町でも魔よけや目隠しのためにヒンプンが設置されていたという(33)。

写真43　佐多直忠家のヒンプン（鹿児島県南九州市知覧町）

（四）鹿児島県

鹿児島県南九州市知覧町の武家屋敷にもヒンプンをみることができる。薩摩藩は領地を区分し、それぞれに「麓」とよばれる武家集落をつくった。知覧町は麓の典型的な事例で、重要伝統的建造物群に選定され、詳細な報告書が刊行されている。(34)公開されている武家屋敷七軒は優れた意匠の庭園が注目されているが、三軒に単独のヒンプン、残り四軒を含む未公開の屋敷に塀と連続したL字方のヒンプンが認められた。

佐多直忠家には切石で作られた単独のヒンプンが設置されている。上方の長さ三・二メートル、下方の長さ三・三メートル、高さ一・七メートル、上方の厚さ〇・六メートル、下方の厚さ〇・八メートルの台形である。設置されている位置は門から約八メートル奥に入ったところで、そこから左に折れたところに母屋が建てられている。

森重堅家のヒンプンも単独で、門から約一二メートル敷地の奥に入ったところに設置されており、そこか

写真44　ヒンプンの前を左に折れて母屋の庭園へ(佐多直忠家)

写真45　森重堅家のヒンプン(知覧町)

写真46　麓の武家住宅に残るヒンプン（鹿児島県加世田市）

ら母屋の式台まで約一〇メートルの距離がある。当家のヒンプンは長さ三メートル、高さ一・八メートル、厚さ〇・三メートルの切石製である。これらの切石は南九州市教育委員会学芸員の新地浩一郎氏によると、この地を流れる麓川の上流で採石されたという。

佐多民子家のヒンプンはL字型で、やはり門から約一〇メートル入ったところに設置されている。

加世田市にも知覧と同様に麓の武家集落が残っている。ここにも単独型やL字型のヒンプンがみられる。

知覧町や加世田市にはヒンプンのほかに石敢当もみられ、これらの琉球文化は、知覧町が近世の琉球貿易の拠点であったことに関係があると説明されている(35)。しかしヒンプンの形態や位置は沖縄地方ではなく奄美地方と酷似している。いずれも門から数メートル以上奥まったところに設置され、母屋の位置ともずれている。知覧町や加世田市の事例も奄美地方と同様に、敷地の奥行きの深さをイメージさせるための装置といえよう。これは、慶長一四年（一六〇九）以降、島津藩の支配下になった奄美地方から伝播した文化の一つであ

写真47　門・ヒンプン・母屋が同一線上に並ぶ住まい(鳩間島)

ろう。一方、住まいの奥行きを強調する背景には、日本の武家住宅で重視されたカミ―シモの秩序、すなわち入り口からみて遠い場所を上席とする観念が反映している可能性がある。この場合は薩摩から奄美地方へ伝播した文化ということになろう。いずれにしても中国から伝来したヒンプンの文化が、沖縄地方を経て奄美地方に伝播する過程で新しい展開をした様子をうかがうことができる。

四　ヒンプンの機能

(一)門・ヒンプン・母屋の位置

沖縄地方や八重山地方では、道路からみて門・ヒンプン・母屋が同一線上に並ぶ。ヒンプンの規模は、一般的に長さ三メートル、高さ一・五メートルで、道を行く人の視線から、母屋の二番座を中心に一番座から三番座までほぼ遮断することができる。二番座は日常生活の場であり、これを隠す「目隠し」の機能が期待

写真48　門・ヒンプンの線上から母屋がずれる勝連家（喜界島）

されていることは明白であるが、調査では、設置の目的が二番座に設置された仏壇を隠すためと説明されることが多い。前出のように久米島の旧家上江洲家や渡名喜島では、門とヒンプンの中心線と仏壇の中心をずらしており、ここでは「悪魔返し」がヒンプンの重要な機能である。これらの証言は、沖縄地方や八重山地方でしばしば耳にする。

それに対し奄美地方では、道路から門とヒンプンをみたとき、その延長線上に母屋がない。母屋の位置をずらして建築される場合が多い。喜界島の白水地区にある勝連家は長さ五・五メートル、高さ二メートルの重厚なヒンプンが築かれているが、母屋の位置は門からみて右手に大きくずれている。同家は沖縄本島の勝連地区から移住してきた家といわれているが、ヒンプンの設置の仕方は奄美地方の伝統に従ったといえる。

それでは奄美地方のヒンプンは、どのような機能を期待して設置されたのであろうか。喜界島では東海岸地区は強風が吹く地域で、屋敷の周囲は石垣で囲まれている。とくに阿伝地区は石垣が創り出す景観の美しさで知られ、重要伝統的建造物群に選定されている。しかしヒンプンを設置しているのは、旧家を中心に一部の家だけである。一部の家で採用されたとすると、風除けという単なる物理的に必要な設備であったとは考えられない。奄美地方では比較的多くのヒンプンが分布する喜界島であるが、西海岸側にはほとんどみられない。西海岸の赤連地区には一〇〇軒程度の家があるが、ヒンプンをもつ住まいは旧家の二軒だけであった。強風が吹く向きを考慮すると風除けではないという。奄美地方でヒンプンが設置された主たる理由は、家格を示すステイタスシンボルにあった。

(二)門・ヒンプン・母屋の各々の間隔

門・ヒンプン・母屋が同一線上に並ぶ沖縄地方や八重山地方では、各々の間隔が多様である。一般的にはヒンプンを門の内側二メートル程度のところに設置しているところが多い。国頭村安波地区には母屋の二番座と一メートルほどの間をあけてヒンプンを設置している住まいが目立つ。人がかろうじて通行できる〇・六メートルの間隔しかない事例もある。母屋から離れた門の外側に設置している事例もある(36)。この地区ではヒンプンは、いずれも目隠しの役割を果たしている。

写真49　二番座のすぐ前に設置されたヒンプン
(沖縄県国頭村安波)

一方、ヒンプンと母屋の間に比較的広い空間を確保している地域がある。伊計島ではヒンプンと

写真50　ヒンプンと母屋の間の前庭は儀礼の場（小浜島・大嵩家）

母屋の間に三メートル以上の間隔を確保している住まいが多い。前出の棚原源一郎家の場合、門とヒンプンの間は二メートルであるが、ヒンプンと母屋の間は三メートルである。盆のエイサー踊りをするために中庭を確保している。

八重山地方の鳩間島にある米盛勝家はヒンプンから母屋まで五・八メートルあり、広い中庭がつくられている。この島では中庭が毎年盆に来訪するアンガマを迎えて饗応する場になった。

小浜島でも同様に前庭の広さを確保している。豊年祭の時にはアカマタ・クロマタと呼ばれる来訪神を迎えて祝福を受ける儀礼が行なわれる。盆には祖先の霊を慰めるために村人の一行が訪れ、マキオドリと呼ばれる芸能を奉納する。これらの儀礼を行なう場が、ヒンプンと母屋の間の前庭である。大嵩善立家では門とヒンプンの間が二・八メートルであるのに対し、ヒンプンと母屋の間は六・一メートルもある。ちなみにヒンプンの長さは五・五メートル、高さ一・七メートル、厚さ〇・五メートルの切石製である。当家の建築

写真51　美しい生垣のヒンプン（渡名喜島）

は一九一四年で、島で最も古い家の一つである。前庭が広く、幅が一三メートルある。

ヒンプンに儀礼の場を創出する役割が求められているとすると、そこには結界としての機能を認めることができよう。この点については後述する。そしてこれらの儀礼に参加する人たちの動線を決定するのがヒンプンである。

(三)形態と材料

ヒンプンの形態や材料からも機能を知ることが可能である。昭和三五年（一九六〇）頃まで、旧家は珊瑚石や切石を積み上げた大型のヒンプンを、一般の住まいでは竹製のヒンプンを設けていた。その後一九六〇年代に入るとコンクリートブロック製が普及し、さらに三〇年ほど前から生垣のヒンプンが増加してきた。樹種は低木の常緑樹であるが、仏桑華（ハイビスカス）など美しい花を咲かせるものが目立ち、装飾的な要素も加味されているようである。生垣のヒンプンは目隠しと防風の機能は期待できるが、魔よけの機能をもつと

写真52　移動が可能な板製のヒンプン（小浜島）

みるのは困難であろう。移動が可能な板製のヒンプンも増加している。昭和四一年（一九六六）に刊行された『伊是名村誌』に「移動式に改善された」ヒンプンが登場したとの記述があり、[37]半世紀前には変容が始まったと考えられる。これは台風が来襲すれば移動するもので、目隠しが主たる機能になっている。材料や形態の変容は、ヒンプンに期待する機能の変容でもある。

また渡名喜島などでは一本の低木をヒンプンにしている事例がある。喜界島の小野津地区では高さ〇・八メートルの石のヒンプンをみる機会があった。この高さでは目隠しの機能を果たしているとはいえない。重厚な石塀やブロック製のように物理的に有効なヒンプンから、象徴的なヒンプンに変容する傾向が認められる。

(四)敷地の奥に設ける二基のヒンプン

奄美地方では、二基のヒンプンを設けている事例が上層の住まいで数例確認できる。正確にはヒンプンとヒンプン様の石塀である。ここでは喜界島の西海岸の

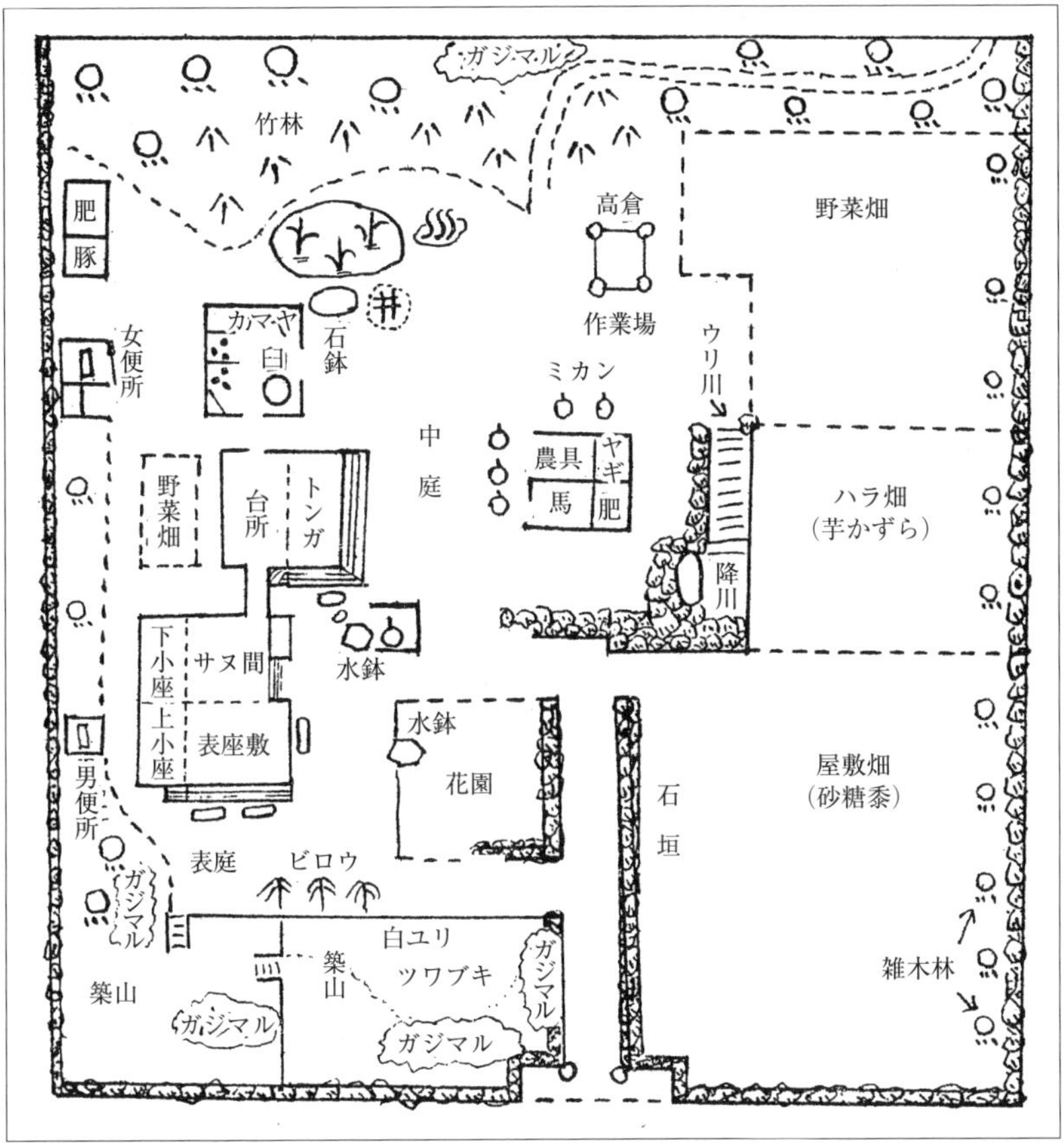

図3　2基のヒンプンを設けた住まい

（竹内譲『喜界島の民俗』黒潮文化会より）

西目集落に建てられていた旧士族の事例を取りあげる。この住まいは現在廃墟になり、ウリガーと呼ばれるらせん状に掘った井戸が喜界町の指定文化財として残っているだけである。幸い竹内譲がかつての屋敷図を残しており、[38] それをもとに検証しよう。

図3のように約七〇〇坪の屋敷の北側を除く三方は石塀で囲まれ、南側に門が設けられている。門を入ると右側に長く石塀が延び、約一〇メートル奥の突き当たりにL字型のヒンプンが築かれている。また左側には右側の石塀と平行に、L

写真53　２基のヒンプンが３通りの動線を創出（喜界島）

字型のヒンプン様の石塀が設置されている。このヒンプン様の石塀の手前の開口部を進むと、表庭を経て客間の表座敷に導かれる。この出入り口を使用するのは高級役人と嫁入り、盆に来訪する祖先の霊、そして棺である。奥側すなわち突き当たりのヒンプンとの間に開いた開口部を進むとサヌマと呼ばれる居間に至る。サヌマとは「下の間」の意味である。この出入り口を使用するのは、家族や一般の客である。さらに女性客や親しい人は、中庭を経て台所に出入りする。

また東海岸の志戸桶地区にある旧秋山家にも二基のヒンプンが設置されている。窪徳忠によると、母屋に向かって右側の出入り口は高級な武士が、中央の出入り口は当主の賓客が、左側の出入り口は家族や一般人が使用したという[39]。

このように二基のヒンプンが三通りの出入り口を創り出していることになる。なお動線を決定する機能は母屋の前庭で芸能を奉納する沖縄地方や八重山地方の事例とも共通する。窪はこのような機能に対し否定的であるが[40]、南西諸島の全域でみられることから軽視することはできない。とくに沖縄地方や八重山地方では階層を問わず確認することができ、伝統的な習俗との関わりの中で生まれた重要な機能といってもいいだろう。

さて奄美地方の旧家では、前出のように門から隔たった敷地の奥にヒンプンが設置される。これは沖縄や八重山地方で、門をふさぐように門近くに設置しているのと対照的である。奄美大島の笠利町にある泉家（重要文化財）では、門から約一〇メートル入ったところに高さ〇・八メートル、長さ六メートルの生垣を設けてヒンプンとしている。高さから判断して目隠しではない。同家の場合、敷地内に同様の生垣が多くつくられており、来訪者の動線になっていることは確かである。

このような位置にヒンプンを設置する目的は、来訪者に敷地の奥行きの深さをイメージさせることで家格を示すことにあるのではなかろうか。喜界島では門の深い住まいが尊重されたという指摘もある。[41] すなわちヒンプンはクチーオクを演出する装置ともいえよう。

五　伝播と背景

ヒンプンの分布の濃度をみると、沖縄地方と八重山地方には多く分布し、現在も新築の際に設置されているところがある。それに対し、宮古地方と奄美地方ではほとんど消滅している地域が多く、残存していても事例は少ない。

窪はヒンプンの呼称に注目し、河北省や山東省では「影壁」（インピー）、福建省では「屏門」（ピンメン）、「屏風」（ピンプン）と呼んでいることから、沖縄のヒンプンが福建省の影響を受けていると指摘している。[42] 琉球王朝時代に福建省の出身者を官吏として登用した歴史を考慮すると、ヒンプンの文化が福建省からのルートで那覇や

写真54　スイジガイなど魔よけの装置を取りつけたヒンプン（小浜島）

首里にもたらされたと考えていいだろう。ただし北京や山東省の影壁は一枚の衝立式で沖縄のヒンプンに類似しているのに対し、福建省は衝立式やL字型であるという。伝播のルートについてはさらに検討する余地があろう。

窪はヒンプンが伝来した時期については不明としているが、『石垣市史』によると「八重山島年来記」の中に、乾隆四年（一七三九）に蔵元の「ひんふん」を新築したという記事があり[43]、沖縄本島に伝来した時期は第二尚王朝の比較的早い段階までは遡ると考えていいだろう。ただし当時ヒンプンを受容したのは上層階層で、風水思想とともに伝来した可能性が高い。前出のように久米島の上江洲家のヒンプンが風水思想にもとづいて設けられているという指摘もそれを示している。しかし尾部が指摘している「案山」の機能より、ヒンプンの形態から判断すると外からの殺気を除ける機能が受容されたと考えるべきであろう。そしてしだいに風水思想は薄れ、単なる魔よけ、さらには目隠しの機能が強調されて伝播していったと考えられる。す

写真55　石積みの上に植物を植えたヒンプン（喜界島）

なわちヒンプンは石敢當とともに中国の民俗宗教がモノを伴って伝来した一例といえる。

沖縄では現在魔よけとする伝承が多い。屋根獅子と石敢當に加えて、ヒンプンに住まいを悪霊から守る重要な機能が期待されている。また目隠しの機能が重視されているが、仏壇の目隠しについては仏壇の設置そのものの歴史が浅く、のちに付加された理由であろう。

八重山地方に伝播したヒンプンは、スイジガイや石敢當を取り付けている事例があるように魔よけの機能が受容されている。さらに来訪神を迎える儀礼空間として前庭を創出する機能が重視されており、小浜島や鳩間島の事例にその特徴を明確にみることができる。

一方、奄美地方では魔よけの装置といえるものは少ない。沖縄から奄美地方に伝播したヒンプンの文化は、集落の上層階層を中心に受容されて家格を示す象徴になった。なおヒンプンの文化が希薄な奄美地方で、喜界島のみ濃厚に分布する理由について検討しておこう。この島について、漆原は琉球と本州の文化が融合した地域と指摘した。その理由として小野津地区に残っているヒンプンが鹿児島藩の武家屋敷にみられる形態で、琉球にはみられないと述べている[44]。漆原が示す事例は石積みの上に松を植えた形態で、具体的に記していないが、鹿児島県知覧町の平山家や赤崎家の事例を指すのであろう[45]。また石敢當の伝播と拡散について研究をすすめた高橋誠一も、奄美諸島の中でも群を抜いて喜界島に濃厚に分布していることを指摘している。その上で喜界島に残る琉球文化は、首里から鹿児島へ直接伝播し、さらに鹿児島から喜界島へ流れたと推測している[46]。高橋の主張する伝播のルートを考慮すると、喜界島のヒンプンの状況を説明することができる。

むすび

南西諸島においてヒンプンの分布には明確な濃淡が認められる。また形態や設置位置、機能からみたとき、多様な展開をしていったことがわかる。すなわち中国から魔よけを主たる機能とする装置として伝来したヒンプンが、南西諸島の各地方に伝播をする過程で、それぞれの地方の伝統的な文化と関わりながら、目隠しや動線を決定する装置、祭場を創出する装置、家格のシンボルなどに変容していったと考えられる。

ヒンプンの機能は複合し、さらに変容しているが、石塀で囲まれた敷地の中でみるとき、結界としての機能は喪失していないといえる。伊是名島ではすでに多くのヒンプンが消滅しているが、聖地である拝所の前には依然としてテーブルサンゴの石を積み上げたヒンプンが残存している。

結界としてのヒンプンが有効に機能しているのは沖縄地方や八重山地方で、前庭を儀礼の場にしている地域である。ヒンプンが住居空間を分割し、あいまいな空間である中庭を創出している。ここが盆や豊年祭の儀礼の場になっている。そしてこれらの地域では今なおヒンプンが濃厚に分布している。

鳩間島では悪霊の侵入を防ぎ、良い神霊だけを住まいに入れるのがヒンプンの役割であるという。ヒンプンの両端から出入りすることができ、門扉のように常に閉じる役割を果たしているわけではない。実際に住まいの中にいる人にとって、目隠しにはなっても道行く人の足音や、訪れた人の気配を察することができる。この曖昧さが、住居空間の開口部を閉じながら一方で来訪神のために開くという矛盾を解決しているといえる。

また奄美地方や薩摩地方ではヒンプンがクチを示す装置であるとともに、オクを想起させる役割を果たしている点に注目したい。オクの広がりを理想とする日本の伝統的な価値観の中で、ステイタスシンボルとして採用されたと考えられる。これらはヒンプンの日本的展開といえよう。

註

(1)窪徳忠『中国文化と南島』四九～七一頁　第一書房　一九八一

(2)鈴木雅夫は形態と材料からヒンプンを五種類に分類し、目隠しと風除けの機能をもち、母屋との間に前庭の性格をもつ空間を創っていると指摘している(鈴木雅夫「沖縄の住宅における戸外及び半戸外空間(一)―ヒンプンと前庭の機能について―」『琉球大学教育学部紀要』第三九集、第1部・第2部　一九九二)。

(3)前掲(1)五三～六〇頁　第一書房　一九八一

(4)森隆男「住まいの変容と伝統儀礼―沖縄県小浜島のヒンプンを中心に―」『関西大学東西学術研究所紀要』第四四輯　二〇一一(のち森隆男『住まいの文化論―構造と変容をさぐる―』柊風舎　二〇一二　に収録)

(5)漆原和子編『石垣が語る風土と文化―屋敷囲いとしての石垣―』八七頁　古今書院　二〇〇八

(6)窪徳忠『目で見る沖縄の民俗とそのルーツ』五〇～五九頁　沖縄出版　一九九〇

(7)『読谷村史』第四巻　資料編3　一九九五

(8)『伊是名村誌』二五〇頁　一九六六

(9)沖縄県教育委員会文化課『糸満の民俗』九五頁　那覇出版社　一九七四
(10)仲田清英『字伊是名今昔』四四三頁　一九八五
(11)尾部憲右「上江洲家住宅の風水空間—仏壇とその周辺の比較—」『久米島における東アジア諸文化の媒介事象に関する総合研究』一五五頁　一九九九
(12)前掲(1)五六〜五七頁
(13)前傾(11)一五四頁
(14)仲原善秀『久米島の歴史と民俗』六二頁　第一書房　一九九〇
(15)『沖縄民俗』一一号　琉球大学民俗研究クラブ　一九六六
(16)『渡名喜村史』下巻一〇四頁　一九八三
(17)法政大学沖縄文化研究所『沖縄渡名喜島における言語・文化の総合的研究』一三八〜一四〇頁　一九九二
(18)前掲(16)九六頁
(19)前掲(1)五六頁
(20)前掲(1)六〇頁
(21)前掲(1)五四頁
(22)『石垣市史』民俗下　一五七頁　二〇〇七
(23)箭内博行『約束の島・約束の祭』一九七頁　情報センター出版局　二〇〇八
(24)恵原義盛『奄美生活誌』木耳社　一九七三
(25)窪徳忠「奄美群島における中国的習俗」『南島史学』第一四号　一九七九
(26)宮澤智士『奄美大島笠利町の民家調査報告』八六頁　(財)日本ナショナルトラスト　一九九六
(27)恵原義盛他『九州・沖縄地方の住まい習俗』二四三頁　名玄書房　一九八四
(28)石原清光『奄美与路島の「住まい」と「空間」』第一書房　二〇〇六
(29)町田原長『与論島民俗文化史資料』一一九頁　私立民俗文化資料館　一九八〇
(30)『和泊町誌　民俗編』四六七頁　一九八四

(31)蛸島直「沖永良部島の家屋敷形成過程」『家と屋敷地』一二九頁　社会民俗研究会　一九九一
(32)鹿児島県教育委員会編『鹿児島県の民家(離島編)』四一頁　鹿児島県文化財調査報告書第三六集　一九九〇
(33)前掲(1)七〇頁
(34)知覧町教育委員会『知覧町武家屋敷群―伝統的建造物群保存地区保存対策調査報告書(改訂版)』一〇三頁、一〇九頁　一九九三
(35)『薩摩の小京都　知覧の庭園』知覧武家屋敷庭園有限責任事業組合発行
(36)森隆男『住居空間の祭祀と儀礼』一四〇頁　岩田書院　一九九六
(37)前掲(8)二五〇頁
(38)竹内譲『喜界島の民俗』三六頁　黒潮文化会　一九六九
(39)前掲(1)七一頁
(40)前掲(1)七一頁
(41)前掲(38)三八頁
(42)前掲(1)五三頁
(43)前掲(22)一五七頁
(44)前掲(5)一九頁
(45)前掲(34)一〇三頁、一〇九頁
(46)高橋誠一・松井幸一「奄美大島龍郷町の集落と石敢當」『東アジア文化交渉研究』第三号　二〇一〇

第三節　クチに関わる住居感覚の変容

はじめに

母屋には日常的に使用する出入り口として玄関がある。「戸口」などとも呼ばれ、文字通り住まいのクチを代表する出入り口で、ここには多様な魔除けの装置が取り付けられている。一方、婚礼や葬儀などの日に使用する非日常的な出入り口があるが、儀礼の衰退や儀礼の場が専門施設に移ることにともない、それらの使い分けをする感覚が消滅しつつある。また特別の日に顕在化する、普段は見えない出入口も存在した。これらの出入り口を具体的な事例で検証することで、住まいの出入り口の意味とそれに対する住居感覚を考えてみたい。

一　特別の日の出入り口・ガンギ

大阪府豊中市の日本民家集落博物館には、新潟県と長野県の県境にまたがる秋山郷から、茅壁や土座を残す旧山田家が移築されている。この住まいは近世後期の建築で、中門が付設され、広間型の間取りをもつ。中門の入り口付近に食材の洗い場と便所があり、家族や客はここを通って土間に出入りする。広間をナカノマと呼び、その上手のオモテ側をデイ、ウラ側が寝室に当てられるヘヤである。食事や家族の団らんの場、通常の接客の場は

写真56　大橋サエ家外観

広間で、この部屋には直接外につながる設備はないが、報告書によると庭に面した開口部が出棺の際の出口になる。屋外で死ぬと、遺体は外から広間に入れる。家人が間違って広間から直接外に出ると、外から広間に入り直さなければならないという。この出入り口をフラチグチと呼ぶ家もある(1)。フラチとは「不埒」、すなわち異常もしくは秩序を外れることを指す言葉であろう。それを具体的に理解する事例に新潟県柏崎市高柳地区で出会った。

高柳地区は秋山郷の北に位置し、中門形式の広間型住まいと、それが整形型の住まいに変化する過程を示す事例が併存している。そしてこれらの住まいには婚礼や葬儀の際に顕在化するガンギと呼ばれる出入り口が残存していた。柏崎市の事例をもとに非日常の出入り口について、縁側の採用と間取りの変化にも留意しながら検証する。

(一)中門造り広間型の大橋サエ家

高柳地区石黒の大橋家は、約二〇〇年前に建築され

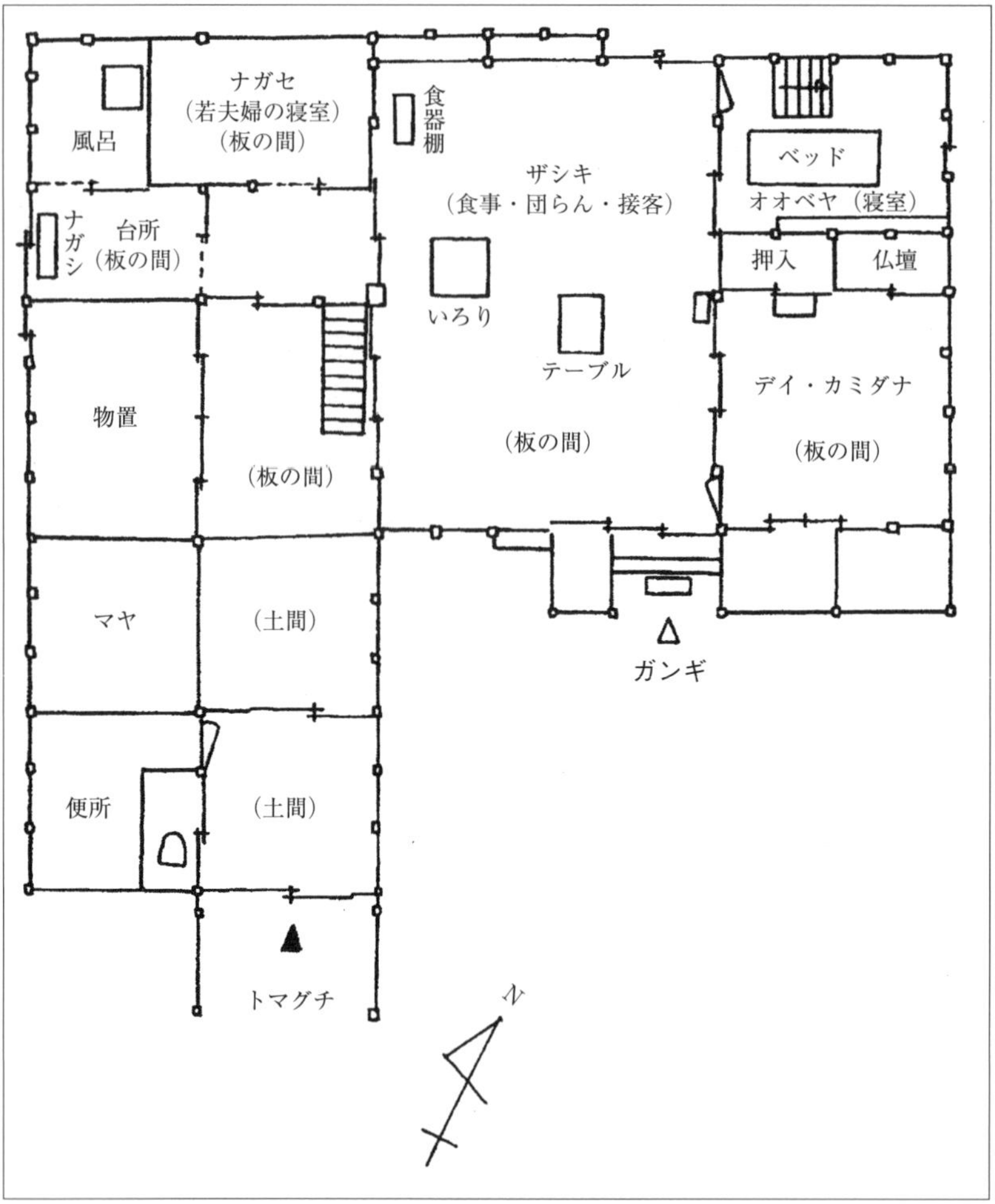

図４　大橋サエ家

（作図：椿原佳恵・出口絵莉子）

写真57　広間のザシキ

たと伝えられる、母屋に中門部分が接続したL字型の住まいである。母屋のウラ側にはタネと呼ばれる池がある。ここで鯉を飼い、食糧にする。春から秋にかけて農機具の洗い場になるが、冬には屋根の雪が落ちてタネに積み重なる。雪の下の部分だけ一冬に四回程度、除く。この作業を「掘る」と呼ぶ。母屋の軒下には落とし板を積み上げて、積雪から住まいを守る。中門の前には「雪だな」を設けて、冬季の出入りを容易にする。かつては木枠を組み、茅で屋根の部分と壁を葺いた。雪だな付近には大根やニンジンなどの野菜を土中に埋めて、大雪の日でも取り出し易くした。

母屋の構造材に太い欅の差し鴨居を使用するのは、雪の重みに耐えるためである。中越地震の際にも大きく揺れたが、倒れることはなかった。ちなみに石黒地区では例年四メートルの積雪があるが、軒まで雪が積もると比較的暖かい。当地の住まいは、冬季の豪雪を前提に造られていることがわかる。三月に落とし板を取り去るとき、春の訪れを感じるという。また夏の暑い日はタネから流れてくる風が涼しい。これは私も二

写真58　ガンギの正面

○一四年の夏に体感することができた。

母屋は家族の食事や団らん、非公式の接客に使用する広間のザシキと、仏壇と神棚が設置されたデイ、家長夫婦の寝室であるオオベヤ、ナガセと呼ばれる若夫婦の寝室、炊事場と風呂などで構成される。当家のデイには床の間がなく、接客を想定した仕様にはなっていない。またデイは開口部が少ない暗い部屋である。中門部分には、便所、牛馬を飼育するウマヤなどが配されている。

通常の出入り口は中門部分に設けられたトマグチが使用される。注目したいのは、ザシキに設けられているガンギの呼称をもつ出入り口である。雪国の街で積雪時の通行を容易にするために軒から突き出した庇の連なる部分が「雁木通り」と呼ばれるが、当地のガンギも庇の部分を意味する。以下、ガンギの機能について検証する。

ガンギはザシキのオモテ側に設けられた、間口一間、奥行き半間余りの設備である。前出の旧山田家のフラチグチと同じ位置である。奥側三分の一が段になっており、段を広く使用するためにその前に一尺（約三〇センチメートル）幅の板が渡してある。そして地面からの高さが二尺程度あるため、上り下りが容易になるように踏み段が置かれている。本来は非日常的な出入り口であったはずだが、現在は客の出入りなど日常的な使用もするために改造が加えられている。

ガンギが存在感を発揮するのは葬儀の時である。当地ではオオベヤで死を迎えることが多い。ここで死者の湯かんをして棺に納め、デイへ移す。デイで葬儀を終えると、棺は必ずガンギから出す。その際、死者の霊が戻ってこないように、座棺に納められた死者の背中側を前にして出す。棺がガンギを越えると、「外の死者」になったと認識するという。庭で花籠が振られて取り付けた五円玉が飛び散ると、子供たちが競ってこれを拾う。その後、野辺送りが行なわれる。冬季でも必ずガンギから出棺するため、縁起を担いで棺が出ないようにガンギの前の雪は少し残す。嫁の入家もガンギを使用する。嫁がガンギを越えて入ってきたとき、彼女が家族の一員になったと意識するという。なお嫁の出立の際もガンギを使用する。

盆の祖先を迎える際も、ガンギが使用される。八月一三日、墓地に祖先の霊を迎えに行った人は、火をつけた線香とともにガンギから入る。ただし祖先の霊はデイから入るため、デイの戸を少しだけ開けておく。一六日の昼頃、逆の作法で祖先の霊を送っていく。

このようにガンギは儀礼の際の非日常的な出入り口であり、とくに葬儀と婚礼の際は結界としての機能を果たすといえる。しかし富山から訪れる薬売りが商品を詰め替えたり、近所の人が談笑のために立ち寄る場にもなり、ガンギに前出のような改造が加えられたと考えられる。ここにはガンギが結界であるとともに、来訪者と屋内の家族が交流するあいまいな空間という二面性が認められ、その点では縁側と同質の空間であるといえよう。

写真59　村田邦昭家外観

(二)食い違い六間取りの村田邦昭家のガンギ

高柳地区門出の村田邦昭家は、間口一〇間半、奥行き五間半の寄棟平入の住まいである。明治二二年(一八八九)に当地で起きた大火の後に建築された。住まいの北側と西側には、暴風と防雪のために屋敷林が設けられている。とくに防雪の効果が高く、平地で二メートルの積雪があっても、屋敷林付近では〇・六メートル程度である。また住まいの周囲には、柿や茱《ぐ》萸《み》など実のなる木を植えるのが一般的である。

　母屋の中心には家族の日常生活が営まれる、三〇畳の茶の間がある。現在は板の間のオモテ側と畳敷きのウラ側が建具によって仕切られているが、昭和三二年(一九五七)までは莫蓙を敷いた一室で、広間型の住まいであった。冬季の寒さのため部屋を区切ったという。床板は漆塗りの松材で、畳は通常部屋の隅に積みあげておき、冠婚葬祭の儀礼時にのみ敷く。茶の間にはいろりが切られ、自在カギに鍋をかけて煮炊きをした。いろりはジロとも呼ばれた。また間口三メート

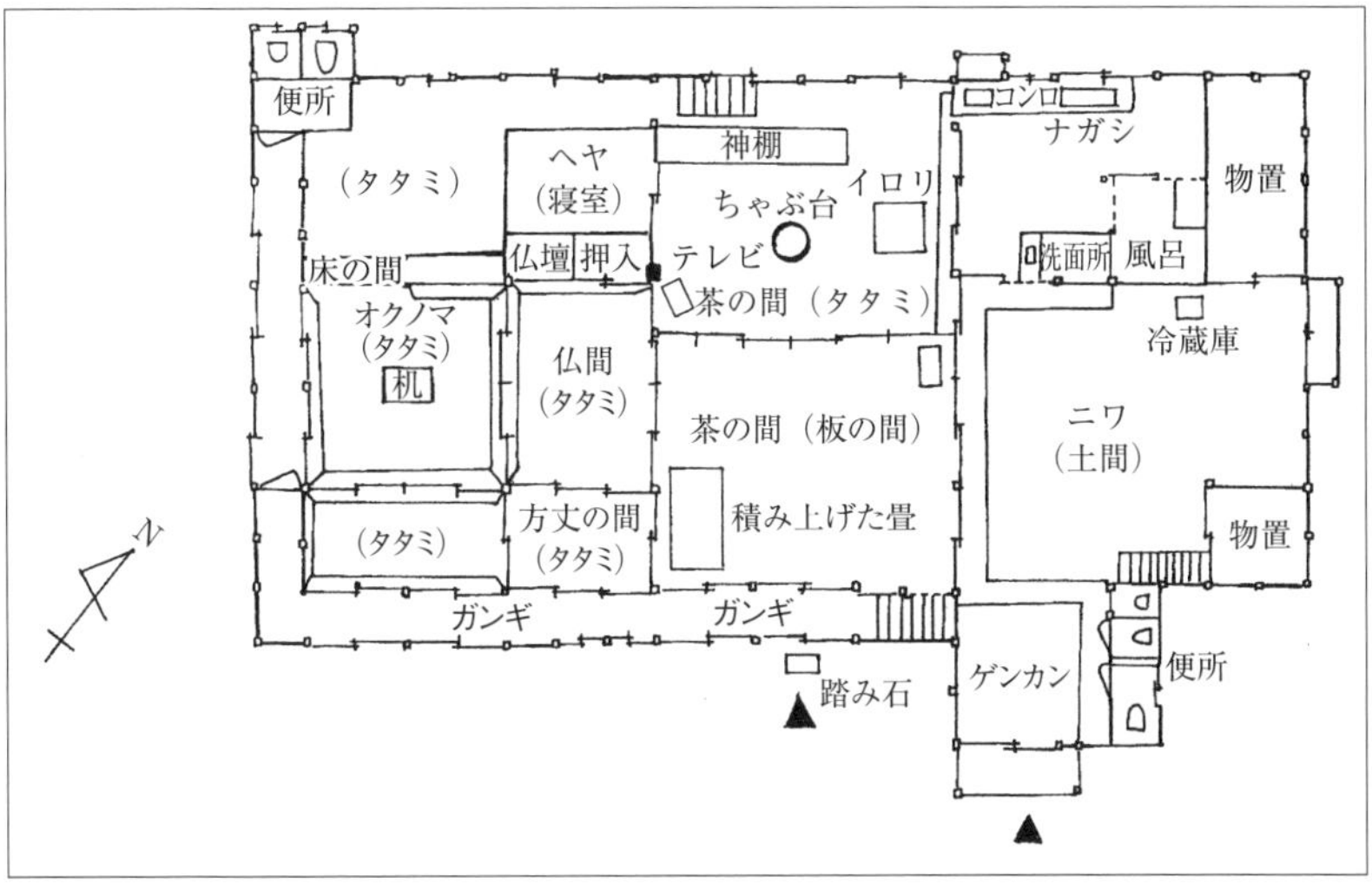

図５　村田邦昭家

（作図：椿原佳恵・出口絵莉子）

ル、奥行〇・六メートルの大型の神棚が設けられている。祠には天照大神、氏神の門出神社と戸隠神社などの神札が納められている。

茶の間の下手には三和土《たたき》の広いニワと台所、物置が配され、ニワの二階部分には肥料や農具を収納した。ニワの手前には突出したゲンカンが設けられ、便所が作られている。ゲンカンの二階は家族の寝室にもなった。茶の間の上手の中央には仏間があり、そのオモテ側に三畳の「方丈の間」が配されている。「方丈の間」は部屋の名称から、仏間の次の間に位置付けられる部屋である。仏間のカミ側に配されたオクノマは、床の間と違い棚を備えた最高の格式をもつ客室である。この部屋の周囲には長押が打たれている。オクノマのオモテ側には畳敷きの四畳の広縁があり、次の間に相当する部屋であろう。僧侶が休憩をする部屋と伝承されているが、その機能をもっていたのは方丈の間であったと思われる。いずれにしてもオクノマと仏間には、各々庭から縁側、次の間を経て入室する梁行方向の動線が認められる。さらに茶の間のカミ側で仏間のウラ側には比較的狭いヘヤがあり、家長夫婦の寝室に充てられている。

写真60　茶の間の隅に積みあげられた畳

葬儀の際にはオクノマはほとんど使用しない。一般的にはヘヤで死を迎え、入棺後仏間に移して葬儀を行なう。出棺は仏間から茶の間、さらに縁側を経て庭に至る動線で行なわれ、玄関は使用しない。留意しておきたいのは、当家では縁側をガンギと呼び、広間である茶の間から出棺する点である。

婚礼の日に嫁はゲンカンから入った。ニワ、茶の間を通って仏間にすわり、仏壇を拝む。オクノマの正面に屏風を立て、仏間と茶の間に膳を並べて披露宴が行なわれた。

(三)ガンギの変遷

大橋家と村田家を比較すると、次の相違点が認められる。

まず間取りについてみておきたい。両者の基本は広間型であるが、村田家では広間に板戸の間仕切りがつくられ、オモテ側とウラ側の二室になり食い違いの六間取りに変容している。また村田家では昭和三三年(一九五八)に母屋の裏手に付設されていた中門が撤去

写真61　ガンギから出る嫁
（昭和36年〈1961〉　三井田忠明氏提供）

され、中門造りの型式が崩れつつある状況を示している。ちなみにこの地域で若夫婦の寝室として使用された中門が姿を消したのは、昭和五〇年代以降のことである。その理由は、高齢化の中で中門の除雪の作業が困難になったからであるという。それに対し大橋家は今なお完全に広間型の間取りを残し、家族の日常生活はもちろん接客を含むほとんどの暮らしが広間で展開している。

さて本節で着目している出入り口について、大橋家ではガンギが広間に付設された常設の設備であり、婚礼や葬儀、盆行事の際に使用する非日常的な出入り口と意識されている。それに対し村田家ではガンギは縁側全体を指す語彙である。しかし葬儀の際に仏間から直接庭に出棺するのではなく広間を経る点は、大橋家の動線と一致し、かつてガンギが広間に付設されていた名残を示しているといえよう。また大橋家の中門の出入り口であるトマグチが日常の実用的な出入り口であるのに対して、村田家ではゲンカンの呼称とともに土間から広間に上がる踏み段が設けられ、接客を前提にした出入り口として整備されている。

規模は異なるが、大橋家と村田家はこの地域の住まいの変遷過程を示している。すなわち前者から後者への変遷で、とくにガンギについては、大橋家の事例が、より古態を伝えている。接客や儀礼のための部屋が整備される以前の、広間に付設された出入り口の名残を伝えていると考えられるからである。

大橋家の場合、ガンギは非日常の出入り口として強く意識されており、婚礼や葬儀の際には結界とし

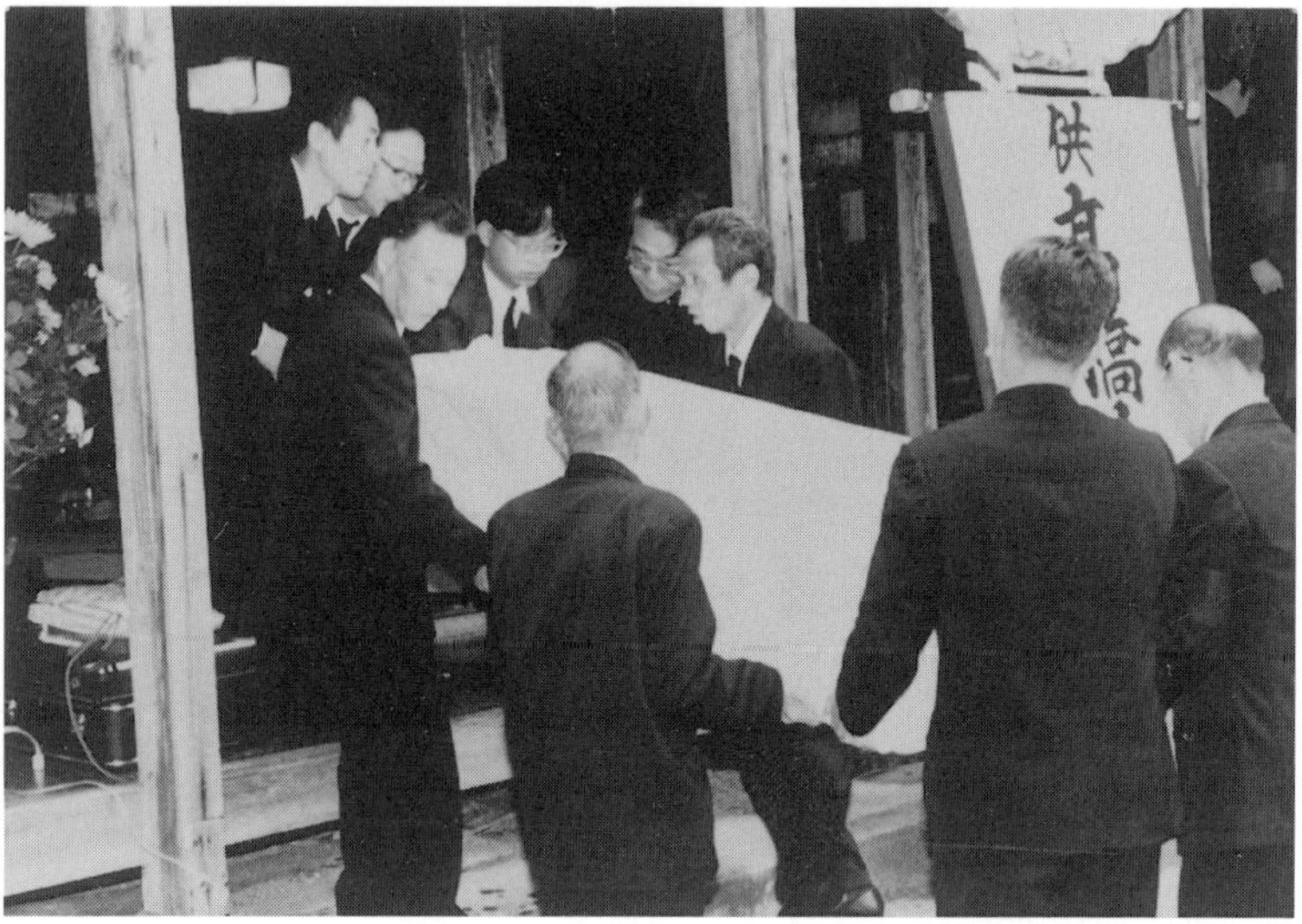

写真62　ガンギからの出棺

（昭和50年代　三井田忠明氏提供）

ての機能が顕在化する。一方、富山の薬売りや近所の人が立ち寄るのもガンギであるが、これは後の変化であろう。この場合はガンギが出入り口ではなく縁側と同様の曖昧な空間と意識されている。

なおガンギが大橋家のように独立した設備から村田家の縁側を指す語彙へ直接変遷したわけではなく、中間の段階が存在した。柏崎市で長年住まいの研究を続けてきた三井田忠明氏が精力的に調査を実施してまとめた労作『柏崎の民家』に、カミガンギと呼ばれる客間の出入り口が報告されている。(2) まず広間に直結したガンギがあり、その上手の客間に直結したガンギが新しく作られたのでカミの接頭語がついたのであろう。また同書には、ガンギに当たる箇所の縁側に框と板をはめ込み、その下を土間にしている事例も報告されている。(3) この前には、「沓脱石」も据えてある。普段は縁側として利用するが、非日常の際はガンギ本来の形態に戻ることが可能な造作が施されており、この事例もガンギの変遷過程を示していると考えられる。

二　縁側に表札「六畳一間」を掛ける住まい

表札は一般的には玄関に掛けられているが、岡山県の吉備高原には縁側の鴨居に掛けられている住まいがあった。筆者は昭和五〇年代に当地を訪れた際、このような事例を見たことがある。このたび岡山県高梁《たかはし》市有漢町で、地元の研究者秋葉将氏(昭和一四年〈一九三九〉生まれ)の案内によって表札の実物と痕跡を残す住まいの調査をすることができた。縁側に表札を掛ける習俗はそこが正式な出入り口であることを示しており、玄関が普及する以前の住まいの構造を考えるうえで貴重である。とくに今回は「六畳一間」と書かれた謎の表札を見学することができ、あらためて住まいの出入り口の意味を考える機会になった。

(一)島田保弘家の表札

島田家は高梁市有漢町長代に所在する、屋敷の周囲に広大な田畑を所有する旧家である。近代になって大規模な養蚕業を営んだことが、母屋の背後に長屋形式の養蚕場を設けた写真が残っていることからわかる。母屋は茅葺入母屋の食い違い六間取りの住まいで、明治一〇年(一八七七)ごろの建築と考えられている。棟にはオドリと呼ばれる七本の棟押さえがのせられている。

秋葉氏が作成された間取り図に、聞き書きによってかつての土間の様子を記したのが図6である。オモテ側に正式な客の対応や儀礼の場であるデイノマ、次の間の機能をもつナカノマ、他の事例ではイタバと呼ばれている板敷のアガリノマが並ぶ。またウラ側にはいろりを切ったイロリノマ、広いアダナンドと狭いオクナンドが配置されている。土間のオモテ側はアガリノマと一体に使用された屋内の作業空間であろう。ウラ側は調理場や竈が

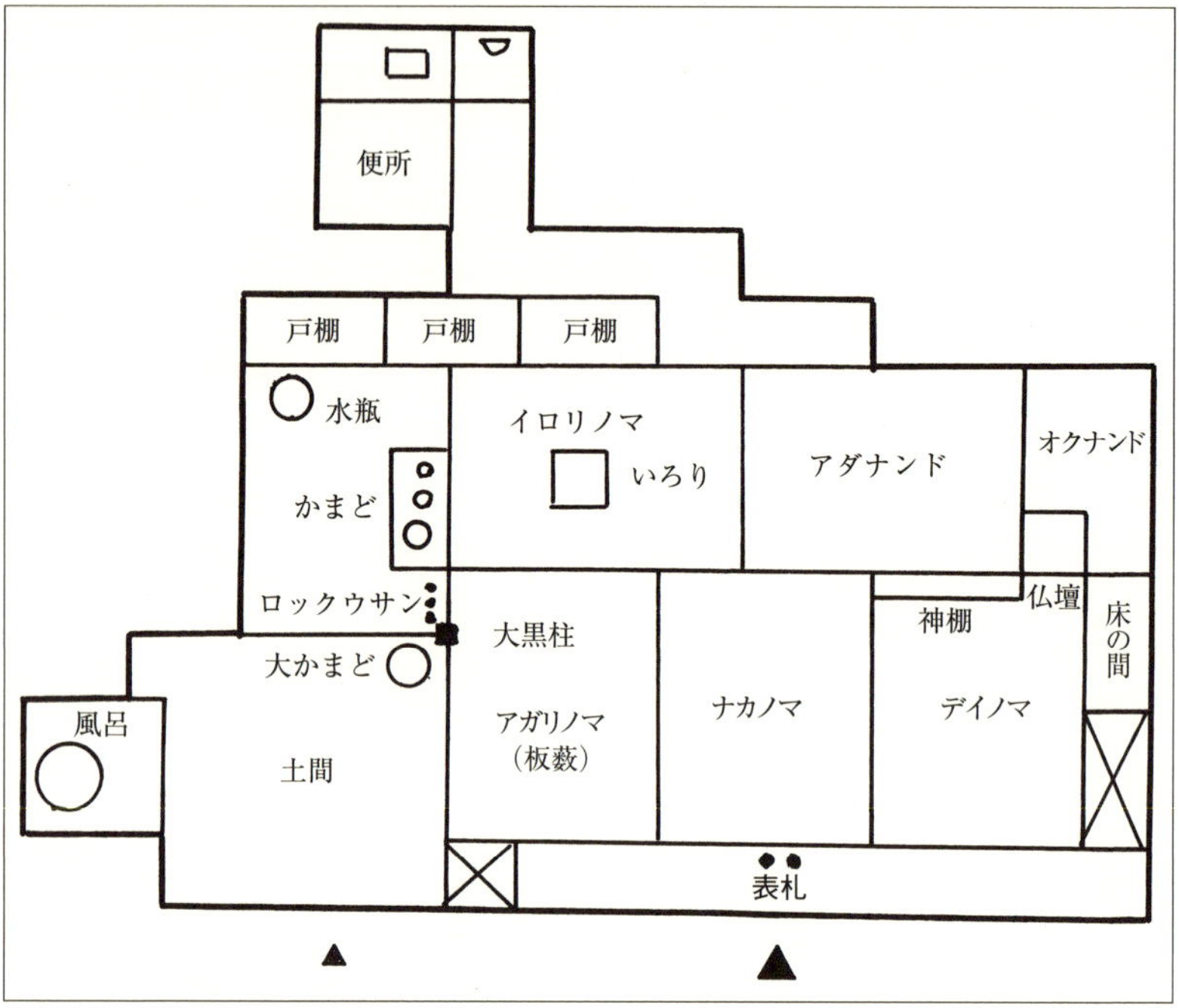

図６　島田保弘家間取り図

（原図は秋葉将氏作成）

設けられた台所である。

かつては正面にエンツボが付設されていた。エンツボとは縁側の端に設けた風呂に小便所を併設し、使用後の風呂の湯と小便をためて下肥に利用する穴のことである。

さて当家では濡れ縁が内縁に改造されているが、ナカノマの前の鴨居には表札を掛けた二か所の釘穴が残っている。幸い二点の表札が親戚にあたる秋葉氏のもとに残されていた。うち一点の表札は島田氏の祖先の名前が、もう一点には「六畳一間」と読める文字が記されている。ちなみに前者の木札は長さ二四・九センチメートル、幅四・三センチメートル、厚さ一・一センチメートルで、後者は長さ一二・三センチメートル、幅一〇・五センチメートル、厚さ〇・七センチメートルである。ともに杉材で、長年風雨に曝されていたため墨書の退色が著しい。

写真63　鴨居に掛けられた表札（右「六畳一間」、左「島田某」）

（二）出入り口の使い分け

島田家では、人の出入りは基本的に縁側から行なわれた。当家には大正一〇年（一九二一）ごろに撮影されたと思われる写真が残っており、老人が縁側から出入りする姿が写っている。ここはアガリノマにつながる場所で、当時家族の日常的な出入り口であった。アガリノマという呼称もこの部屋の機能を端的に示している。土間への入り口を日常的に使用するのは、クミカワと呼ばれる浅い井戸から水を運び込む主婦ぐらいであったという(4)。

表札がかかっていた場所は、日常的な客の出入り口であった。また秋葉氏の夫人は当家の出身で、婚礼の出立の際にナカノマから縁側を経て直接庭に出たことを記憶されている。当家に嫁いだ女性もこの場所から屋内に入ったという。一方、僧侶や神職の出入りと出棺はデイノマの縁側が使用された。このように当家では表側の三部屋と土間それぞれに計四か所の出入り口があったことになる。

写真64　大正10年(1921)頃の島田家

この地域では比較的遅くまで広間型の間取りが残存し、整形四間取りへの変化は当家が建築されたのと同時期の明治初期であったとされている。(5)秋葉氏が昭和五〇年(一九七五)ごろに調査した同じ地区の大森家では、家族の居室に加えて接客の場であった広間に相当する広い部屋の前の鴨居に表札が掲げられている。(6)島田家も再建以前は広間型の間取りをもつ住まいであった可能性が高い。表札が掛けられたところは広間に直接出入りする玄関に相当する場であったと思われる。なお縁側という緩衝空間を経るとはいえ、部屋に直接出入りする感覚は、やはり玄関をもたない南西諸島の住まいに共通する。

「六畳一間」と記された木札について、秋葉氏は客のもてなしが可能な畳敷きの部屋があることを示したものであると解釈している。(7)集落の旧家である当家にのみ残っている点からも妥当である。武家住宅の式台玄関をあげるまでもなく、客を迎える玄関はその家の格式を表す重要な設備であった。村の旧家である島田家に玄関が見られなかったのは、当地では接客を前提にした家格表示の設備が未発達であったからであろう。このように考えると前出の「六畳一間」と記された木札が、それを補う役割を果たしていたと考えられる。

三　特別の日に顕在化するデイノクチ

普段は意識されないが、特別な日にクチが顕在化することがある。それが内と外のあいまいな空間である庭に設定されるとき、住まいの変容を視野に入れて検証する必要がある。

(一)整形四間取りの住まいで展開される広間型の生活

愛知県田原市堀切町でみられる住まいは整形四間取りで、西日本に一般的にみられる農家の形式である。図7は昭和三〇年(一九五五)頃の小久保将啓家の間取りである。右手に小便所をみながら玄関の敷居をまたぐと、右手すぐのところに風呂が据えられていた。風呂の水は、庭の井戸からバケツで運んだという。使用後の風呂の湯と小便を下肥に利用する、かつての農家に見られた配置である。土間のウラ側は台所で、ナガシとかまどが設けられていた。

この地域の住まいの特色は次の間に当たるオオエが家族の団らんを過ごす部屋になっている点で、現在テレビもこの部屋に置かれている。客との対応もこの部屋で行なわれ、「瀬古」と呼ばれる地域の寄合は持ちまわりで会場が提供されるが、当番に当たるとこの部屋で行なわれる。人数が多い場合はデイも使用する。

オモテとカミの要素が重なるデイは年中行事や婚礼、葬儀などの儀礼にのみ使用される。まれに客の寝室にもなる。ナンドは家長夫婦の寝室で、かつては産室に充てられた。ナンドのシモ側はカッテと呼ばれた板敷きの部屋で、家族の食事の場である。

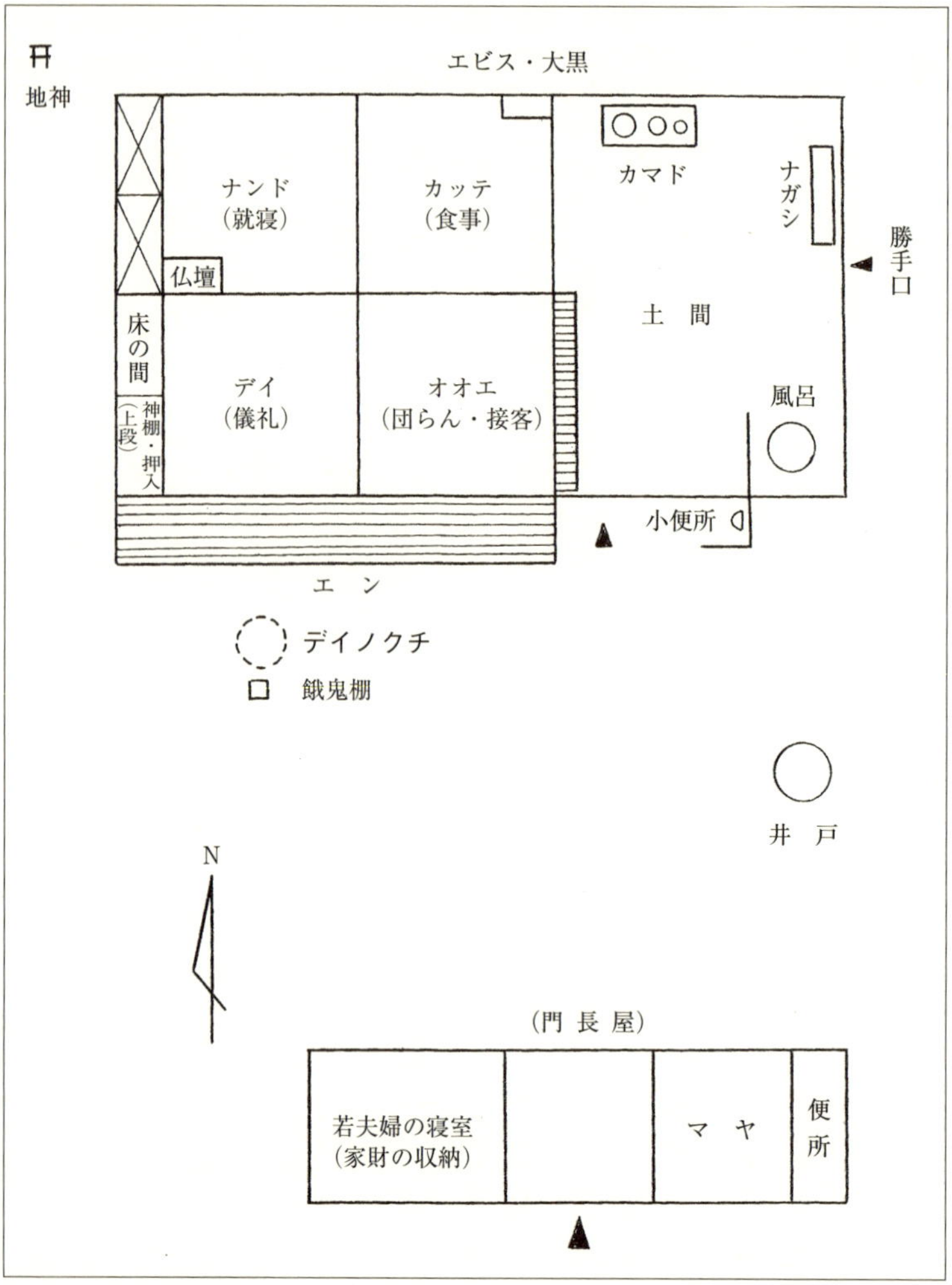
地神
エビス・大黒
ナンド
(就寝)
カッテ
(食事)
カマド
ナガシ
勝手口
仏壇
床の間
(上段)
神棚・押入
デイ
(儀礼)
オオエ
(団らん・接客)
土間
風呂
小便所
エン
デイノクチ
餓鬼棚
井戸
N
(門長屋)
若夫婦の寝室
(家財の収納)
マヤ
便所

図7　小久保将啓家

長屋門をもつ住まいが多く、「門長屋」と呼ばれている。門より長屋の機能が重要視されているためであろう。門長屋は箪笥などの家財を収納する場であり、屋内の仕事場にもなる。また若夫婦の寝室にもなった。ちなみに子供が結婚すると親の寝室はナンドに移り、祖父母はナンドから別棟の隠居部屋に移動する。また門長屋には出入り口の右に便所と牛を飼うマヤが設けられていた。

この住まいで祀られる神仏についてもふれておきたい。デイには仏壇と神棚が設置されている。神棚には伊勢神宮のほか、氏神の伊良湖神社、津島神社の神札が祀られている。カッテにはエビス・大黒の縁起棚が設置されている。エビス神は毎年一月二〇日ごろ「金儲け」に出掛け、一一月二〇日ごろ帰ってくるので、これらの日は尾頭付の魚を供える。またかまど付近には秋葉神社の神札が貼られている。さらに井戸には水神の存在が意識されており、正月にしめ縄が張られる。門長屋の出入り口の上には門神の祠が取り付けられ、節分には鰯の頭を付けたヒイラギの枝が挿し込まれる。多様な社寺の神札を貼っている事例もみられた。母屋の北西側には屋敷神として地神が祀られている。

各部屋を使用目的からみたとき、デイは儀礼と祭祀の空間に特化しており、ナンドや次の間のオオエとは異質の部屋であるといえる。デイとオオエの間は建具の襖で区切られているが、精神的な結界が存在し、両者の間にカミ―シモの序列が明確に意識されている。浄土真宗の住まいの中には、デイのさらにカミ側に二畳程度の広さの小部屋をつくり、仏間にしている事例があるという。この仏間もカミ―シモの序列に並ぶ最上位の部屋とみることができる。逆にオオエはデイと接していながら家族の団らんなど日常生活の中心の場になり、必要に応じて接客の場にもなる部屋である。

以上のように、基本的にはカミ―シモとオモテ―ウラの秩序のもとに日常生活が営まれているが、オオエは複合的な機能をもつ部屋になっている。オオエが家族の団らんの場と接客の場を兼ねる部屋とされたのは、この部屋がカミ―シモの序列の中であいまいな位置にあり、柔軟な利用を可能にしたからと考えていいだろう。機能面からみたとき、オオエは広間型住まいのヒロマに近いといえよう。

(二)デイノクチが創出する住感覚

日常はほとんど使用することがないデイであるが、儀礼の際にはデイノクチというみえない出入り口が顕在化した。デイノクチはデイに面した前庭の雨だれ付近、厳密には雨だれのすぐ外側に設けられる。当地の住感覚を理解する上で重要なポイントはこのデイノクチである。

八月一三日の朝、墓地から迎えてきた祖先の霊をデイノクチで松葉を燃やして迎え火とし、デイに安置している仏壇に迎え入れる。祖先の霊についてくる餓鬼仏のために、デイノクチよりさらに外側に餓鬼棚を作る。三〇センチメートル四方に四本の竹を挿して脚とし棚を取り付けたもので、棚の上にミソハギを入れた茶碗を置く。一五日の夕方には迎え火と同じくデイノクチで送り火を焚く。その火で一本の線香に火をつけ、先祖の霊を供物や撤去した餓鬼棚とともに墓地まで送っていく。

婚礼の当日、娘が実家を出る際は、デイから縁側を通って直接庭に出る。さらにデイノクチを経て婚家に向かった。葬儀の際の出棺の動線も同様であり、デイノクチで死者が生前使用していた茶碗を割ったあと墓地に向かった。

オモテ側に面して安置されている仏壇は、餓鬼棚の位置とデイノクチ、さらにデイを結ぶ軸上にある。迎え火と送り火を焚く場もこの軸上で行なわれることになる。葬儀の際の出棺と婚礼の際の出立においても、デイノクチがこの住まいに戻ることがない者の象徴的な出口となった。観念上のデイノクチが重要な儀礼の場になっていることがわかる。

デイノクチが雨垂れ落ち付近に設けられていることは、雨垂れ落ちがすまいの内と外の結界であることを示している。雨垂れ落ちに結界を設定する民俗事例は多い。別稿で紹介したように、徳島県三好市祖谷山では葬儀の当日、雨垂れ落ちにヒイラギやアザミなど棘のある植物を置き、死者の霊が帰ってきても住まいに入れないようにすると説明している(8)。津山正幹も雨だれ落ちで行なわれる誕生や死に関わる民俗儀礼に着目して、その場が住まいの内外を分ける神聖な境界であり、そこから生死を司る力を得ていたとする興味深い結論を導き出している(9)。

非日常時にデイノクチの存在が浮上する背景には、庭が外の世界であることを示している。このことは門長屋の存在と齟齬をきたす。門長屋には前出のように門神の祠や魔よけの装置が取り付けられ、庭は住まいの内側と意識されているからである。ここには門長屋の新設という住まいの変容の中で、デイノクチに関わる古い感覚が依然として残されてきた歴史をうかがうことができる。暮らしの場である住まいには、新旧の感覚が混在していることも珍しくない。

(三)変容していく住まいと残存する古い住感覚

明治以後、この地域では本来なかった門長屋を新築することが流行した。その結果、門長屋が住まいの内外の結界と意識されるようになった。すなわち庭が住居空間の中に取り込まれ、結界が外の方向に移動したのである。小久保家の玄関には狸の置物が置いてあり魔よけのためと説明されるが、これは玄関が結界であったときの名残といえる。

図8は、昭和一〇年(一九三五)に松下石人が著した『三州奥郡風俗図絵』に、「中流の家」と題して収録されている住まいの間取り図である(10)。本書は明治二六年(一八九三)生まれの松下石人が古老から聞き書きをして著し

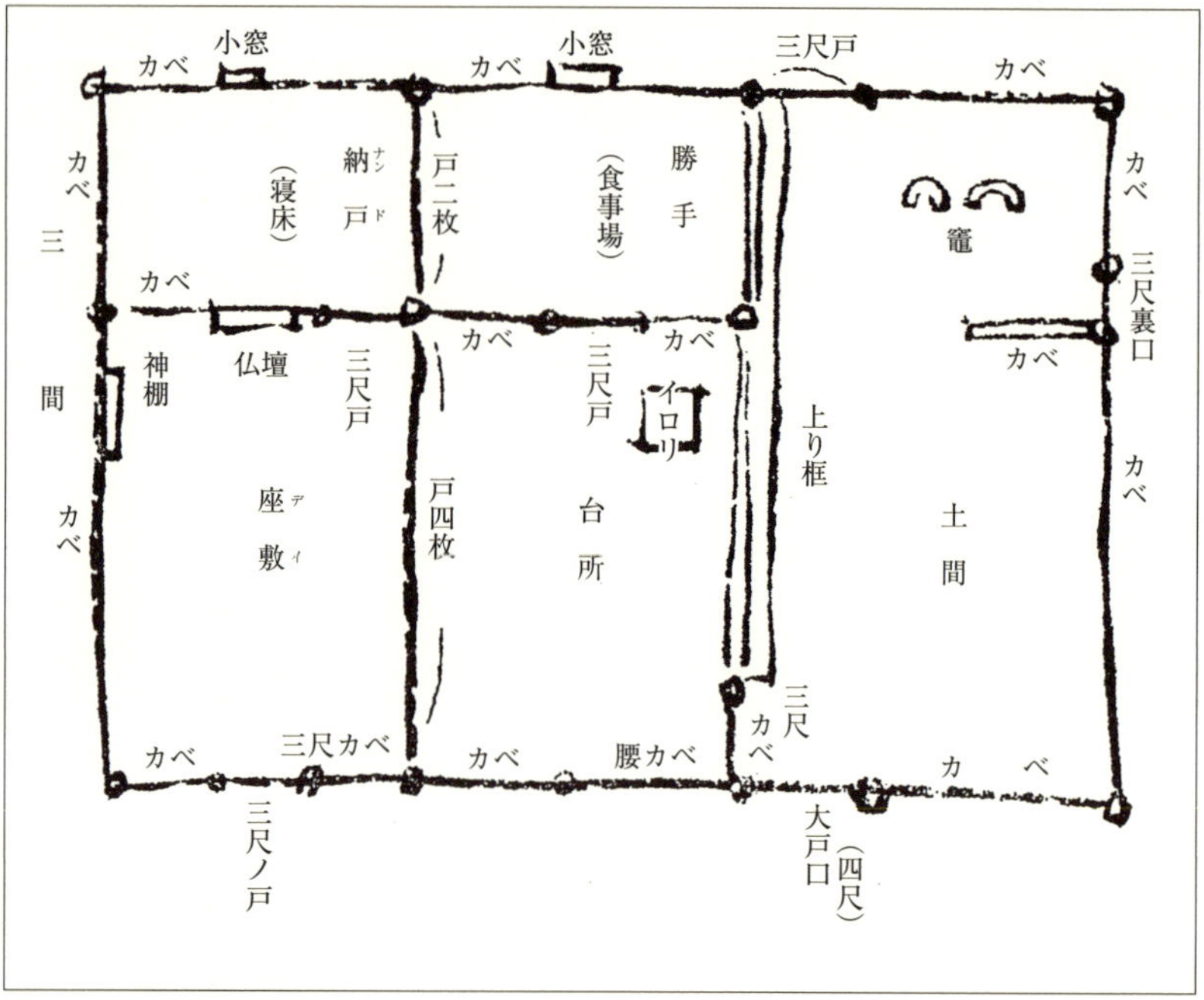

図8　明治期の間取り

（松下石人『三州奥郡風俗図絵』渥美町教育委員会に加工）

たもので、明治から昭和初期の渥美半島の住まいと暮らしを知る上で貴重な資料である。この図と図7を比較すると、ウラ側の部屋の規模は異なるもののほとんど同じである。オオエに当たる部屋は「台所」と呼ばれ、上り框近くにいろりが切られていることから接客の場としても使用されたのであろう。また勝手の広さは三畳程度で、食事の場であっても居間としては狭いので、家族の団らんは台所が充てられたと思われる。デイの仏壇と神棚の位置も基本的には同じである。とくに仏壇がナンドを背にしてデイの中ほどに安置されている点に注目したい。これはオモテ側の三尺幅の開口部から仏壇を拝するためであろう。土間に幅四尺の大戸と、デイに幅三尺の建具がある程度で、全体的に閉鎖的な構造であった。

　敷地の見取り図も描かれており、門口を入ると右手に灰部屋と便所、井戸が設けられ、門長屋はない。興味深いのは、七月一三日の「棚経」の説明に「この日檀那寺より各戸に棚経とて座敷口に作りある竹棚へ短き読経をなして廻り来る」とあることで、「竹棚」に読経する僧侶の図も添えられている。「座敷口」はデイノクチであり、「竹棚」は現在作られる餓鬼棚である。この図が小久保家での聞き書きから得られた住まいと暮らしの情報とほとんど一致することから、当家がこの地域方における近代の住まいの典型とみていいだろう。

さて昭和三〇年（一九五五）頃から、住まいと暮らしに変容がみられるようになる。とくに昭和三四年（一九五九）九月二六日に来襲した伊勢湾台風は、この地域に大きな被害をもたらし、多くの住まいが損壊した。復興期の新築・改築に当たって大幅な改造が加えられた。

カッテが土間にせり出す形で造られてカッテバと呼ばれるようになり、それまでのカッテが家財道具を収納する部屋になった。この部屋のオオエ側に半間幅の廊下が新設され、ナンドへの通路になった。カッテバは板敷きであり、関西地方のヒロシキと同様、土足のまま食事が取れるように土間にせり出した設備である。現在カッテバの玄関側にはハメコロシの戸が使用され、土間に入ってきた客の視線を遮っている。また上水道が整備されたことにより、土間のオモテ側にあった風呂が土間の奥に移動した。便所は門長屋のマヤに接してつくられていたが、一九七〇年頃から母屋の中に設けるようになった。玄関脇の小便所も撤去された。同じ頃、風呂をすえていた土間の一角に応接間を新設する家が増え、接客機能の一部がそちらに移った。このように玄関から土間にかけて大きく変容したが、接客を含む生活の中心の場がオオエにある点は変わらなかった。

なお、かつてデイでオモテ側に面して安置されていた仏壇が土間側に向けて安置された。これは仏壇の位置がデイノクチとデイを結ぶオモテ―ウラの軸が創る秩序から、カミ―シモの軸が創る秩序に移行したことになる。この点は重要であり、日常と非日常を問わず玄関に出入り口が集約されていく過程で生じた変容といえる。現在デイの前面の庭には植栽が施され、デイノクチに関わる習俗はみられない。今後デイノクチの存在は急速に忘れられてゆくのではなかろうか。

むすび

前述のように、新潟県では都市部において冬季に通行する軒下を「雁木通り」と呼んでいる。三井田氏は、雁木の下が私有の空間でありながら他人の通行を許す公的な性格も有するあいまいな通路であると考えている。本節で紹介したガンギも屋内と屋外を結ぶあいまいな空間である。しかし本来、ガンギの主たる機能は空間を区切る明確な結界で、秋山郷の民家にみられたフラチグチが原型であろう。接客空間・儀礼空間が未分化の段階では、多様な機能をもっていた広間に設けられた非日常の出入口であった。あいまいな空間としての特性をもつ縁側が普及するにおよび、ガンギも縁側に吸収され、村田家のように縁側の呼称にのみ痕跡を残すことになった。そしてガンギは結界と両義性をもつ空間に変化したと思われる。ガンギの呼称もこの段階で使用されるようになった可能性が高い。正式な出入り口として玄関が整備されても、ガンギの呼称と機能は縁側に残っている。

一方、正式な出入り口として機能していた縁側からの出入り口は、玄関が普及する過程で消滅し、玄関に一本化される。家格を示す役割は重厚な大戸にとってかわられた。庶民の住まいに接客の設備として玄関が普及していく過程を具体的な事例で検証するとき、島田家に残された「六畳一間」の木札が重要な資料であることは間違いない。

さらに住まいで行われる年中行事や通過儀礼の際に顕在化する神や人の動線が曖昧になり、やがて記憶が消えると、設備をともなった可視的なクチだけが意識されるようになる。門神の祠を取り付け、魔よけの神札を貼った門長屋はその一例である。目に見えない来訪者とくに病気や悪霊に対する魔よけの装置も、門や玄関に集中することになる。

また、農家として下肥の確保が重要であった時代は、風呂や便所が接客よりも優先されて、クチに近い位置に設けられた。しかし農薬の普及や快適な生活をめざす生活改善はこれらの設備をオクの方向に移動させることになる。クチに関わる感覚は大きな変容を遂げることになった。

註

(1)森隆男「信越に跨る秋山郷の土座住まい」『中部地方の住い習俗』一〇四頁　明玄書房　一九八四
(2)『柏崎の民家―柏崎市鵜川地区・柏崎市松波地区―』四八頁　柏崎市立博物館　二〇〇二
(3)前掲(2)五九頁
(4)土井卓司・佐藤米司『日本の民俗・岡山』五六頁　第一法規出版　一九七二
(5)鶴藤鹿忠『岡山の民家』六六頁　日本文教出版　一九六五
(6)有漢町文化財保護委員会編『有漢の民俗』一六七頁　有漢町教育委員会　一九八〇
(7)前掲(6)一六七頁
(8)森隆男「住まいの結界―徳島県三好市東祖谷山の葬送儀礼から」『阡陵』第五〇号　関西大学博物館　二〇〇五
(9)津山正幹『民家と日本人』九二～九九頁　慶友社　二〇〇八
(10)松下石人『三州奥郡風俗図絵』渥美町教育委員会　一九八五

第三章　オクと女性の領分

第一節　納戸神を祀る村

はじめに

兵庫県西部から鳥取県、岡山県、島根県などに分布する納戸神の報告が、石塚尊俊によって発表されたのは昭和一八年(一九四三)のことであった。[1] 平成二四年、岡山県美作市後山地区を訪れた際に、約二〇年前まで納戸神の祭祀が行なわれていたことを知った。しかもその神は女神であるという。幸運だったのは、納戸神のための常設の棚が残されていたことと、祭器が土蔵に保管されていたことである。遠い昔に消滅したと思っていた習俗に出会い、それを身近に感じることができたのは神棚と祭器というモノの力であろう。なお「納戸神」の呼称が使用されていたことはなく、納戸に祀る「歳神」である。本章では納戸が祭場になっている点を重視し、総称としては「納戸神」の名称を使用する。

一　岡山県美作市後山地区の納戸神

(一)行事の概要

美作市後山地区は旧英田《あいだ》郡東粟倉村に属し、平成一七年(二〇〇五)美作市になった。過疎化と高齢化がすすみ、バブル期にはフランス風の村づくりをしたこともあったが、今は静かな山村に戻っている。平成二四年当時、一三八戸、四六三人の比較的大きな集落である。納戸神の「残像」に出会ったのは広畑耕平家である。当主の耕平さんは昭和一六年(一九四一)生まれ、妻の一美さんは昭和二〇年(一九四五)生まれであるが、先代から当家に伝承されてきた納戸神の祭祀を受け継いできた。

大晦日に「歳神」の依代である「歳桶」の準備をする。歳桶は直径と高さが約三〇センチメートルで、中に小餅一二個(閏年は一三個)を入れる。また干柿と大豆も入れる。歳桶に蓋をしたあとしめ縄で巻き、その上に二重ねの鏡餅とみかんを載せる。この歳桶をオクナンドに設けられた歳神棚に納める。

広畑家の歳神棚は幅九八・五センチメートル、高さ一一五センチメートルで、下段には収納のための引き出しが作られている。正月には棚の上部にしめ縄を張る。棚には高さ四〇センチメートルの小型の祠も置き、氏神である後山神社の神札を入れた。

元旦の朝にするめと、蛤のすまし汁に丸餅を入れた雑煮を供える。『東粟倉村史』によると、そのほかに牛蒡や水菜、豆腐を入れる家もある。この村の雑煮に共通するのは蛤を入れることで、これは海の幸を使用することでご馳走であることを示しているという(2)。雑煮はその日のうちにおろす。朱塗りの膳に生野菜の大根と人参、い

写真１　広畑耕平家外観

わし一匹ものせて供える。

正月一一日は「お棚おろし」で、しめ縄をはずし供物も下げる。一四日のトンドでしめ縄を焼く。この時歳神に供えた餅を焼いて保管しておき、その年に初めて雷が鳴った日に食べる(3)。

歳神に関する儀礼は当事者から直接聞くことができたが、この神についての伝承はあいまいである。同じ地区の明石正宣氏(大正一四年〈一九二五〉生まれ)の家では、一升二合の米(閏年は一升三合の米)、黒豆一個を半紙で包んだオヒネリ一二個、一二円、勝栗などを入れるという。米は翌年の田植初日に炊いて食べる。家によって歳桶に入れるものが異なるのは、この儀礼が家を単位にして伝承されてきたためであろう。

以下、祭場が納戸である点に焦点を絞って検証したい。

(二)住まいにおける祭場の位置

広畑耕平家は明治二〇年(一八八七)頃建築されたと伝承されている養蚕民家である。当初は檜の薄い板を葺いた柿葺《こけらぶき》の入母屋造りであったが、昭和二〇年代の前半に瓦葺に替えた。この地域には杉皮葺が多いにもかかわらず当家が柿葺であったのは、耕平氏の祖父が柿葺の職人であったことによる。また二階建の土蔵は明治二二年に移築したものである。この地域では近代に入って白壁の土蔵を造ることが流行し、ほとんどの家にみることができる。母屋は数度の小規模な改築を経て、昭和六一年(一九八六)に土間に床を張り、新しく部屋を増やすなど大きな改築が行なわれた。

図1は歳神が祀られていた当時の間取り図である。基本は整形六間取りで、オモテ側に板張りの部屋とナカノマ、デイを、ウラ側にチャノマとクチナンド、オクナンドを配している。ナカノマは祖父母の寝室、デイは客

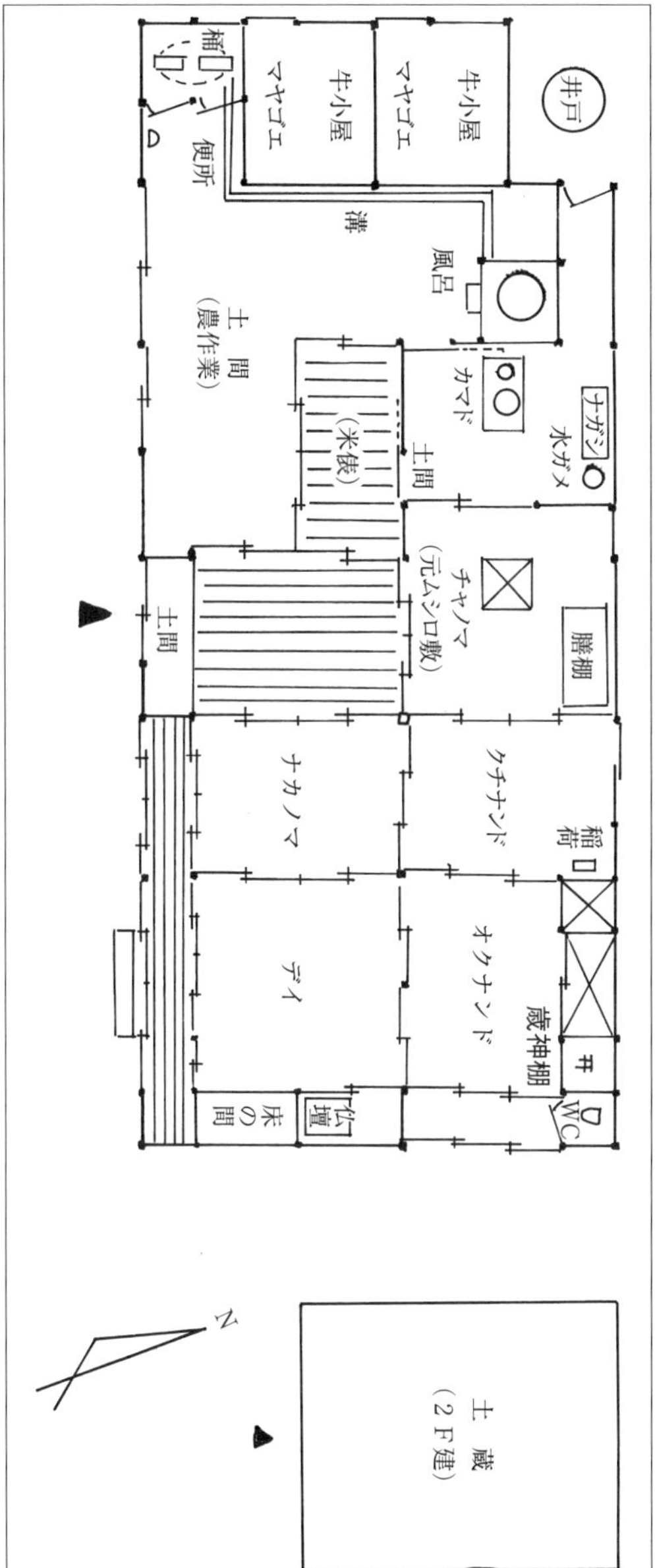

図1　広畑耕平家

写真２　オクナンドに設けられた歳神棚

写真３　歳桶

間、チャノマは家族の食事と団らんの部屋、クチナンドとオクナンドは寝室である。チャノマにはいろりが設けられ、クチナンド側に主人が座るヨコザ、玄関側に客が座るマルトザ、膳棚を背にして主婦が座るチャトザがあった。養蚕民家の名残はほとんどうかがうことができないが、クチナンドにもかつていろりが切られており、蚕室の暖房が行なわれていた。

広い土間は農作業と家畜の世話をする場である。その一角に壁と建具で囲まれた板の間があり、米俵が収納された。調理場と風呂、牛小屋、便所も土間に配され、生活に必要な機能のほとんどが母屋に収められている。広い土間が設けられた背景には厳寒の冬を過ごす暮らしがある。井戸だけが屋外に設けられていた。使用後の風呂の湯は溝を通じて便槽に流れ込む。牛の糞尿も同様である。これらは貴重な下肥になった。

当家の祭祀設備をみると、仏壇は最高の客間であるデイに設置されている。神棚はオクナンドを背にしてクチナンドに設けられ、稲荷が祀られている。そしてオクナンドの歳神棚には歳神が祀られてきた。当家では神々の祭祀がウラ側の寝室で行なわれてきたことに留意しておきたい。

当家で展開される日常と非日常の動線についてもみておこう。家族は玄関から板の間に上がり、茶の間で食事を取り団らんの時間を過ごす。そのあと主人夫婦はオクナンドで、他の家族はクチナンドで就寝する。客は訪問の目的に応じて玄関から板の間、ナカノマ、デイの順に招き入れられる。婚礼の際に嫁は庭から直接デイへ入る。また葬儀の際はデイから直接庭に出棺する。

当家の歳神の祭祀は、オクナンドの呼称が示すように家族の日常の動線がつくる秩序のオクの空間で行なわれたことになる。

二　祭場が示す納戸神の性格

後山地区に近い兵庫県美方郡美方町（現香美町小代区）では歳神をオクザシキの床の間で祀るが、古い習俗を守っている家は納戸で祀るという(4)。祭場がウラ側の納戸からオモテ側の座敷に設けられた床の間に移行していったことがわかる。

（一）祭場

西日本における種籾の継承儀礼の研究に長年取り組んできた坪井洋文は、同じ美作地域をフィールドに住まいで種籾を保管する頭屋儀礼について論考を発表している。坪井は取りあげた八例について分析を加え、種籾の保存と祭祀形態を類型化している(5)。この儀礼は秋の収穫後に神田で刈り取った稲穂または籾を小型の俵に入れて頭屋に運び込み、翌年の春までオクザシキの床の間に安置するものである。籾は種籾として使用するため厳重に保管し、しばしば神格化してオンタネサマなどと呼ばれている(6)。

また苫田郡上加茂村青柳（現津山市）では歳神を「若年様」と呼び、主人夫婦の寝室であるオクナンドに祀る。若年様は米俵の上に筵を敷いてその上に祀るが、この俵の中身も種籾で、歳神の神体と認識されている(7)。これは頭屋儀礼ではなく家の儀礼で、住まいに穀霊を迎える農耕儀礼の一つといえる(8)。

オクザシキとオクナンドはその呼称が示すように、母屋のクチである玄関に対しオクと意識されている部屋である。しかしオクザシキとオクナンドは付属している属性が異なり、オクザシキは「公」「男性」、オクナンドは「私」「女性」の空間である。つまりオクザシキで祀られる種籾は公的な性格をもつ存在であり、それに対しオクナンドで祀られる種籾は私的な性格をもつ存在といえよう。オモテ側のオクザシキに床の間が設置され、そこが種籾を神体とする歳神の祭場になることにより、家の儀礼から村の儀礼に変容していく過程をみることができよう。その過度的状況を示しているのが、坪井が類型化のために紹介した上房郡北房町大字水田井殿（現真庭市）の事例で、頭屋が所有する苗代田で栽培した稲穂一把をオクザシキではなく納戸で保管している(9)。

(二)歳神の性格

歳桶に収納される餅や米は農耕神への供物である。兵庫県佐用《さよ》郡上月《こうづき》町（現佐用町）では秋の亥の子に、一升桝に一重の餅を入れて納戸で祀る。ここでは正月に納戸で祀る歳神と同じ神という(10)。佐用郡上月町桜山では納戸神がウチノカミとも呼ばれ、作神と理解されている(11)。いずれも農耕神である。

当地では納戸に常設の棚が設けられているが、兵庫県千種町西河内（現宍粟《しそう》市）では仮設の棚が設けられている。歳桶に小餅や鏡餅、米、お金を入れてしめ縄を張る。これを「祝い込み」と呼び、納戸に新しい筵を敷いてこの桶を据える。ここには「大歳の客」に分類される伝説が伝わっており、大晦日に旅人から棺桶を預かり正月に開けてみると中に黄金が満ちていたという。この旅人は大国主命とされている(12)。歳桶に収納するモノやこのような伝説から、歳神には農耕神に加えて福神の性格もみえてくる。とくに歳桶にお金を入れる事例が多く、納戸が家財の収納場所であることを考えれば福神と解釈することは妥当であろう。前出の明石家では歳桶とともにエビス・大黒の像が納戸に安置されるが(13)、これは家財の増加を願った結果である。そして大晦日の来訪者が大国主命と伝承されているのは大黒天の信仰と重なったからであろう。

三　納戸神の輪郭

ここで取りあげた歳神や坪井が研究の対象にした頭屋儀礼は、一年の内の限られた期間に祀られる来訪神である。それに対し石塚は恒久的に祀られていることを想定して、納戸神の分析を試みた。納戸神が女神であるとする伝承は、常在神であることを前提にしているといえる。

(一)女神

鳥取県八頭《やず》郡若桜《わかさ》町吉川では、後山地区と同様に歳神は女神であると伝承されている。しかも若い女神で非常に恥ずかしがりやのため、暗い納戸で祀るという(14)。しかし歳神の神体を種籾とする事例から、歳神自体が女性の性をもっていたことには疑問が残る。歳神は秋から春にかけて住まいに迎えた穀霊であるからである。

坪井はこの儀礼を解釈するポイントに、「霊的な時間」と「霊的な空間」をあげる。「霊的な時間」について、秋の収穫後から春の播種までの時間には農作業が休止されているが、種籾にとっては豊穣力を充実させる重要な時間であると指摘している(15)。「霊的な空間」はサンノヤナカと呼ばれる屋根裏や、床の間、そして納戸が相当する。これらのうち寝室としての納戸が、豊穣力を付加する霊的な空間にふさわしい。すなわち納戸は生殖と出産の場であり、穀霊の誕生と豊穣力の充実を促す類感呪術が効果を発揮する条件がそろっている。この儀礼を執行するにあたって出産をケガレとせず、納戸をケガレの場としない観念[16]もそれを示している。

歳神を女神とする信仰は、祭祀の場が納戸である段階に限られる。祭祀の場がオクザシキに移ると女性が排除され、その段階では前述のように家レベルの祭祀から村レベルの祭祀に移行する場合もあったと考えられる。

(二)司祭者

後山地区では納戸神が女神であるため、その祭祀は男性がすべきものと考えられている。その理由は女性が関わると女神の嫉妬を受けるからと説明される。第三節で取りあげる対馬のホタケサンは、日常は主婦が管理しているが、正月の祭祀の時のみ男性が担当する。静岡市井川地区の荒神は住まいのオクに祀られる神で、産神の性格ももつ家族を守る神であるが、専ら男性が祭祀を担当している[17]。いずれも民間の男性宗教者が御幣を切るなど祭祀に深く関わっていることから、彼らの主張が祭祀の場から女性を遠ざけていると考えられる。対馬のように日常の管理担当者である主婦が本来の司祭者であったと考えるべきだろう。

その場合、司祭者である主婦は穀霊の扶育者と考えられていたのではなかろうか。歳神を女神とする信仰には、穀霊の扶育者としての主婦の性が反映している。さらに納戸神が常在化しそれを女神とする信仰を支えているのは、納戸を女性の領域とする観念である。兵庫県佐用郡西庄村(現佐用町)では納戸神をオクノカミ、ウチノカミと呼んで、毎月一日と一五日に祀っている。この神は女神とされ、正月には手桶に米や餅、柿、栗などを入れて供え、亥の子には桝に餅を入れて供えるという[18]。この事例はオクノカミの呼称が示すように住まいのオクに女神を祀り、しかも常在神である。

むすび—住まいのオク—

寝室をオクと呼ぶ地域が香川県や徳島県、鹿児島県に分布することが報告され、宮本常一はその部屋が必ずしも奥にあるのではなく、他人に見せない部屋の意味であると指摘している。[19] オクが観念的な概念であることは宮本の指摘するとおりである。ただし広畑家ではオクナンドに納戸神を祀っているように、観念的なオクであるとともに実体的なオクでもある。当家においてはクチ—オクの具体的な秩序が明確に認められる。

本節で取りあげた事例からは、住まいのオクに家族の生活を守る神が祀られているという古い構造を抽出することができよう。そしてその神が女神である点に、筆者は住まいの意味を考える上で重要なヒントが隠されていると考えている。

註

（1）石塚尊俊「納戸の神」『民間伝承』五—九　一九四三
（2）『東粟倉村史』三九〇頁　一九七九
（3）前掲（2）三九四頁
（4）『兵庫探検・民俗編』六頁　神戸新聞社　一九七一。また兵庫県養父郡養父町餅耕地（現養父市）では、かつて蔵に祀ったが、現在はオモテの床の間に移したと報告されている。蔵もこの地域では敷地のオクに当たる（同三頁）。
（5）坪井洋文「備中・美作地方における稲種子の祭祀」『国立歴史民俗博物館研究報告』第七集四一二頁　一九八五
（6）坪井はオンタネサマと一緒にオイツキサマと呼ばれる守護霊が祀られることを報告している。オイツキサマはオクザシキが祭場になる場合のみにみられ、住まいの中にケガレが多いという観念が発生した段階で屋外にオイツキ小屋を設けてそこで祀るようになるという。その時期は大正期であったとする（前掲（5）四二三頁）。

（7）西谷勝也「美作の民俗聞書―年中行事のことなど―」『近畿民俗』第六号　一九五一

（8）同様の儀礼は各地に伝承されており、たとえば長崎県佐世保市の宇久島では旧暦の二月の丑の日に納戸の神が田へ行き田の神となり、一一月の丑の日に納戸に帰ってくるという（井之口章次「肥前宇久島」『民間伝承』第一五巻第四号　一九五一）。

（9）前掲（5）四二二頁

（10）西谷勝也『季節の神々』九二頁　慶友社　一九九〇

（11）前掲（10）九二頁

（12）前掲（4）五頁

（13）佐世保市宇久島の納戸神も大黒天の形をしており、正月と二月、一一月に供物を供えている（前掲（8））。また三重県の重文民家である服部家には、住まいのオクに家財の収納部屋が配置されているが、そこに祀られているのも大黒天である。現在は正月に鏡餅を供える程度の祭祀であるが、かつては毎月一日と一五日に供物を供えていたという。

（14）平瀬拠英「若桜山中より（1）」『西郊民俗』第八号　一九五九

（15）前掲（5）三九五頁

（16）前掲（5）四二三頁

（17）森隆男「『家の神』誕生の一形態」『昔風と當世風』第九一号　二〇〇七（のち森隆男『住まいの文化論―構造と変容をさぐる―』柊風舎　二〇一二に収録）

（18）宮本常一『日本の住まい―生きる場のかたちとその変遷』一一八頁　農山漁村文化協会　二〇〇七

（19）前掲（18）

第二節　南西諸島の住まいを貫く女性原理

はじめに

住まいの調査で訪れた南西諸島では、概ねまず一番座に迎えられ男性の主人に対応された。その時主婦は二番座または三番座にひかえている。一番座に祀られている床の神や二番座の仏壇については主人から情報が得られるが、三番座に祀られている火の神については主婦にしかわからない。近年、女性の大臣を迎えた家で一番座の上座に座ってもらったことが話題にのぼったが、これは極めて例外的なことであるという。性別による序列とも解釈できるが、筆者は明確な男女の領分が存在すると考えている。

本節では南西諸島のうち八重山地方の与那国島、宮古地方の宮古島、来間島、沖縄地方の沖縄本島の具体的な事例を中心に、住まいにおける男女の領分を部屋の機能とそこに祀られる神々の役割から検討する。その上で男女の性による区分とそれに連動する神々の祭祀が、クチ―オクの線上で明確な秩序を創出していることを明らかにしたい。

一　先行研究

住まいを女性の視点で考察した研究のうち、やや古いが代表的な論考をあげておきたい。

住居空間を「女の家」として、女性の視点でみようとしたのが宮田登である。宮田は住居空間のうち主として男性の管理下にあるのは母屋のオモテ側で、ザシキ・神棚・仏壇・床の間などをあげ、そこに「公」の性格を見出した。(1)あわせて石塚尊俊の納戸神の研究(2)を受けて、母屋のウラ側に女性の管理下にあるナンド・ナンド神・かまど神・祖霊などに「私」の性格を認めた。その上で前者が拡大・伸長して後者のコスモロジーとしての「女の家」を侵食していると指摘した。(3)「家のフォークロア」と題して発表されたこの論考は、高度経済成長期に消滅していった伝統的な住まいの再評価を提案する趣旨でもあった。宮田の主張はオモテを男性、ウラを女性に関わる空間とみなしたうえで両者の関係を論じた興味深いものであるが、具体的な事例の検証を経て導かれた成果とは言い難い。

昭和六〇年(一九八五)に「家と女性＝暮らしの文化」をテーマに刊行された『日本民俗文化大系　第一〇巻』では、坪井洋文が「住居の原感覚」の中でオカマサマを取りあげている。福島県伊達郡湯野村(現福島市)の事例について、いろりに祀られる三宝荒神とは別にカッテの奥の屋根裏に御幣を吊り下げ、田植後に苗を、稲の刈り上げ後と収穫後には餅を供えるという習俗を紹介した。(4)この神は台所の神で、注目したいのは女神と伝承されている点である。(5)さらに住まいの奥に位置する寝室にオヘヤサマと呼ばれる神が祀られており、一つの神が機能分化した結果と主張している。(6)坪井の論考は高取正男が「公」と「私」の視点から住まいに祀られる「私」(わたくし)の神々に注目し、その存在と役割を指摘したことなどを受けて、(7)急逝した彼の代わりに執筆したものであった。これらの論考は住まいのウラ側を女性の領域とし、そこに女性に関わる神が祀られていることを指摘している点で共通している。

南西諸島の住まいについて、早くから馬淵東一が東と南を男性が支配する空間、西と北を女性の支配する空間であると指摘した(8)。それを受けて、同じ『日本民俗文化大系　第一〇巻』の中で、沖縄本島の住まいについて女性原理を抽出したのが村武精一である(9)。ナンドは母屋の暗い空間に位置付けることができ、さらに倉も含めて異界につながる空間であると指摘した。すなわちナンドは両義的空間であり、カオス空間であるとする。ここには「暗」・「私」・「裏」・「隔離」・「女性」の要素が認められ、「明」・「公」・「表」・「統合」・「男性」の要素をもつ表座敷に対立するという。また母屋が基本的に田の字型の間取りをしているとしたうえで、公の会合では一番座は男性、二番座は女性というように区別がなされているとし、火の神の祭祀なども考慮しながら、住まいの西側を女性の空間と位置付けている。宮田が男女の優劣を母屋のオモテとウラに見出したのに対し、村武は優位の東側を男性、劣位の西側を女性の空間とした。さらに論考の前半で中国地方のナンド神などについて紙幅を割いたように、日本列島の中で女性原理を追究する視点を示した点は評価できる。しかしこの論考には火の神と司祭者としての女性は取りあげられているが、男性が祭祀する床の神や個人の守護神など他の神の祭祀への言及が少ない。さらに日常生活や儀礼時における男女の動線の分析も不可欠であろう。

写真４　東迎高健家

二　事例の検証

（一）与那国島

日本列島最西端の島として知られる与那国島はしばしば大型台風に襲われてきたが、平成二七年（二〇一五）九月の台風二一号は最大風速八一メートルの猛烈な風をともない、島内の古民家に大きな被害を与えた。筆者が訪れた一二月でも、破壊された赤瓦の屋根をもつ古民家が放置されていた。被害を受けた民家を含む四軒の住まいについて見学を許され、うち二軒で聞き書き調査をすることができた。ここではそのうちの東迎家を例に、男女の領分からみた住まいの構造を検証する。

事例１　東迎高健家

東迎家は昭和二八年（一九五三）に現当主の父が建築した住まいで建築年は比較的新しいが、与那国島の典型的な民家として国の登録有形文化財になっている。母屋の

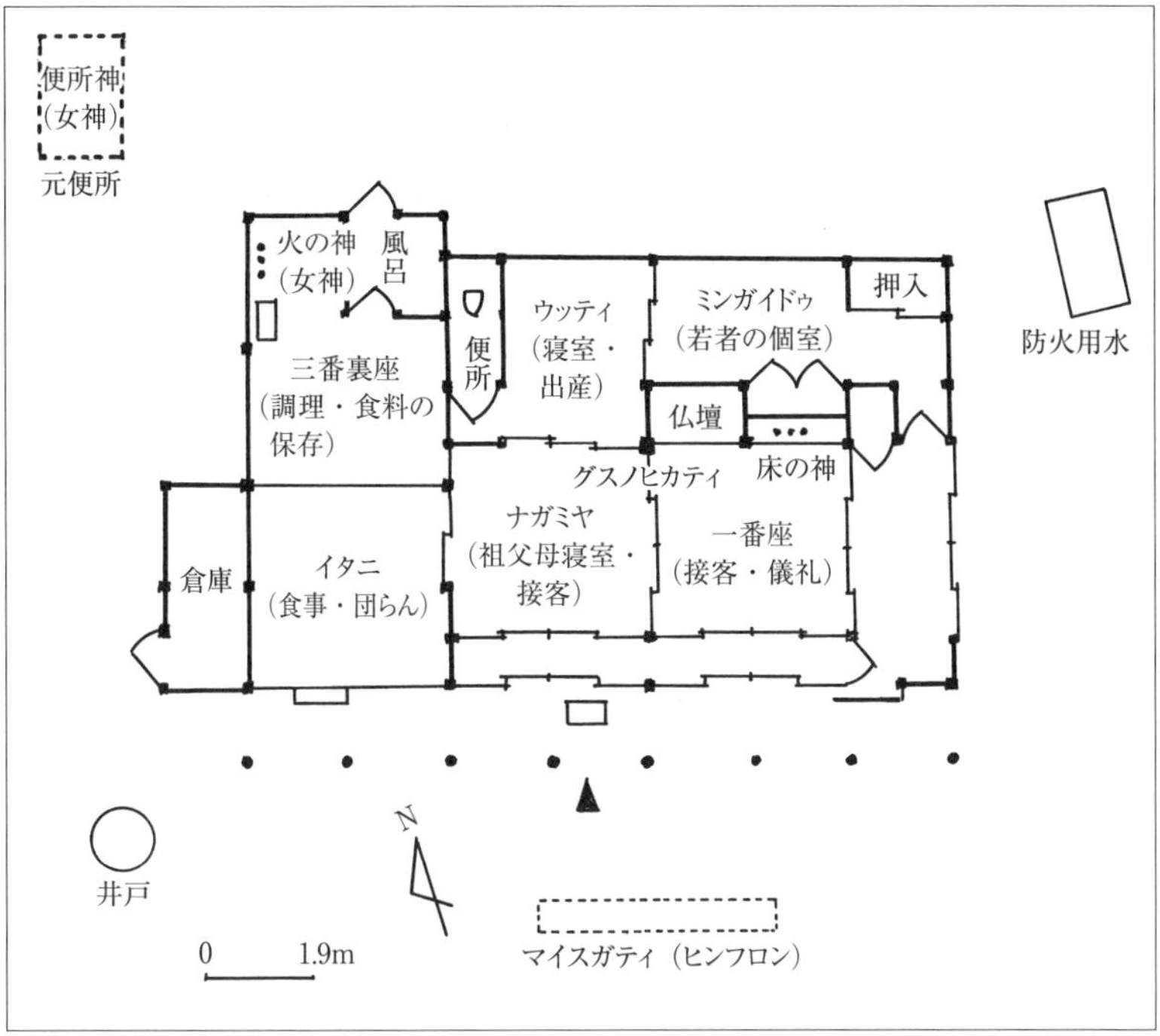

図2　東迎高健家

（原図：与那国町教育委員会提供）

ほかに防火用水をためる大型の石製水盤、石垣、井戸も登録文化財である。母屋の柱は曽祖父が植林したイヌマキが使用されており、不足分は西表島や石垣島から調達されたと伝承されている。ヒンプンが撤去され、昭和六〇年（一九八五）に三番座を含む西側部分が改築された。母屋は六間取りの大型の住まいで、玄関はなく通常は二番座の縁側から出入りしている。

　当家について主人の高健氏（昭和九年〈一九三四〉生まれ）と主婦の八四子氏（昭和八年〈一九三三〉生まれ）から聞き書きをすることができた。また与那国町教育長の崎原用能氏（昭和二二年〈一九四七〉生まれ）や地元の研究者がまとめた報告書からも多くの情報を得た。当家を例に与那国島の暮らしと祭祀を紹介する。

① 間取りと暮らし

図2は東迎家の間取り図である。一番座は正式な客を迎える部屋であり、祝儀・不祝儀の儀礼の場である。この部屋は主として当主の男性が管理している。二番座はナガミヤと呼ばれ、祖父母の寝室に充てられるほか非公式な客の対応にも使用される。この部屋は主として主婦が管理する。

三番座は板敷の部屋という意味でイタニと呼ばれ、家族の食事の場であり、テレビが置かれて家族の団らんの場になっている。近所の人など親しい人との対応はこの部屋が使用される。崎原氏によると農具の保管場所に使用する家もある。一番裏座はミンガイドゥと呼ばれ、結婚前の若者の部屋でもある。一番座の東側の縁側を通って出入りができる構造になっている。若者が使用するときは男女交際の場になり、基本的には主婦の管理下にあるが、その時は主人や主婦の管理下からは外れることもあるという。若者が結婚すると新婚夫婦の寝室に充てられる。二番裏座はウッティと呼ばれ、家族の寝室である。また出産の場にも使用され、産婦の身体を温めるためにかつてはディル（いろり）が切られていた。三番裏座は調理場であり、味噌や食料の保管場所である。

当家で行われた婚礼では、一番座で新郎新婦と親族が三々九度の盃を交わした後、一番座と二番座で親戚の人びとが中心となって祝いの宴が催される。その間、新婦は一番裏座で同年代の女性たちとおしゃべりを楽しむ。女性だけのおしゃべりは宮古島でも見られ、儀礼の一部と考えられる。宴が終了して一番裏座で新婚夫婦の生活が始まる。

次に葬儀についてみておく。家族は二番裏座で息を引き取ることが多い。ここで死者は湯かんと死化粧を済ませ、二番座を経由して一番座の仏壇の前で入棺される。この時に通過する二番座と一番座のルートをグスノヒカティと呼び、日常はそこにある建具を開けることを忌む。一番座で葬儀を終えると、東側の縁側を経て出棺する。ヒンプンが設置されている家では、その東側を通って道路に出て墓地に向かう(10)。

写真５　一番座の床の神と仏壇

このように日常生活では一番座以外の各部屋が使用され、それらの管理は女性に委ねられている。正式な客の対応や儀礼は一番座、人数が多いときは二番座を使用して行なわれ、その際は男性が主として差配することになる。

② 祭祀

各部屋と屋敷内に祀られている神々についてみておきたい。一番座の床の間に床の神が祀られており、当地ではトラノハノカミと呼ばれている。東迎氏は、トラノハとは寅の方角という意味で、遠い祖先の神であり当家の長男を守護する神であると説明している。ちなみに当地域では長男をとくに大事に育てる風習がある。また宮良保全によると床の神は家の守護神で、香炉を置いて毎日献茶をするという。床の間には個人の守護神であるカンディンも祀っている。個人の守護神が祀られるのは霊感が強い子と判断されたときで、神体は香炉である。これは本人が死亡したとき副葬する[11]。また仏壇が設置されているのも一番座である。仏

写真6　三番裏座の火の神

壇は床の間に続いてその西側に設けられている。近年は沖縄や石垣島に倣って二番座に設置する家が増加しているという(12)。仏壇の位牌には男女別に名前が記されている。

火の神は三番裏座の台所付近に祀られる。現在、当家ではガス台の窓際に香炉を置き祭祀の場所にしている。崎原氏によると昭和三五年(一九六〇)ごろまで小石三個を並べた火の神の神体が残存していた。毎朝、主婦が家族と「旅に出た」(他出している)子供たちのために健康を祈願する。火の神は女神で、住まいに祀る神々の中で最も重要な神と意識されている。

母屋の東側にヒディリと呼ばれる屋敷の拝所がある。珊瑚石を神体とし、毎月一日と一五日に掃き清めて拝礼する。また家の行事の際には必ず拝礼する。母屋の西側に便所が設けられ、ここには女神の便所神が祀られていた。ちなみに便所付近にはユーナ(オオハマボウ)が植えられており、その葉を用便後の処理に使用したという。

一番座の床の神の祭祀は長男の守護を目的の一つと

しており、男性の主人が担当していることを確認しておく。また一番座に設置されている仏壇には男系の祖先を祀っている。それに対して三番座の火の神と、便所の神の祭祀は主婦の担当であり、これらの神は女神である。

(二)宮古島

「台風銀座」と呼ばれる宮古島は、しばしば大型台風の来襲を受け大きな被害を出してきた。とくに昭和三四年(一九五九)の宮古島台風(サラ台風)、一九六六年の第二宮古島台風では多くの住まいが被災した。サラ台風では茅葺屋根の住まいが多かったこともあり、甚大な被害をこうむる結果になった。そこで当時の琉球政府はコンクリート造りの住まいに改築することを奨励して、資金を融資する政策をすすめたという。また第二宮古島台風の後は、スラブ建ての住まいが奨励された。[13]そのため木造の古民家はほとんど残存していないが、間取りは古体を残している。

宮古島の北部に位置する狩俣は、不規則な宅地割が残る古い村である。かつては石垣で囲まれたグスクで、八月に行われるユークイ(世祈願)には集落の東西に開かれているそれぞれの門を棒で塞いで、村の安全を祈願する。[14]現在も敷地を石垣で囲んだ住まいをみることができる。

島の北方の海上にある大神島を祭祀の始源とし、そこに住んでいた男女二神のうち男神が訪れて開いたのが狩俣であるという神話が伝承されている。女神が開いたのが島尻である。[15]集落の北方には聖地「神の森」があり、四か所の御嶽がある。狩俣は二十数人のツカサ(神女)が活動する信仰心が篤い村であった。

事例2　狩俣ヒデ家

狩俣でウダグイヤーの屋号をもつ狩俣ヒデ氏(昭和四年〈一九二九〉生まれ)の住まいを調査する機会を得た。数年

写真7　狩俣ヒデ家

前までヒデ氏もツカサとして活動していた。当家は昭和三一年（一九五六）に建築された寄棟の屋根をもつコンクリート造りであるが、当地域の伝統的な間取り（図3）を残している。

① 間取りと暮らし

玄関はなく、一番座の前に四段のコンクリート製の階段が築かれ、通常はここから出入りする。屋内への出入り口が一か所に集約され、玄関が成立する前段階を示している点で貴重である。ちなみに同じ宮古地方の来間島では、事例3のように同年代の建築で玄関が付設されている。

一番座は接客の場であるが、床の間は見られない。現在はテレビや食卓が置かれた居間で、食事や団らんの場に使用されている。二番座は本来居間であるが、現在は寝室に充てられている。一番裏座はウツバラと呼ばれ、本来は寝室であるとともに貴重品や書類、衣類を入れた櫃を収納する部屋でもある。当家ではこの部屋に床の間が設けられ、後述するように私的な神祀りの場として重要な部屋になっている。そのため二番裏座の後方に台所に連続してコンクリート壁の比較的広い部屋が設けられ、タンスを置いて服物の収納をしている。二番裏座は台所につながる食事の場であったが、現在は物置として使用されている。穀物の種子や女性の着物を保管しておくのもこの部屋である。女性の着替えもこの部屋で行なう。壁面はコンクリート製で、窓はあるものの薄暗い空間である。なお当家には三番座はないが、南北に細長い台所がそれに相当する。

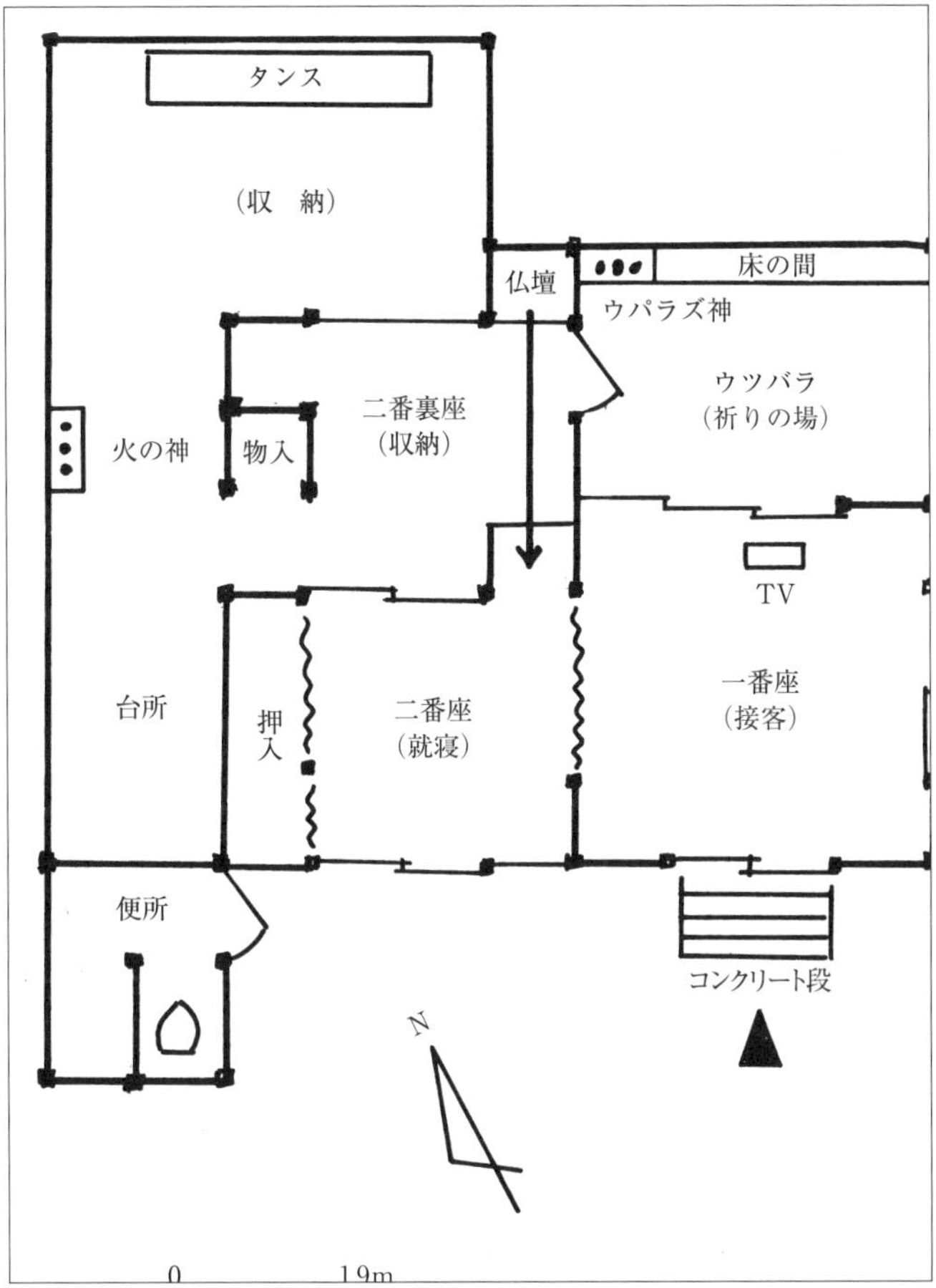

図３　狩俣ヒデ家

炊事棟と便所は、以前は母屋の西側にそれぞれ別棟で建てられていた。現在も一旦屋外に出てから便所を使用するようになっているのは、かつての名残であろう。

当家では接客の設備である床の間はないが、一番座は主として男性が管理した。

②　祭祀

祭祀設備についてみておきたい。南西諸島で一般的にみられた床の間が設けられておらず、床の神も祀られていない。仏壇は漆塗りの新しいもので、当地ではタナ（棚）と呼ばれている。最上段に位牌、二段目に香炉、三段目に供物が置かれる。現在は二番座に設置されているが、かつては二番裏座の北側の壁面に設置されていたという。ウラ側からオモテ側に移動したことになり、時間軸上の変容としてとらえることができる。野村孝文が報告した狩俣の事例では仏壇が二番裏座もしくは二番座に設置されており[16]、宮古島での変容の時期は一九五〇年代と考えていいだろう[17]。

台所には火の神が祀られ、香炉を置き、花や水、塩を供えている。火の神はウカマガナシと呼ばれ、生活改善運動が行なわれた一九五〇年代までは三個の石が神体であった[18]。そしてその司祭者は主婦である。

さて本事例で注目したいのは、かつての寝室である一番裏座の奥の壁に、ヒデ氏が個人的に信仰している神が祀られていることである。ウパラズの神名をもつこの神は、神の森に祀られている集落の守護神を勧請したもので、集落の東にあった遠見台付近に拝所がある。神の森の南側に当たるこの付近には、数か所の拝所が集中して分布しており、五穀の神であるシダディムトゥの拝所[19]の西方にウパラズの拝所がある。ヒデ氏は一二年間ツカサをつとめたことがあり、その職を退くときウパラズの神が夢に現われ涙を流しながら労をいたわってくれたという。

住まいのオクに祀られているこの神には日常的に家族の健康などを祈願するほか、子供を欲する女性のために受胎の祈願をすることもある。普段は香炉を置いて塩や水を供えているが、旧暦の一月一八日には米や菓子を供えて時間をかけて祈る。日常生活の場がオモテ側に移り、仏壇もオモテ側に移動したにもかかわらず、依然として私的な神が住まいの奥に祭祀場所を占めていることに留意しておきたい。

さて、かつて狩俣のD家の調査をした野村孝文は一番裏座に床の間が設けられていることを報告し、その意味が不明である旨を記している。[20]収録されている図を見ると、一間に満たない比較的規模の小さな床の間が裏座の背後に設置されている。客間の仕様をしていない裏座に設けた床の間は、接客の装置であるとは考えられず祭祀設備以外の用途を考えることは困難であろう。野村が見た一番裏座の床の間は、狩俣ヒデ家と重ねると守護神を祀る設備であったと考えられる。宮古島下地では個人の守護神を裏座で祀る習慣が報告されているように、[21]一番裏座が守護神を祀る場であり、そのための設備が裏座の床の間であった。狩俣家は今なおその祭祀設備を残している点で貴重である。

(三)来間島

来間島は宮古島の南西一・五キロメートルに位置する面積約二平方キロメートルの島であるが、平成七年(一九九五)に宮古島と結ぶ来間大橋が建設された。しかし近年は過疎化が進み、人口も約二〇〇人に減少した。

事例3　奥平キク家

奥平家は、昭和三一年(一九五六)に建築されたコンクリート造りの住まいである。当初、屋根は茅葺であったが、その後三年間セメント瓦に、さらに台風で壊れスラブ葺きに換えた。間取り(図4)や規模は以前の住まいとほとんど変わっていないという。キク氏(大正一〇年〈一九二一〉生まれ)と洲鎌キヨ氏(大正一二年〈一九二三〉生まれ)から当地での住まいと暮らしに関する情報を得ることができた。

写真８　奥平キク家

① 間取りと暮らし

二番座の庭側に一畳分の狭い土間があり、玄関になっている。クダシッと呼ばれる一番座は地域の集会や年中行事、通過儀礼の場として使用する。現在はベッドとテレビを置いて寝室に使用している。床の間は見られない。二番座は家族の食事や団らんの場で、裏座側にタナ（仏壇）が設けられている。二番座の一部を区切る形で三番座がつくられており、この部屋は寝室に充てられることが多いという。裏座は若夫婦の寝室で、出産の場にも使用された。二番座の裏に位置するスイジバは台所で、裏側の壁に沿って棚が設けられ、火の神が祀られている。火の神の神体は香炉で、花立二本と塩と水が入った皿がそれぞれ並べられている。さらにその西側に食料の収納庫が続く。便所は母屋の南西側約三〇メートルのところにあったが、現在は母屋に取り込まれている。風呂はなく、男性は行水、女性は湯を沸かして体を拭く程度であった。母屋の西側に接してコンクリート製の大型の飲料水タンクが設置されている。そこの壁には当家の建築年である「一九五六年」と紀年銘が彫り込まれている。

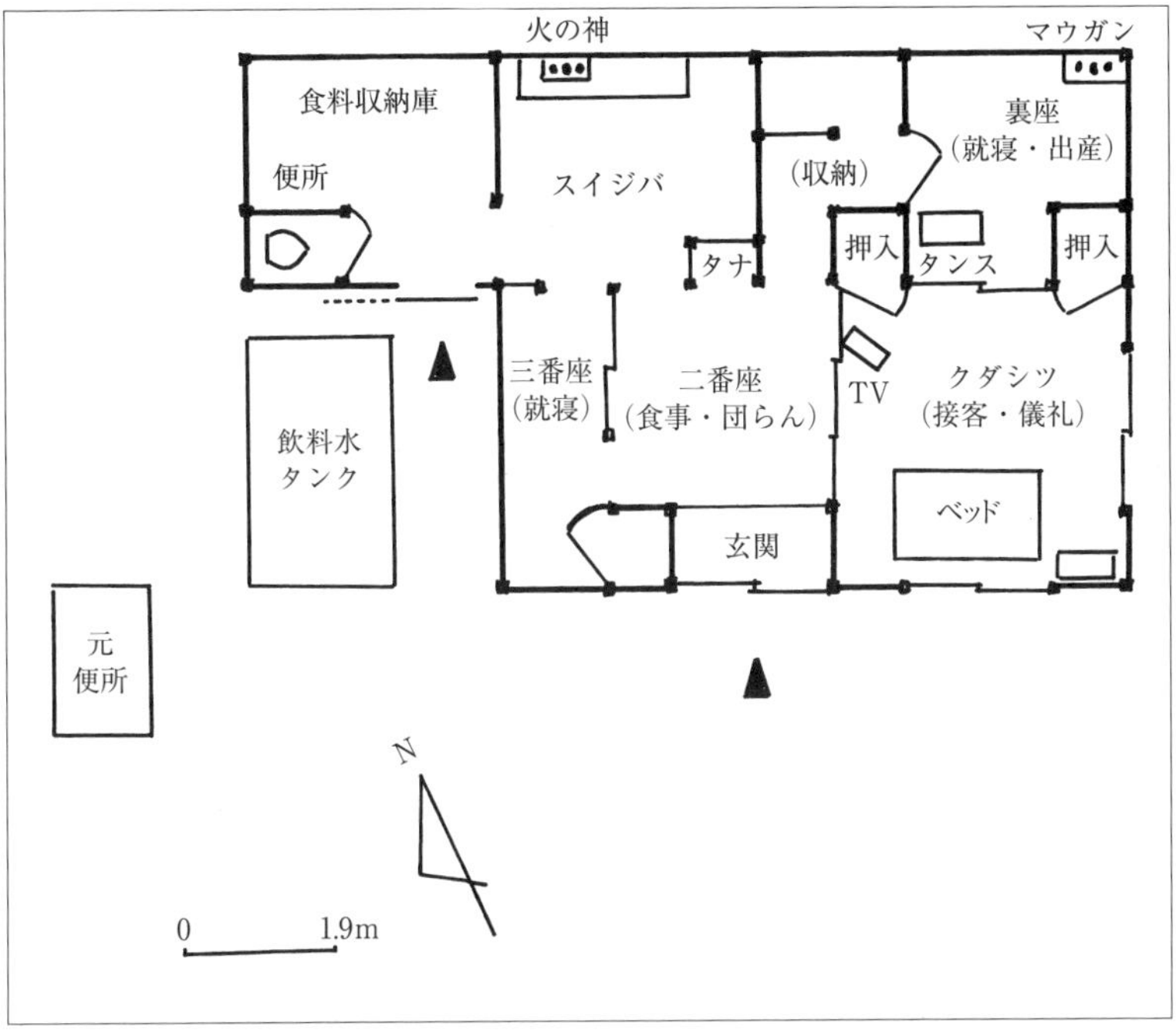

図4　奥平キク家

ふだんから一番座と二番座の間の建具はあけておく。正月の祝いは一番座と二番座を使用する。盆行事は二番座のタナを中心に展開する。旧暦の七月七日に門の神にオトゥーシをする。オトゥーシとは神と交流して願い事をすることである。これが先祖迎えと理解されている。この日から食事を三食供える。七月一五日の夜には、夕食とは別にラーメンを供える。ラーメンは本土の送り団子に相当すると思われる。そのあと墓地につながる道の途中まで先祖を送っていく。

キク氏は島内で生まれ、当家に嫁いできた。嫁入りは玄関から二番座に入り、まずタナに拝礼する。そのあと男性たちは一番座と二番座で祝いの宴を行なう。女性たちは裏座に集まり祝う。この習俗は前出の与那国島と同様である。一方、家族の死は裏座で看取られる。死者はすぐ清められて、本人が希望していた着物を着せて納棺する。棺は二番座で仏壇に足を向けた状態で安置し、出棺を待つ。葬儀が済むと玄関を経て庭に出棺し、墓地に向かう。その際、死者が生前使用していた食器も墓地に持っていく。

その他の通過儀礼も一番座と二番座を使用して行なわれる。たとえば誕生後一〇日目に名前を付けるが、その際に先祖や神々に関わるいろいろな名前を紙に書いて丸める。それらを盆に入れて振り、三回落ちたものを名前にする。命名札は仏壇から少し離して一番座に貼る。一番座と二番座に親戚の人たちが集まり、命名を祝う。還暦などの祝いは男女別々の日に集まってもらい、やはり一番座と二番座で行なう。当地の住まいも床の間はなく正式な接客の場として強調されているわけではないが、一番座が儀礼と正式な客の対応に使用される。そこで差配するのは男性の主人である。

②　祭祀

当地では住まいに祀る神のうち、重要なものは①火の神、②個人の守護神、③先祖神と考えられている。神格が高いのは火の神で、願い事をするときはまず火の神にする。火の神は「郵便の神」で、人の願い事をいろいろな神に伝えてくれる役目をもつという。作法は香炉に線香を立てるだけである。供物もまず火の神に供えるが、その役割は女性に限られる。主婦が亡くなっても神体の石を換えることはなかった[22]。

当地では火の神が女神であると考えられている。そして神々と対話ができる神女には、火の神が髷を結った姿で現れると伝承されている。一九八四年に行なわれた宮古島の調査でも火の神を女神とする報告がされている[23]。また来間島の女性のほぼ全員が、マウガンと呼ばれる個人の守護神をもっている。マウガンを祀る設備はマウダナと呼ばれ、小型の香炉と湯のみがのせられている。設置される場所は裏座の東北の隅がよいとされる[24]。マウガンには毎日茶や水を供える。前出のように宮古島や来間島では裏座が守護神を祀る場であり、そのための設備が裏座の床の間であった。仏壇の設置場所がウラ側からオモテ側に移る中で、女性の守護神はウラ側にとどまる傾向にある。ちなみに一番座に床の間の設備はないので床の神も祀られていない。マウガンは現世でその人を一生守護する神で、司祭者が死亡すると香炉などの祭具と一緒に副葬する。(25)マウガンの名前は籤占いによって決定され、祭祀に当たってはユタなどが指示した。(26)なおマウガンは祖先の霊力であるともいい、仏壇をマウダナと呼んでいる地域もある。(27)

先祖神は夫婦一組を一つの位牌にまとめ、仏壇で祀る。

そのほか便所神の信仰もみられる。特に子供の元気がないときは、神女から便所神に願うように指示された。抜けた魂を便所で受け取ると信じられている。このように来間島の祭祀はほとんど女性の手に委ねられている。

(四)沖縄本島

沖縄本島の東北部に位置する国頭村安波は第二次世界大戦の戦火を免れたこともあり、筆者が昭和五八年(一九八三)に訪れた際には比較的古い形態の住まいが残存していた。事例として紹介する住まいが建てられた当時は、集落に住む四〇歳までの全員が参加して山から材料のイジュを伐り出し共同で建てる慣例が残っていたので、結果的に統一された規格の伝統的な住まいが建築されたのである。(28)

事例4　新里ゴゼイ家

当家の建築年は不明であるが、当時他地域ではすでに消滅していた茅葺の住まいで、縁側をもたない古い形態を残していた。ヒンプンはブロック製で、門の外側に設置されている。

写真9　新里ゴゼイ家

①　間取りと暮らし

一番座はウイザと呼ばれ、床の間を設置した唯一の畳敷きの部屋である。この部屋は通常は主人夫婦の寝室に充てられている。また正式な客の対応のほか、正月の祝いの席も設けられる儀礼の場にもなる。二番座はナハザと呼ばれ、通常は家族が団らんの時間を過ごす居間に充てられる。一番座と合わせて村人の会合の場にもなる。三番座は食事の場であり、名称が伝承されていないことから比較的新しい部屋であろう。流しが設置されて調理場として使用されている。一番裏座と二番裏座はサーヨホと呼ばれ、家族の寝室や家財道具の収納の場に充てられる。とくに二番裏座にはすでに消滅したといわれていたジル（いろり）が切られている。七〇センチメートル四方の浅い掘りで、火棚や自在鉤が取り付けられていた。新里ゴゼイ氏（明治三六年〈一九〇三〉生まれ）によると、冬季の一か月間には火を焚くが、出産の際にも必ず焚いたという。三番裏座はトングァーと呼ばれる土間で、簡易カマドが設置されている。

床の間がある一番座が接客の場であり、基本的には男

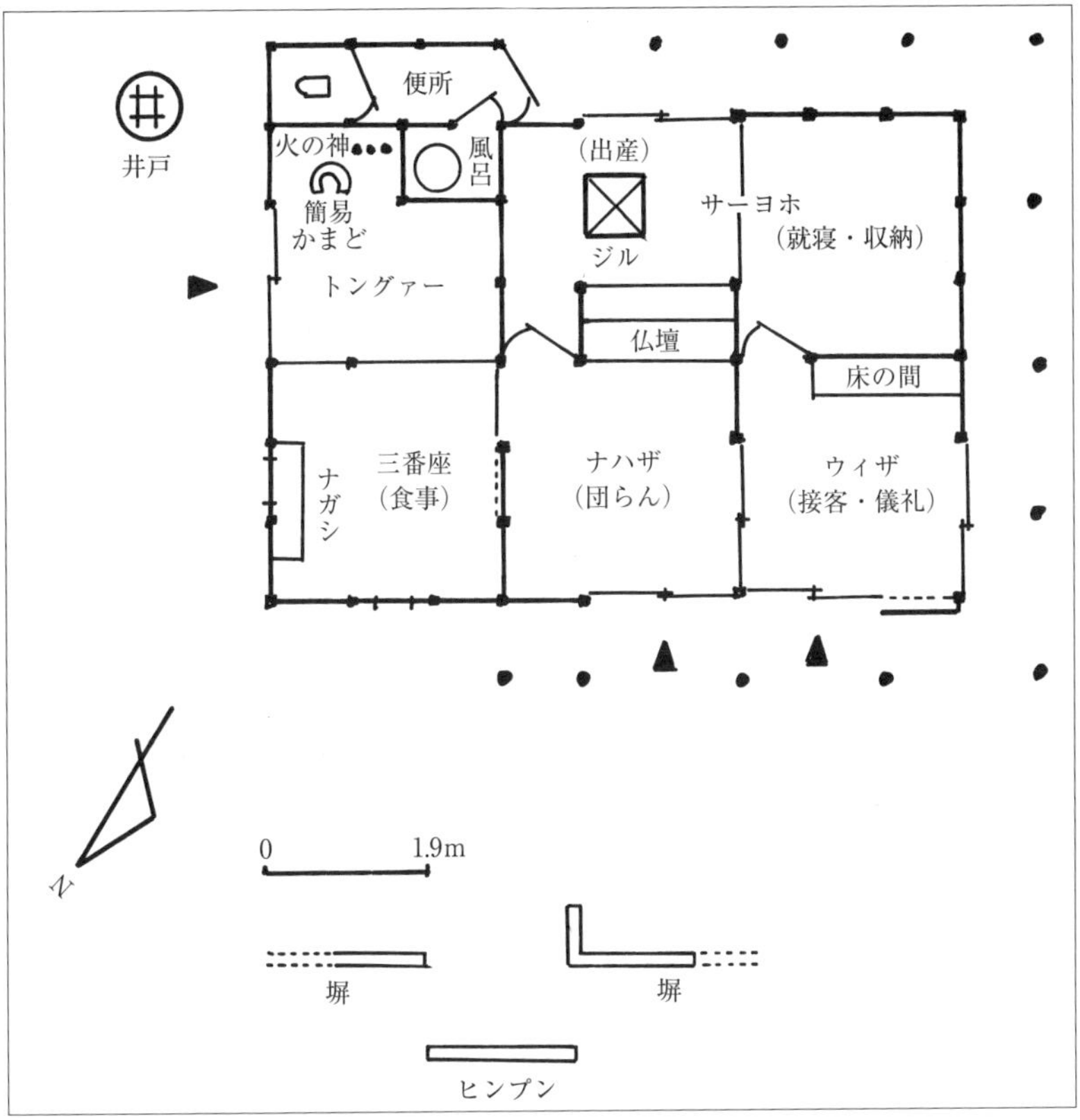

図 5　新里ゴゼイ家

性の主人の管理下にある。二番座の管理者は曖昧であるが、三番座とウラ側の各部屋は主婦の管理下にある。

② 祭祀

床の間にはとくに神を祀ることはない。毎月一日と一五日にナハザの庭側の敷居の上に香炉を置いて家の安泰と家族の健康を祈願するという。これは主婦の担当である。

三番裏座に設置されている簡易カマドの横に細長い石を三個立て、火の神の神体としていた。その前には香炉が置かれ、毎日拝するという。すでに消滅したといわれていた古い火の神の神体がまだ信仰の対象になっていた。火の神の祭祀はもっぱら主婦が担当する。

写真11　カマドと「三つ石」の火の神（1983年）

写真10　二番裏座のジル（1983年）

三　男女の領分

(一)部屋の機能からみた男女の領分

南西諸島の一般的な住まいは、母屋のオモテ側の一番座は接客と儀礼、二番座は親しい人との接客、三番座は家族の食事と団らん、ウラ側の一番裏座は就寝と家財道具の収納、二番裏座は就寝と出産、三番裏座は調理と食物の保管という機能をもつ部屋で構成されている。部屋の管理はその部屋の機能と関わる性を反映しており、住まいを構成する部屋のうち、男性が管理する部屋はほぼ一番座に限られているといってもいいだろう。

年中行事や正式な客の対応は男性が担当する。宮古島の平良市では一番座に客を迎えたとき、女性や子供が立ち入ることはなかったという(29)。

日常生活そのものに関する事項や出産は女性の担当で、そのための部屋がウラ側を中心に配置されている。とくに穀物の種子を保管する場に与那国島では二番裏座、小浜島では三番裏座が充てられており、それらの部屋が主婦の管理下にあることから、家と家族の生命を支える役割が主婦すなわち女性にあったとみることができよう。

与那国島の一番裏座のミンガイドゥは若者の部屋と意識されており、構造上は壁で囲まれた閉鎖的な空間であるが、他家の若者も縁側を通って直接出入りできるという点で外に開かれた異質な空間といえる。聞き書きでは、この部屋は世間から隠しておきたいコトやモノの収納に使用するという意識が強いと明言された。未婚の男女交際はこの部屋で行なわれ、結婚につながるという。寝室が異界につながる空間でそこから活力を得る構造になっているとした村武の指摘[30]が想起される。いずれにしても日常的に使用する部屋は女性の管理下にあるといえよう。

(二)祭祀からみた男女の領分

各部屋に祀られている神々については、独居の場合を除いてその部屋の管理者が事実上の司祭者になっている[31]。たとえば小浜島では一番座の床の神は男性、二番座の仏壇は男性と女性、三番裏座の火の神は女性と担当者が明確に区別されている。与那国島でも床の神だけは男性が供物も含め祭祀を担当している。

また神々は、それぞれが祀られている部屋の機能を支える役割をもっている。

男性が司祭者になる床の神の概念は曖昧で、観念的に家の神であるという程度である。沖縄や石垣島、小浜島では家族の健康を守る神、農業神である。与那国島では遠い祖先ともいう。なお与那国島ではトラノハノカミという神名が伝承されているが、祭祀場所の方位がもとになっているに過ぎない。宮古地方では床の間があまり普及していないようで、正月に床の間に軸を掛け酒と塩を供えるという報告があるが[32]、床の神の具体的な祭祀は確認できなかった。いずれにしても南西諸島の床の間の歴史は浅く、一段高い形状が祭場になったと考えられる。

ただし床の神につながる神々の系譜については、別稿で考察したように[33]複雑な様相をもっている可能性がある。男女の両方が司祭者になる仏壇は、比較的近い祖先を祀る設備である。現在みられる仏壇は最下段が床から一メートル程度の高さをもつ三段の設備で、沖縄以南ではほぼ共通の形態をとる。また香炉や供物の配置も画一的でその歴史も新しいといわざるを得ない。タナの呼称が残っていることから、本来は天井から吊り下げた形状で、宮古島の事例から住まいのウラ側にあったと考えられる。その場所から判断して、かつて祭祀を担当したのは女性であろう。仏壇がオモテ側の二番座に移動して視覚的に重要な存在になり、男性が関与するようになったと思われる。

それに対して女性が担当する火の神の祭祀が古いことは明らかである。火の神については後述するように窪徳忠や仲松弥秀、安達義弘、古家信平などの研究成果が蓄積されている。ここではフィールドワークの成果から、火の神が女神と観念されていることと祭祀の場所が三番裏座であることを指摘しておいて、詳細は後に検証する。

また便所の神の存在も重要である。奄美地方では屋敷の出入り口付近に設けられ、臭気で悪霊を防ぐ強力な神である[34]。八重山地方では母屋の西方に設けられるのが一般的で、与那国島では根源的な力をもつ女神として意識されている。特に来間島では、元気をなくした子供の魂を便所で受けて活力を取り戻す役割が期待されている。便所は他界につながる場で、これは産神の役割を果たす本土の便所神とも共通する。

そのほか宮古地方では個人の守護神をマウガンと呼んで、その祭祀設備であるマウダナを一番裏座に設置する習俗がある。とくに女性の多くがこの神を信仰しており、祭祀場所もまた女性の管理空間である。宮古島の狩俣家の場合、集落の神を個人の守護神として祀っているが、やはりウラ側の空間である。他家の女性のために祈願しているのは、ヒデさんがツカサの役に就いていたことによるのであろう。

四　住まいのオクに祀られる強力な女神

(一)火の神

住まいに祀る神で最も重要なのは火の神であり、その司祭者が女性であることは南西諸島で共通している。安達義弘は沖縄文化の基層に位置づけられる火の神を「民俗火神」、近世に政治機構の一装置として機能した火の神を「政治火神」と呼んで、前者が琉球王朝の中央集権体制に組み込まれる過程を考察している(35)。論考の中で先行研究をまとめながら住まいに祀られている火の神すなわち「民俗火神」について、①「家」の神、②ご利益が守護的性格、③媒介的機能の三点の特徴をあげている。

①は守護する対象の範囲を示したもので、後出の集落の守護神すなわち「政治火神」と区別する。仲松弥秀は沖縄本島の北部や離島を中心に、家に死者が出た際に火の神を更新する習俗があることを報告している(36)。事例は少ないが、これを火の神本来の性格と主張している。また古家は「年長の夫人」の死亡時のみの習俗と考えている(37)。筆者の調査では火の神の更新に関する情報は得られなかったが、このような習俗は火の神が家の神として信仰され、その司祭者が女性であることと関連する。小浜島では分家の際に、火の神の香炉に入れてある砂の一部をもっていく習俗があることを聞いた。この砂は元旦の早朝に浜から採ってきた神聖な砂である。香炉の灰を分けて分家する報告(38)はあるが、砂は初めてであった。出産後に火の神に報告する事例もあり(39)、これらの習俗も火の神が家の神であることを示している。

②の守護的性格はすべての事例で確認でき、まず家族の健康を祈願するということであった。なお与那国島の

床の神がもつ長男の守護をする役割も、本来は火の神が負っていたのではなかろうか。女性の担当する火の神に対して新しく男性が担当する床の神の祭祀が始まり、長男の守護が強調されたと考えられる。

③の媒介的な機能について、来間島では「郵便屋」と表現する古老もいた。火の神が重要な理由を尋ねたとき、火の神がすべての願い事を聞いてくれること、それを叶えることができる神々に伝える媒介役をしてくれることがあげられた。これは火の神が生活全般に関する具体的な願い事に対応できる理由である。なお盆に祖先の霊を迎える際に主婦が門の神とオトゥーシと呼ばれる交流をするが、ここには主婦自身が媒介的機能をもつ点で火の神と重なる様子をみることができる。いずれにしても女神である火の神と主婦が深く関わっていることをうかがうことができる。媒介的機能については小浜島でも確認することができた。安達は火の神の媒介的機能が沖縄地域では強いが奄美地域や先島地域では弱いと指摘しているが[40]、宮古や八重山地方でも強く意識されているようである[41]。

(二)集落レベルの火の神信仰と女性司祭者

安達が「政治火神」と呼ぶ事例についても触れておきたい。久高島の外間《ふかま》殿の見学を許された。外間殿はかつて首里王府から任命された外間ノロが所管してきた集落の中心的な祭祀施設である。ウラ側にある部屋には大型の平鍋がかかった石三個が据えてあり、火の神であるという。案内役の地元の古老から、すべての神事を始める前に、まずこの火の神を拝するという情報を得た。

外間殿の近くに久高島の旧家である大里家が残存している。現在は無人になっているが、母屋に隣接して祭祀のための建物が残されており、そこにも祭壇とは別に床面に三個の石を組んだ原初的な竈が設置されている。形態から火の神を祀っていることは明らかである。ちょうど宮古島から神女のH氏が訪れていて、依頼者のために

写真12　久高島の外間殿

祈願の儀礼を行なっていた。南西諸島ではノロの継承者が減り、彼女たちが所管していた祭祀施設が空き家になっているが、久高島では火の神の祭祀を今なおみることができる。

このように集落レベルの祭祀施設においても「三つ石」に象徴される火の神が祀られており、その祭祀には女性が深く関わっているといえる。このような宗教者による火の神の祭祀について、仲松は首里王府がノロを任命した時代の発生と主張し[42]、血族レベルと村レベルの火の神の祭祀がそれ以前から存在したとする説に批判的である。しかし家レベルの火の神の祭祀は古く、村レベルの祭祀についても女性による家レベルの祭祀が基層にあり、その起源を首里王府の関与以前に求めてもいいのではなかろうか。

(三)オクに控える女神

第一章で小浜島の事例を中心に、通過儀礼の際の動線をクチ―オクの秩序から分析した。婚礼の際に実家を出る嫁はまず火の神を拝して家の構成員から離れる報告を

写真13　外間殿の火の神

する。そしてオクからクチへ進んで実家を出て、婚家ではクチからオクに向って進み、三番裏座に祀られている婚家の火の神を拝することで家族として承認される場が演出される。家の神として大きな力を発揮すると信じられている火の神が、住まいのオクに控えている構図が浮き彫りにできる。換言すれば強力な神を背後に家の安定を図る構図でもあり、これは沖縄地方における村の成立の基本にあるといわれる「腰当思想」[43]とも重なる。

火の神が女神である点についても触れる。これは調理を担当する女性が司祭者である点に求めることができよう。また村武は女性が生と死、吉と凶、豊穣と危機など対極的な二つの世界をつかさどる儀礼的役割と霊能をもつと指摘する[44]。調理の場であり穀物の種子を保管する三番裏座、出産の場になる二番裏座、就寝と合わせて生殖の場でもある一番裏座という住まいのオクが、村武の指摘する、女性が儀礼を実修し霊能を発揮する空間に相当する。与那国島の便所神が女神であるとする信仰も同様に理解できる。

写真14　オカマサマ

（栃木県宇都宮市　津山正幹氏提供）

むすび

南西諸島の住まいにおいてクチ―オクの秩序の線上に配置されている部屋は、オクに向かって女性に関わる要素が増加していく。それらの部屋の祀られている神々もその部屋の機能と密接に関わり、最もオクに祀られているのが火の神である。与那国島ではさらに便所神が続く。

主婦が住まいの大部分の部屋を管理し、生活に直接関わる火の神や便所神の司祭者が主婦であること、さらに火の神や便所神が女神である点に着目すると、住まいは女性原理で貫かれているといわざるを得ない(45)。これは村武が指摘するように女性の霊的能力に関わると考えていいだろう。

ちなみにアイヌの社会でも同様の観念が存在することが報告されている。アイヌの住まいではいろりの端にイナウが立てられ、それを火の神として信仰しているが、火の神は最も身近な神で、その性別は女性である。そして火の神は媒介的な機能ももっているという。(46)さらにアイヌの住まいは女性の性をもつと考えられている。(47)日本列島では次節で取りあげる対馬のホタケサン、中国地方の納戸神、関東から東北地方にかけて濃厚に分布するオカマサマが女神と意識されており、(48)それらの祭祀場所をクチ—オクの秩序の線上で解釈すると、さらに理解を深めることができるのではなかろうか。

註

(1)宮田登『女の霊力と家の神—日本の民俗宗教』一七〇頁　人文書院　一九八三
(2)石塚尊俊「納戸神をめぐる問題」『日本民俗学』第二巻第二号　一九五四
(3)前掲(1)一七一頁
(4)坪井洋文「住居の原感覚」『日本民俗文化大系　第一〇巻　家と女性＝暮らしの文化史』二一一頁　小学館　一九八五
(5)茨城県真壁郡上野町向上野(現明野町)の事例でも、オカマサマが女神であり安産の神として信仰されていると紹介している(前掲(4)二一四頁)。
(6)前掲(4)二一五頁
(7)高取正男「土間の作法」「ワタクシの論理」『民俗のこころ』四九～一三三頁　朝日新聞社　一九七二
(8)馬淵東一「琉球世界観の再構成を目指して」『馬淵東一著作集』第三巻　社会思想社　一九七四
(9)村武精一「家のなかの女性原理」『日本民俗文化大系　第一〇巻　家と女性＝暮らしの文化史』三五六～三六〇頁　小学館　一九八五
(10)ヒブン(ヒンプン)を設置している家は旧家に限られていた。客は上手、家族は下手から出入りするという(宮良保全『与那国島の民俗と暮らし—住居・墓・水』二六頁　与那国町教育委員会　二〇〇〇)。

(11)前掲(10)七二頁
(12)前掲(10)七四頁
(13)「宮古平良市島尻、西原村棚原報告」『沖縄民俗』第一二号　琉球大学民俗研究クラブ　一九七六（一九八八年第一書房復刻）
(14)狩俣吉正『狩俣民俗誌』三一〇頁　メディア・エクスプレス　二〇一一
(15)前掲(9)三三六頁
(16)野村孝文『増補南西諸島の民家』三三頁、三六頁　相模書房　一九七六
(17)永瀬克己は沖縄本島の小湾集落の復元作業を行なう過程で、間取りの聞き書きを行い、合わせて仏壇の位置が第二次世界大戦後にカミからシモへ、ウラからオモテへ変遷していく過程を示している（永瀬克己・武者英二「民家・集落の復元に関する研究　聞き取り法によるケース・スタディ沖縄・小湾の民家形態―中心としての仏壇」『民俗建築』第一一五号　日本民俗建築学会　一九九九）。
(18)「狩俣部落調査報告」『沖縄民俗』第一二号　琉球大学民俗研究クラブ　一九六六（一九八八年第一書房復刻）
(19)前掲(18)
(20)前掲(16)三七頁
(21)宮古島下地でも個人の守護神を裏座で祀る習慣が報告されている（高橋泉『沖縄宮古島下地民俗誌』一四五頁　まほろば書房　二〇一一）。
(22)沖永良部島ではその家の主婦が亡くなると新しい竈を設置するが、その際、新しい竈の石を据えるのは次に主婦になる女性の役割であった（前掲(7)一六一頁）。
(23)羽地栄『西里の民俗』第一巻一六二頁　二〇〇二
(24)前掲(21)一四五頁
(25)『平良市史』第七巻　民俗・歌謡　三三四頁　一九八七
(25)前掲(24)三三四頁
(26)前掲(24)三三三頁

(27)前掲(24)三四三頁
(28)森隆男『住居空間の祭祀と儀礼』一四〇～一四九頁　岩田書院　一九九六
(29)前掲(24)二六〇頁
(30)南西諸島の調査を重ねた村武精一は、寝室に女性原理の存在を認め、そこが他界からの活力を得る場になっていると指摘している(前掲(9)三五六頁)。
(31)近年は女性の独居家庭が増加し、床の神の祭祀も女性が担当するようになった。
(32)前掲(24)二六一頁
(33)森隆男「南西諸島の床の間—祭祀儀礼からのアプローチ—」『民俗建築』第一三〇号　二〇〇六(のち森隆男『住まいの文化論—構造と変容をさぐる—』柊風舎　二〇一二　に収録)
(34)森隆男「徳之島の住まい—琉球文化とヤマト文化の間で—」『民俗建築』第一四六号　二〇一四
(35)安達義弘「琉球王府の中央集権体制と火神信仰」窪徳忠先生沖縄調査二十年記念論文集刊行委員会『沖縄の宗教と民俗』六六六～六六七頁　第一書房　一九八八
(36)仲松弥秀『神と村』九七～九九頁　伝統と現代社　一九七五
(37)古家信平『火と水の民俗文化誌』一一〇～一一一頁　吉川弘文館　一九九四
(38)前掲(37)一〇九頁
(39)前掲(37)一〇六頁
(40)前掲(35)六七頁
(41)古家信平も火の神が家の守護神的な性格をもち、媒介的機能をもっていると指摘している。さらに火の神の分布が先島諸島から奄美地方まで広がり、それが薩摩藩の琉球支配以前の琉球王府の支配圏と一致することから、琉球文化の普遍的要素の一つと指摘している(前掲(37)七六頁)。
(42)前掲(36)一〇一頁
(43)松井幸一は琉球の集落形成が中国から入ってきた風水思想の影響を受けたとしつつ、元来存在した「腰当思想」の影響も強く受けていると指摘している(松井幸一「琉球における集落の形成思想と伝統的集落景観—名護市仲尾次集落と稲嶺集落の事例を中心に―」森隆男編『住まいと集落が語る風土―日本・琉球・朝鮮―』一〇六頁　関西大学出版部　二〇一四)。

(44)前掲(9)三四〇頁

(45)宮古地方や八重山地方では、歌謡伝承の分析から船の性を女性ととらえているという(島村幸一「オキナワにおける兄妹の紐帯―琉球弧のヲナリ神」赤坂憲雄他編『女の領域・男の領域　いくつもの日本Ⅳ』一八四〜一八五頁岩波書店　二〇〇三)。海上で男性を守る器と理解されているからであろう。

(46)藤村久和『アイヌ　神々と生きる人々』一八頁　福武書店　一九八五

(47)前掲(46)一七頁

(48)オカマサマは三六人の子供をもつ神で、家族の守護神としての信仰もみられる。火処の神であるが、竈の管理者である主婦の影響がうかがえるという(津山旬子「オカマサマ―埼玉県比企郡都幾川村の事例報告―」『日本民俗学』第一一七号　日本民俗学会　一九七八)。

第三節　対馬の住文化と女神

はじめに

対馬は九州の北方の玄界灘に位置し、面積は約七〇〇平方キロメートルである。人口は二〇一六年現在、約三万一千人で、高齢化が進んでいる。北島の先端からは晴れた日に韓国本土を望むことができ、そのための展望台も設置されている。近年は韓国からの観光客が増加し、案内板もハングルの文字が目立つ。気候は暖流の対馬海流が流れている影響で、年間を通じて比較的温暖である。

玄界灘に浮かぶ対馬は、古くから日本と朝鮮を結ぶ中継地として多くの人とモノが往来した。対馬と南西諸島との交流も、海流を考えると相当古くまで遡るであろう。戦前まで、イサキの好漁場であったため五島や壱岐、対馬まで沖縄の糸満の漁民が多く来島していたという(1)。

一　対馬に関する先行研究

対馬の住まいについては文化人類学や建築学、地理学の研究者が調査や研究を進めてきたが、その系譜など今なお明らかにされていない課題が多い(2)。対馬の住まいに関する主要な報告と先行研究は次の通りである。

昭和二九年（一九五四）に刊行された『対馬の自然と文化』は、昭和二五年（一九五〇）から昭和二六年にかけて実施された九学会連合による合同調査の成果で、住まいで展開される民俗儀礼については、筆者が調査を実施した平成一九年（二〇〇七）と平成二二年にはすでに消滅していたものも多く、本書に負うところが大きい。一九七二年には長崎県教育委員会が実施した緊急民家調査の報告書『長崎県の民家』、翌年には西岸地域の文化財緊急調査の報告書が刊行されている（長崎県教育委員会文化課『対馬西岸阿連・志多留の民俗―対馬西岸地域民俗資料緊急調査―』）。昭和五七年（一九八二）に岩田慶治が代表としてまとめた科学研究費補助金の成果報告書『環東シナ海文化の基礎構造に関する研究―壱岐・対馬の実態調査―』も、多くの文化人類学者が参加した貴重な成果である。とくに住まいに関しては、昭和五九年（一九八四）に刊行された杉本尚次編『日本の住まいの源流―日本基層文化の探求』が参考になる。そのほか個人レベルの調査・研究も多い。とくに地元の研究者である永留久恵の研究は、文献史料にフィールドワークを重ねた注目すべき成果である。

これらの先行研究が明らかにした対馬の住まいに関する成果のうち、注目すべき点として次のようなものがあげられる。

①　住まいの周囲を石塀で囲む比較的閉鎖的な構造をもっている。
②　母屋から離して床の高い倉が建てられる。
③　家格や建築年代に関わらずダイドコロと呼ばれる広い部屋がある。
④　ダイドコロに見栄えのする平柱を使用するなど、この部屋の荘厳に財力を投じる傾向が認められる。
⑤　ダイドコロに仏壇を安置するとともに、ホタケサンと呼ぶ民俗神を祀っている。
⑥　母屋の土間が、きわめて狭い。

本節では、住まいを構成する各部屋の機能・配置とそれぞれの空間に祀られる神々が密接な関係にあるという

写真15　中山栄一家全景

認識に立ち、変容まで視野に入れて対馬の住まいの特色を検証する。さらにそれらについて、周辺地域の住まいと比較をすることで系譜にも言及する。

二　間取りとくらし
―中山栄一家の事例を中心に―

青山賢信は対馬の住まいについて間取りから七種類の形式に分類し、それぞれの変遷過程を提示している。[3]その中で最も一般的な、幕末ごろ給人層(士族)に定着したとされる形式に分類できる事例として、中山栄一家を取り上げる。

対馬市美津島町根緒に所在する中山家は当地で「本戸」と呼ばれる旧家のうちの一軒で、五～六反の田畑を耕作する農業と鯛の延縄漁を中心とする漁業を生業にしてきた。当家での暮らしの情報は当主の栄一氏(昭和一二年〈一九三七〉生まれ)と妻のタミ子さん(昭和一四年〈一九三九〉生まれ)の二人から得たものである。

敷地には、前面と側面に高さ一・五～一・七メート

写真16　高い床の母屋

ルの石塀が築かれている。南面する母屋の前庭は広く、漁具や魚を干す場になっている。出入り口の左手には便所と、漁具などを収納する大型の納屋が建てられ、右手には家財道具や食料を貯蔵する倉（当地では「小屋」と呼ばれている）が建てられている。[4] 母屋の床の高さは六五センチメートルあり、前庭から縁側に上がるために踏み台が用意されている。小屋の床も七〇センチメートルと高い。

母屋は一五〇年ほど前に建築されたと伝承されており、切妻瓦葺の平屋である。図6はその間取り図である。居間・台所・風呂場は、ダイドコロ・ナンド・ツギノマ・ザシキが配置されている母屋とは別棟で、一九八五年に改築されるまでは、土間であった。

(一)日常生活の中心ダイドコロ

ダイドコロは一六畳の広さをもつ。[5] 対馬の住まいを訪れて、まず驚くのがこの「広い部屋」の存在である。この部屋にはいろりが切られ、食事の場であるとともにテレビが置かれ家族団らんの場になる。当家に

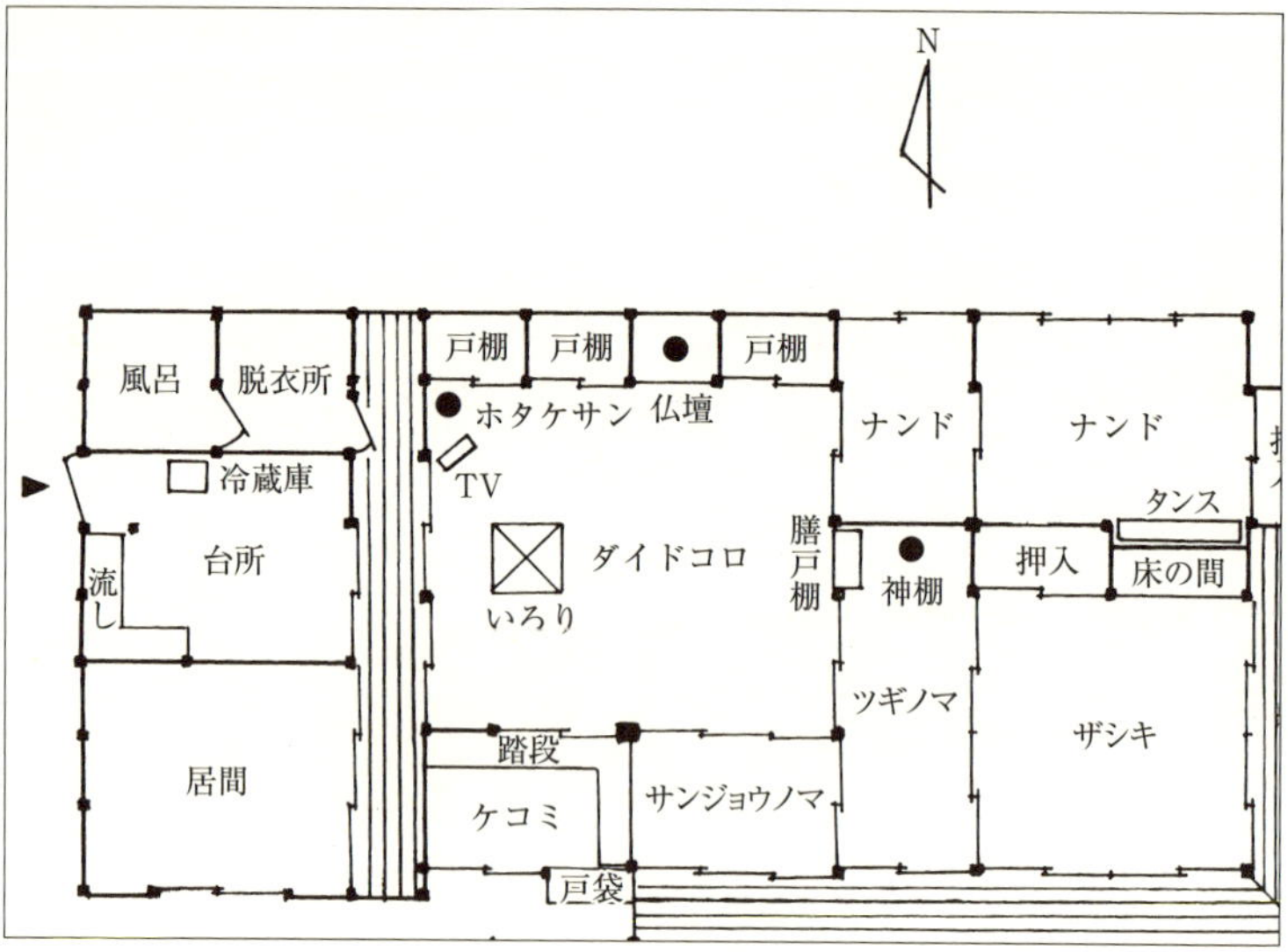

図6　中山栄一家

とって重要な書類を収納する「膳戸棚」も主人が座るヨコザの背に当たる位置にある。ダイドコロのウラ側は全面板壁で、戸棚が設けられ仏壇が安置されている。また下手隅には、床から二メートルほどの高さのところに棚を設け、ホタケサンが祀られている。現在は畳敷きであるが、常時畳を敷くようになったのは四〇年程前からである。普段は奥側のナンドに設けられた棚の下段に収納していた。

この部屋は地域の会合の場としても使用される(6)。とくに対馬では現在も盆踊りが地域の重要な行事になっており、その年の当番に当たった家のダイドコロが若者たちの練習の場に充てられてきた(7)。

以上のように家レベルだけでなく地域も含めた日常的な生活は、ダイドコロを中心に展開することになる。

(二)ナンド

寝室として使用するナンドが二室ある。当家の場合、通常は手前の三畳のナンドが寝室になる。老人はザシキで就寝するが、寝たきりの状態になると奥側のナンドに

写真17　16畳のダイドコロと仏壇

移した。産小屋の伝承もあるが、一般的にはナンドが出産の場になった。対馬北部の鰐浦の小茂田与一家では、奥側のナンドに味噌や漬物の桶を置いており、収納空間でもある。

(三)ケコミ

ケコミは玄関を入ったところにある靴脱ぎのための狭い土間で、客と家族の通常の出入り口になる。ドージとも呼ばれる。

(四)サンジョウノマ

正式な対応が必要な客をツギノマやザシキに導くための部屋である。日常的に使用することはないが、ダイドコロの延長として簡単な接客の場に使用することもある。

(五)非日常時に使用されるザシキ・ツギノマ

冠婚葬祭の儀礼の場がザシキとツギノマである。客間でもあるが、通常この部屋で対応される客はほとん

写真18　ホタケサンを祀る棚

どない。盆に来訪する祖先の霊は、ザシキにミタナと呼ばれる盆棚を設けて祀る。対馬では地域の住民がそれぞれの家のミタナを訪れて拝礼する習俗がある。その際、直接縁側からザシキに入り、拝礼後はそのまま帰宅する。ザシキの前庭では新仏の供養のために盆踊りが行なわれる。

婚礼の際、嫁は縁側からザシキに入り、床の間の前で夫と三々九度の盃を交わす。披露宴は建具をはずしてナンド以外の部屋を使用して行なう。

ナンドで息を引き取った死者は、ツギノマに移されて北枕に寝かされる。入棺後はザシキに移され、葬儀が執行される。読経のあと縁側を経て直接出棺される。前庭で死者が生前使用していた茶碗を割ったあと、野辺送りが行なわれる。四九日間は盆と同じミタナを設置して死者の供養をする。

ツギノマはザシキの補助の部屋として使用される。鰐浦では夏季の間、ダイドコロの畳をしまっておく場所に使用したという。

三　住まいを構成する空間

(一)日常と非日常の明確な区別

日常生活と非日常の際にみられる動線から、対馬の住まいを構成する空間を二分することができる。中山家を例にすると、ケコミからダイドコロ、さらにナンドにつながる日常生活空間と、ツギノマとザシキが使用される非日常の儀礼のための空間である。構造的にも二つのナンドよりなるウラ側と、ツギノマとザシキよりなるオモテ側の間は板壁で遮断されている。当家の家族がザシキやツギノマには普段立ち入ることがないというように、明確な空間上の分割が意識の上でも認められる。それはとくに人の死に際して顕在化する。

老人はザシキを寝室にすることもあるが、死期が近づくと奥側のナンドに移される。死後、遺体はツギノマに移し、さらに入棺後はザシキに移して葬儀が行なわれる。また厳原町椎根では屋外で亡くなると、まず遺体を直接ナンドに入れ、そのあとは同様のプロセスを経て儀礼がすすめられる。遺体の移動を通じて、日常から非日常への転換が意識されることになる。

(二)クチーオクの秩序を示す二本の軸

家族の日常の動線は、基本的にケコミからダイドコロ、ナンド、奥側のナンドを結ぶ線で完結する。また一般の客は、簡易な用件であればケコミの踏段で、時間を要する場合はサンジョウノマやダイドコロに招き入れられて対応される。儀礼の際などに正式な客として訪れた人は、ケコミからサンジョウノマ、ツギノマ、ザシキへと導かれる。

このように家族と正式な客のそれぞれにクチ―オクの秩序を示す動線が存在し、ケコミは共有するものの二本の動線が交差することはない。

なおオクに位置するナンドは寝室・収納の機能に加えて、生死に関わる重要な空間であるといえる。出産は多くの場合、ナンドで行なわれた。また前出のように死期が近づいた人を奥側のナンドに移すことや、屋外で亡くなった人の遺体をまず直接ナンドに入れ、そのあとザシキに移して葬儀が執行されたからである。

(三)ダイドコロの平柱

対馬の住まいの特色のひとつにダイドコロの平柱があげられる。これについて松永達はダイドコロにおける平柱の位置を調査し、ウラ側の壁に多用されている点から正面性を示すと指摘している。また小屋の身舎の周壁に特定して使用されている点から、聖性を示すとする(8)。

中山家でもダイドコロの仏壇側すなわちウラ側に五本、台所側に二本、ナンド側に二本使用されている。いずれも二三センチメートル×一二センチメートル程度の大きさで、とくに目立つというわけではない。材質も大黒柱は欅であるが、平柱は松である。当主もとくに平柱の存在を意識しているということはなかった。それに対し昭和三〇年(一九五五)に新築された椎根の長瀬正之家の場合は平柱が四〇センチメートル×一四センチメートルの大きさがあり、建築の際に父親の親元が贈ったものである。平柱のあるウラ側には仏壇が安置され、家長がこれを背にする位置に座るのが本来であったという。また美津島町吹崎で計測した倉は、出入り口のあるオモテ側に二本、ウラ側に三本の平柱が使用されていた。オモテ側の平柱の大きさは二九センチメートル×一一センチメートル、ウラ側は三六・五センチメートル×一三センチメートルであった(9)。

以上のように松永の指摘する状況を確認することができたが、平柱が採用されている理由について正面性は認められるとしても、聖性については疑問が残る。ダイドコロには神仏が祀られているが、後述するようにあくまでも日常生活の延長線上に位置づけられる身近な神であるからである。

(四)変容

昭和三〇年代後半から、生活改善運動の一環として風呂や便所の改築が行なわれるようになった。四〇年ごろからはダイドコロの機能が分割されて、食事の場を増築する家が増加した。そして五〇年代半ば以降、新築された家からダイドコロが消えたという。地域の集会や盆踊りの練習には公民館が充てられるようになり、広い部屋が不要になったことも一因である。

しかし長瀬正之家の場合、広いダイドコロも含め間取りはほぼ以前の住まいを基本にしているが、新築する際にダイドコロを少しでも大規模にそして見栄えを良くするように努めた。これは椎根の各家に共通する傾向であったという。なお杉本尚次は新築の場合、中廊下を設けたことを指摘している[10]。これは長瀬家の場合も当てはまり、各部屋への出入りが便利になり、ナンドとザシキを遮断する意識が希薄化する結果になった。

別棟になっていた炊事場や風呂を母屋の中に設け、濡れ縁が内縁になったことも変容の一つにあげることができる。関根康正はそのほかに、①ケコミの玄関への改造、②サンジョウノマの茶の間化、③ナンドの多様化、④ザシキの俗化、⑤母屋の中に収納空間を新設したことをあげている[11]。以上のような変容について、関根は①利便性の増大、②「イエ」の解体と個人化、③村落共同体の上昇志向という方向性が認められると指摘している[12]。対馬の住まいの特色でもあるダイドコロが消滅しつつある点については、その背景に関根の指摘する「イエ」の解体が大きく関わっているとみてよかろう。

四　祭祀と儀礼

(一)ダイドコロの仏壇

対馬ではほとんどの家のダイドコロに仏壇が設置されている。仏壇はケコミからみたとき対面する位置に設置する家が多い。他家の人がダイドコロに招き入れられた際は、まず仏壇を拝した後いろりの客座に座るように、その家の神仏を代表する存在といえる。なお対馬で採用されている仏壇は、商品として流通している厨子型の仏壇ではない。造り付けで、しかも床から高い点は、南西諸島や八丈島の仏壇と共通する。ちなみに長瀬正之家の仏壇は、最下檀の棚が床上一メートルもある。

盆にはザシキのミタナに位牌を移動させるが、留守を守る仏がいるといわれ、ミタナと同様の供物を供えている。鰐浦の小茂田家では、弘法大師がルスバンドンと称されて残るという。いずれにしても祖先に対する信仰が厚い。

(二)ホタケサン

対馬の住まいの中で最も一般的に祀られ、特色ともいえるホタケサンについては、詳細に検証しておきたい。

①　神体と祭祀場所

中山家では小型の御幣を神体として扱っているが、長瀬家のように神体がなく、水瓶に榊を入れて祀っている家が一般的である。祭祀の場所はダイドコロの隅に棚を設けている家が多い。

② 祭祀の方法

普段は主婦が管理し、祭事のときだけ男性が担当する。年の暮れにしめ縄を張り、ホサやミョウブと呼ばれる宗教者が訪れて祓う。御幣も彼らが切ったものである。

中山家ではホタケサンに、盆と正月、祭りの際に供物を供えている。そのほか赤飯などご馳走をつくった時にも供える。長瀬正之家では、秋の収穫時に初穂の稲株を抜いて来て一株供えるほか、正月には小型の三重ねの餅を供えている。同地区の長瀬正俊家では、正月に葦の穂に糊で粟の穂をつけて供える。小正月にはダラの木に紙を巻いて供える。長瀬正俊家のように正月にダラの木を供える習俗は、対馬全域で広くみられる。その際、家運が末広がりに発展するように、又になった木を選ぶという。

対馬市厳原《いずはら》町久根浜では、この神に、米・麦・そば・粟・野菜などが供えられる(13)。

③ 信仰

中山家では「家の守護神」と理解されている。長瀬正之家では、性別は不明であるが、作物の神ととらえられている。また長瀬正俊家で、ホタケサンが女神であると伝えられていることに留意しておく。美津島町吹崎在住の井善野氏〈昭和一一年〈一九三六〉当地で生まれた女性〉は、親からホタケサンは洗い流したご飯粒を食べる女神であると聞いている。

ホタケサンは炊事場の神、火の神ともいわれ、家の者を外へ出すことを嫌うとし、供物を次男以下の息子、娘に食べさせないという報告もある(14)。彼らの結婚の縁を邪魔されないためである。

④　ホタケサンに関する先行研究

鈴木棠三は稲荷神社の火焚き神事に起源をもつ「ホタケ（火焚き）信仰」に着目し、火を扱う台所との関連を指摘した[15]。しかし、対馬のダイドコロは「台所」とは異なり、その機能は前述の通りである。直接火を使用する炊事の設備は別棟に設置され、火との直接の関連で稲荷信仰に起源を求める説には同意しがたい。また稲穂を掛ける儀礼の形態が稲荷信仰と共通するという指摘も、全国各地に分布する稲作の予祝儀礼の一環として理解すべきであろう。

永留久恵は、新しい穀霊を祝う天道信仰が、住まいの中で展開したものがホタケサンであると指摘した[16]。永留は脱穀した藁を使用してホタレと称する幣を作り壁に掛ける祭祀形態と、祭日が小正月である点から稲作の予祝儀礼と判断した。その上で女神である点に着目し、腹部に日輪を描いた女体の神像の存在[17]も考慮して天道信仰と結び付けている。

⑤　家の神としての位置づけ

ホタケサンは家レベルで祭祀されているため、多様な祭祀形態をとる。供物を次男以下の息子や娘に食べさせないという点に家の神としての性格を読み取ることができる。また正月に供える稲穂などには作神の性格を認めることができる。そして女神であるという伝承が多い点は重要である。厳原豆酘地区の主藤家ではホタケサンを祀る場所に新生児の命名書を貼っていた。ホタケサンが来訪神ではなく、住まいに住み着いた常在神であることを示している。なお精霊的な要素を残した神であるといえるが、鈴木棠三はこの神が祟ることはないとし、神と仏の中間と意識されていると指摘している点[18]にも留意したい。ホタケサンは生活に密着した、民俗信仰に基づく最も親しい神というべきであろう。仏壇とともに、家族が最も長時間滞在する部屋に祀られており、家と家族を守る役割が期待されている。

その他、対馬ではナンドに神が祀られていたようである。筆者の調査では確認できなかったが、九学会連合の共同調査ではナンドにウチノカミと呼ばれる神が祀られていたことが報告されている。「知らずしらずのうちに家内を守ってくれる神」（厳原町阿連）、「家の中に隠しておくような神」と報告されているが、上県町では先祖と伝承されている。[19] 鰐浦では曲げ物の中に小石を入れて神体とし、盆と正月に小さい団子を供えている。[20] ホタケサンとウチノカミの関係を検証するデーターが少なく今のところは不明といわざるを得ないが、両者に住まいのオクで、家や家族を守る神という点で共通する要素が認められる。

(三)ザシキやツギノマに祀られる神

中山家ではツギノマに神棚を設置して、伊勢神宮の神札を納めている。長瀬正之家はザシキに伊勢神宮などの神札を納めた祠を安置し、氏神はダイドコロに祀っている。

盆に来訪する祖先の霊は、ザシキの床の間の前に設置される盆棚に迎えられる。ミタナと呼ばれる盆棚は幅が約一・五メートル、高さ約一・二メートルで、四段の棚で構成される。最上段にダイドコロの仏壇から移した位牌を安置し、二段目から四段目まで供物を置く。小茂田与一家では供物として高野豆腐や煮しめ、ところてん、ソーメンを供える。仏壇に残る弘法大師にもミタナと同様の供物を供える。

長瀬正之家では祖先の霊は西側の海から来訪すると考えられており、八月一三日の夕方、屋敷入り口の石塀付近で迎え火をたく。ザシキのミタナにはダイドコロの仏壇から位牌が移され、親類や地域の人は庭から縁側を通ってザシキに入り、ミタナを拝する。初盆の家では麦わらで作った精霊舟を作って祖先の霊を流した。ただし昭和四〇年以後は海の環境汚染を防止するため、町内で一隻作って関係する家の祖先の霊を流している。いずれ

写真19　屋敷内の地蔵と屋敷神（右奥）

にしても拝礼も含め盆行事はザシキと前庭で完結する。新仏のある家では、庭で若者たちが盆踊りを踊って来訪してきた新仏を慰める。

ザシキやツギノマで祀られるのは、高い神格をもつ家を統括する神と、年に一度訪れる祖先の霊である。

（四）その他の屋内神

竈の周辺には荒神を祀っているが、屋外の樹木や塚で祀る荒神とは区別されている(21)。

（五）屋敷神

中山家では母屋の裏手に屋敷神を祀っている。祭神は不明である。また石の地蔵を安置した小祠が建てられており、「耳開き石」が掛けられていた。長瀬正之家では屋敷神を地主神と称しており、対馬では母屋の北または東北に屋敷神の祠を設ける習俗が広くみられる。

五　周辺地域との比較

(一)分棟型の住まい

地理学者の小川徹は日本列島の住まいの形式を分類し、系譜を検証する研究を続けた。その中で分棟型について、母屋に寄り添う建物が土間をもち、そこに竈が設けられていることが必要条件と規定した。また分棟型の住まいの分布が、南西諸島から九州西部、四国の土佐、東海地方の愛知県と静岡県の一部、関東地方の千葉県と茨城県の一部に認められるとしている。その上で対馬や五島などの離島は分類が困難としている[22]。

対馬の住まいについてみると、改築前の中山家では竈を設けた土間部分が別棟で建てられており、小川の指摘する必要条件を満たした分棟型の住まいといえる。改築前の長瀬正之家も別棟である。山口麻太郎も母屋とは別棟にして竈を設け、牛馬の飼葉もここで炊いたと報告している[23]。このような住まいがどの程度分布していたかについてさらに資料を収集する必要があるが、対馬が南西諸島に連なる分棟型の住まいの分布圏であったとみてよかろう。

(二)狭い土間

中山家の事例が示しているように、母屋に設けられるケコミまたはドージと呼ばれる狭い土間が対馬の住まいの特色である。かつて奄美大島の宇検村で調査した大友家旧宅(図7)では、母屋に靴脱ぎのための狭い土間が設けられていたが、宇検村の他の事例では縁側になっていた。縁側を切り取るかたちで土間が設けられており[24]、そ

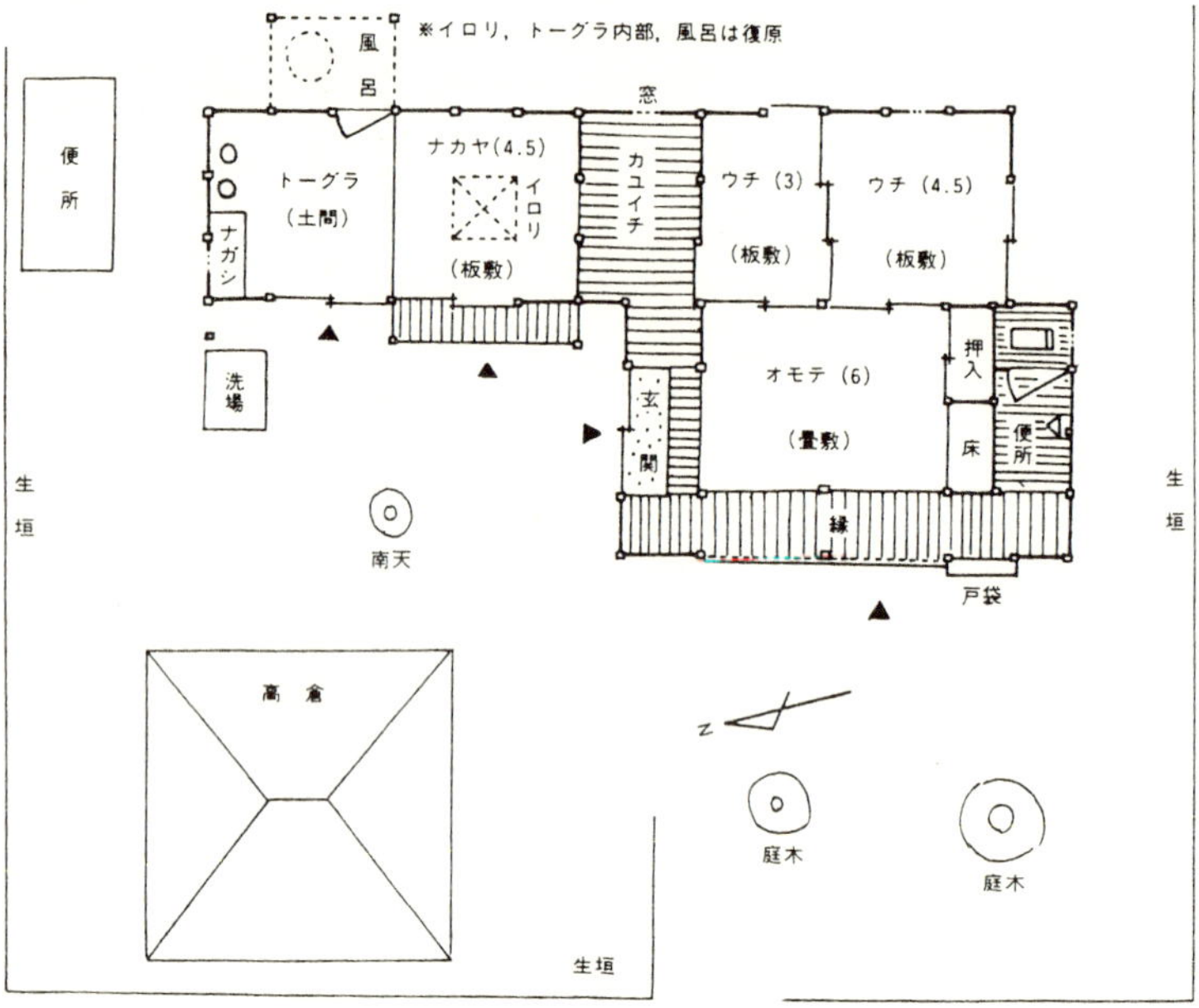

図7　奄美大島　大友家旧宅

れ以前は縁側から直接屋内に入っていたことになる。南西諸島では、近年母屋のオモテ側・シモ側に狭い土間をもつ玄関を付設する住まいが増加してきたようである。対馬の事例も南西諸島との関連の中で理解することができよう。

(三)石塀

第二章で取りあげたが、住まいを石塀で囲む事例が南西諸島から九州・四国・本州西部の太平洋岸と伊豆諸島、及び九州西部から山陰地方にかけて分布している。対馬でも石塀の高さは一・五〜二メートル、高いところでは四メートルを超えるところもある。また厚さは〇・三〜一メートルと多様である。

中山家でも石塀がみられ、野村も指摘しているように[25]、対馬ではかつて石塀で囲む住まいが一般的であったと思われる。風が強いという気候に加えて、豊富な石材や石積み技術の存在などの条件が重なった地域に分布していると考えられる。こ

写真20　対馬の各地にみられる石塀

こでは石塀を南西諸島に連なる文化圏に位置していることを示す要素として理解しておきたい。

(四)間取りと動線

広いダイドコロに注目すると広間型の型式であり、このような住まいは日本列島の中部以北および西日本の山間部の一部に分布している。また張保雄によると、朝鮮半島北部の日本海側にも分布している[26]。

大河直躬は広間型の住まいについて、かつて日本列島に広く分布していたこと、「大きな部屋」は本来仏壇を安置し儀礼を行なう祖先祭祀の場であったと結論づけた。その理由として、儀礼に参加する一族が集まるために広い部屋を要したからとする[27]。建築当初の復元資料に検討を加えた説得力をもつ主張であるが、対馬では祖先祭祀の儀礼を「大きな部屋」ではなくザシキで行なっており、大河の理由をそのまま当てはめることはできない。

南西諸島には広い部屋をもつ住まいの形式はないが、動線からみると対馬の住まいとの共通性が認められる。前出の大友家旧宅（図7）は、客間のオモテと寝室のウチで構成されるシュイン棟、調理場のトーグラと食事・団らんの場のナカヤで構成されるトーグラ棟の二棟が結合した構造をとる。オモテには狭い土間の玄関から出入りしているが、前出のように本来は庭から縁側を経て直接出入りしていたと思われる。トーグラとナカヤの間には建具がなく一体として使用されているが、それぞれに出入り口があり、床上のナカヤには縁側を経て出入りする。さらに寝室であるウチには、これらの出入り口から連結部のカユイチを通って出入りする。日常使用する部屋の動線と、客間の動線は明らかに区別されており、対馬と同様である。

（五）祭祀形態と設備

ここではホタケサンとナンドに祀られたウチノカミを取りあげる。これらの神々は住まいのウラ・オクに「穀霊」・「家の盛衰に関わる神」・「女神」の属性をもつ神霊を祀る点で、中国地方と九州地方北部にかけて分布する納戸神と類似する。たとえば第一節で取りあげた岡山県美作市では昭和の終わりまで、正月にナンドで「歳神」と呼ばれる女神を祀ってきた。歳桶に小餅や干柿、大豆などを入れ、蓋をしたあと鏡餅を載せた。これは穀霊の祭祀と考えられる。祭神が女神であるため、司祭者は男性がつとめた。[28] ちなみにホタケサンも日常は主婦が管理しているが、歳事は男性が世話をするという。しかし、女神は司祭者の性が反映していると考えられ、これらの神々の祭祀はもっぱら女性によって行なわれていたはずである。またホタケサンの供物を将来嫁ぐ娘など家を出て行く者に食べさせないという伝承は、島根県鹿足《かのあし》郡日原村（現津和野町）で報告されている「おかまさま」の伝承と重なる。当地では、「おかまさま」は土間に設けられた竈付近に祀られ、「おかまさまへ供えたものは他所へ出る子には食わせぬもので、嫁や婿に行ってもおかまさまが戻れ戻れといわれる」という。[29] 筆者はホタケサンやウチノカミも、これらの神と通底する観念を基盤にして成立したと考えている。

さて朝鮮半島の住まいと日本列島の住まいに共通点が多いことは、多くの研究者が指摘している。中国と異なり、平面の構成が非対称であること、前出のように広間型の住まいが朝鮮半島の同緯度の地域に分布することなどである。とくに「大きな部屋」の存在に注目する大河は、住まいの中央にある大庁（テチョン）や正庁と呼ばれる部屋に祖先の霊や家の神を祀る点を指摘している。(30) なお板の間である大庁はソウルなどの都市部で多くみられ、庭に面した開放的な空間である。主に客との応接に使用し、夏季の寝室に充てられることもある。

一方、野村孝文は慶尚道安東郡の住まいにみられるマルに注目し、日本の「ひろま」に近いと述べている。マルは板敷の部屋で、家族が日常生活を送るとともに簡単な応接の場になるという。(31) しかし張保雄はこのような機能は大庁にみられるもので、マルの本来の機能は祭祀空間であると指摘する。張は、マルは壺に入れた穀物の貯蔵場で、板敷きであるのはこのためという。そして主要な機能は三ないし四代前までの祖先の位牌を祀る場であるとする。さらにマルには城主壺（ソンジュ）という家宅神が祀られており、最も聖なる場所とみなしている。(32) 城主壺は住まいの守護神で、いろいろな家宅神の最上位にある。壺に精白前の麦を入れて蓋をし、その上に水を入れた容器を置く。朝鮮半島の中部地域では大庁床の梁の上に白紙を貼って稲穂をぶら下げる。祭日は正月と秋夕《チュソク》（陰暦八月一五日）、毎月一日と一五日である。供物は飯・野菜・果物・酒である。(33) この神を祀るのが主婦である点に留意しておきたい。祭祀形態についても穀物を入れた壺は、西日本にみられる米俵や餅を入れた桶をご神体とする歳神と類似しており、両者に共通する観念をうかがうことができる。

さらに筆者はマルがソウルの大庁のように開放された部屋ではなく、ウラ側に位置する閉鎖的な空間である点に注目している。納戸神さらにはホタケサンと結びつく可能性があるからである。

むすび

以上の諸点から対馬の住まいについて、次のように結論づけることができよう。

家族や客の動線からみて、ケコミをクチとし、ザシキやナンドをオクとする二本の線の存在が読み取れる。神々の祭祀や儀礼にともなう人の動きは、これらの線上で展開される。仏壇と盆に来訪する性格の異なる祖先の霊は、盆に仏壇の位牌をミタナに移動することで一体化されることになる。

とくに注目したいのはダイドコロで祀られるホタケサンと呼ばれる女神の祭祀である。住まいのウラ側に祀られた穀霊の性格をもち、しかも女神の性が濃厚に反映している点に、氏神や有名神社の神札を神体とする神棚以前の家の神祭祀のあり方をみることができよう。

また対馬の住まいの外観、部屋の機能・配置からみた空間構成、神々の祭祀形態などの項目のそれぞれは、九州や本州はもちろん、南西諸島、さらには朝鮮半島の地域の住まいとも共通する。今後これらの点についてはさらに詳細な比較検証をしていく必要がある。対馬の住まいの系譜は複数で、まさにこの島が「文化の交差点」であるといえよう。

註

(1)森本孝『舟と港のある風景—日本の漁村あるくみるきく—』一一〇頁　農山漁村文化協会　二〇〇六

(2)関根康正「民家にみる生活空間の変容—対馬・鰐浦において」『環東シナ海文化の基礎構造に関する研究—壱岐・

対馬の実態調査―』五〇頁　一九八二

(3)青山は対馬の住まいを七種に類型化し変遷過程を示しているが、原型の形式をもつ有力給人層では炊事空間をダイドコロから分離する形を取っていたことを指摘している(青山賢信『長崎県の民家(前編)』一五頁　長崎県教育委員会　一九七二)。

(4)美津島町吹崎では向かって右側に衣装や布団などの家財道具、左側に米や麦などの食料を収納している。近年、石葺から瓦葺に変わってきた。なお対馬では「小屋」と呼ばれる収納を目的とした建物を、母屋から離して建てるところが多い。奄美大島の高倉と同様に火事の難を避けるためであるという。南部では椎根でみられる石屋根の小屋、北部では鰐浦の海岸に沿って建てられた新旧の小屋が独特の景観を創出している。

(5)青山賢信は、住まいの規模が規制される中で土間をもつ建物を母屋とは別に造ることで、広いダイドコロが登場したと指摘している(前掲(3)一七～一九頁)。

(6)住まいの中に大きい部屋をもち、そこが地域の会合の場になる事例は各地に分布していたと思われる、たとえば二〇一二年に訪れた東京都西多摩郡檜原村でも、地区の会館ができるまで旧家のザシキと呼ばれる一〇畳程度の部屋が集会所に充てられていた。ただし、家族の食事など日常生活の場ではなかった。

(7)盆踊りの練習は当番の家を宿にして、その家のダイドコロを練習の場にする。椎根では各家の長男のみが参加し、指導役の「師匠」を含めて一二～一三人の規模になる。妻が妊娠中の人や家族に死者が出た場合は、一年間ケガレのために参加できない。八月一三日に川原に作った踊り場で、練習の打ち上げを行なう。盆踊りの本番では氏神にも奉納し、宿のザシキでも踊る。鰐浦では寺の境内が盆踊りの場になる。

なお一九三五年の三品彰英の報告によると、盆踊りは年齢集団ごとに組織され、村の男性は適齢になり組合に加入しないと一人前の扱いを受けなかったという。そして六月から師匠について踊りの練習を始め、一三日の「むかひおどり」、一四日には新仏の家での踊り、一五日は「送りおどり」、一六日は「御地蔵様おどり」が行なわれた。とくに一六日の踊りは若者たちが見物する娘たちから手ぬぐいや前だれを借りて女装し、見物の女性たちに抱きつくなど厳しい禁忌が解けた中で行なわれたが、明治一九年に禁止されたという(三品彰英「盆踊私考―対馬の盆踊の報告に因んで―」(復刻)『旅と伝説』通巻第九一号　岩崎美術社　一九七八)。

(8)松永達「対馬民家の空間構成にみられる聖性について—民家の空間構成と聖性に関する研究—」『民俗建築』第一一一号　日本民俗建築学会　一九九七
(9)台湾のランユー島にも平柱が見られ、地震の際、横揺れに強いという(吉田桂二『日本人の住まいはどこから来たか』二八一頁　鳳山社　一九八六)。
(10)杉本尚次「対馬・壱岐の民家—環東シナ海地域との比較への試み」『環東シナ海文化の基礎構造に関する研究—壱岐・対馬の実態調査—』二一四頁
(11)前掲(2)六八〜六九頁
(12)前掲(2)八三頁
(13)上野和男編『対馬南部村落社会の構造—長崎県下県郡厳原町久根浜—』二七八頁　一九八二
(14)九学会連合対馬共同調査委員会『対馬の自然と文化』三四一頁　古今書院　一九五四
(15)鈴木棠三『対馬の神道』一七五頁　三一書房　一九七二
(16)永留久恵『海神と天神』一四九頁　白水社　一九八八
(17)上県町佐護・湊の天道女体宮に、永亨一二年の銘をもつ腹部に日輪を描いた女神像があるという(前掲(16)一一五頁)。
(18)前掲(15)一七三頁
(19)前掲(14)三四〇頁
(20)『新対馬島誌』六一三頁　新対馬島誌編集委員会　一九六四
(21)前掲(14)三四三頁
(22)小川徹「日本民家の型式とその系譜—研究の回想と再構築—」『駒澤地理』第三号　一九九九
(23)山口麻太郎『日本の民俗・長崎』五五頁　第一法規出版　一九七二
(24)森隆男『住居空間の祭祀と儀礼』一五一頁　岩田書院　一九九六
(25)野村孝文「朝鮮半島の住まい—日本との比較を含めて—」杉本尚次編『日本の住まいの源流—日本基層文化の探求』二九二〜二九三頁　文化出版局　一九八四

(26)張保雄「日韓民家の比較」杉本尚次編『日本の住まいの源流—日本基層文化の探求』三〇七頁　文化出版局　一九八四
(27)大河直躬『住まいの人類学』一〇一頁　平凡社　一九八六
(28)森隆男『住まいの文化論—構造と変容をさぐる』一〇四頁　柊風舎　二〇一二
(29)大庭良美「氏神様と大元さま—石見鹿足郡日原村畑—」『民間伝承』第一〇巻第一号　一九四四
(30)前掲(27)五九頁
(31)前掲(25)二九九頁
(32)前掲(26)三一一頁
(33)萩原秀三郎・崔仁鶴『韓国の民俗』一九五頁　第一法規出版株式会社　一九七四

第四章　集落に伝承されるクチーオクの観念

第一節　神社が創出する集落空間の秩序

はじめに

『常陸国風土記』には、神と人の領域に関わる興味深い説話が収録されている。行方《なめかた》郡の条に記された「八刀神」の説話は、箭括氏麻多智が開墾をすすめているとき、夜刀神が一族を引き連れて現われ妨害をした。そこで麻多智は武器でこれらの神々を打ち殺し、山口に杖を立てて、それより上を神の地、下を人の田にすると宣言した。そこに社を設けて子孫が永く神々を祀ったという(1)。杖は神と人の領域を分ける結界であろう。また久慈郡の条には、天から降りた立速男命が松沢というところに祀られていたが祟りが激しく、近くに住む住民が苦労をしていた。そこで朝廷から派遣された片岡大連が敬神して祈り、高い山の峯に登ってもらったという。その理由に、人の生活から発生する穢れを避けることがあげられている点に注目しておきたい(2)。これらの神々は祟り神の性格をもち、とくに夜刀神は頭に角をもつ蛇神と表現されている。いずれにしても古代の地方村落における神と人の領域が確定していく過程を示す好史料といえる。

『常陸国風土記』の説話のように祟り神ではなくても、神を畏れて人の生活空間から離し、祭祀の場所を山中に設定しているところが多い。わが国では山を神の常在する場所ととらえ、そこから人の住む集落へ神が来訪するとする信仰が存在する。それは各地に残存する民俗儀礼からも確認することができる。先年、宮城県宮崎町

（現加美町柳沢）に伝承されている「焼け八幡」の行事を見学する機会があった。当地では、毎年小正月に集落の背後にある山腹の氏神の境内に御仮屋が建てられ、村人が籠もる。深夜、神に扮した裸体の若者が御仮屋を飛び出し、各家を訪れて家族に酒をすすめ、いろりの墨を顔につけて魔よけのしるしとする。この行事は山中に神の世界を想定し、年頭に集落の人びとを祝福するために訪れる来訪神の姿を具体的に確認しようとするものである。秋田県の男鹿半島に伝承されているナマハゲの習俗にも、同様の観念を認めることができよう。

さて神の常在する場所を山中に設定し人の生活空間である集落との関係を探求した研究が、以下の研究史で紹介するように今まで多く蓄積されている。私も祭祀の場所について、神と人の世界の間に存在する精神的・空間的距離という視点で考えてきた。(3)

神と人の領域に結界を設定している段階では、互いに領域を侵さないためのタブーがあればいい。しかし祭祀の場所を山麓に移し両者の空間的距離が縮まったとき、さらに神への奉仕を通じて精神的距離が縮まったとき、どのような対応がなされたのだろうか。このような問題を設定した研究は少ないようである。

数年前、丹波地方を巡検中に、「墓がない村がある」という情報を得て丹波市青垣町今出地区を訪れた。正確には集落の中に墓地をつくらない村で、山中から山麓に神を迎えて常設の祭祀場所とし、その神を守ってきたと自負する村である。ここでは外部から侵入する悪霊や災いを防ぐ一方、集落内で生じたケガレを排除する仕組みを認めることができた。

山・森と集落で展開される祭祀については長年にわたり研究がすすめられ、その成果が発表されてきた。ただし研究の対象は、概して古代から中世の比較的古い事例にむけられてきた傾向がある。

一　祭場と集落に関する研究史

祭祀の場所（以下本稿では「祭場」と呼ぶ）と集落の関係について論じた研究は多分野にわたる。民俗学の柳田國男は、霊魂がとどまる「山宮」と、氏神である「里宮」の二つの祭祀形態について論じた。両者の間を祖先の霊が往復し、「山の神」と「田の神」の信仰を生んだと指摘し、さらに山宮の信仰が衰退して里宮の祭祀に重点が移ったと述べている。(4)「山の神」と「田の神」の交代論は柳田民俗学の重要な成果の一つとされている。

神道考古学の大場磐雄は、出土遺物から古代の祭場を明らかにして三類型にまとめ、集落と祭場が区別された背景の一つとして「（神が）不浄の多い住居地帯を去り、付近に存する小山がこれに適した」と述べた。遺物が出土した場所と神が常在する場所が必ずしも一致するわけではないが、古代では神が常在する場所と人の生活場所の間に空間上の距離が存在したとしている。(5)

神道美術の景山春樹は古代の祭祀を「原始神道」と名付け、神の世界が美しく茂った林相にあったと考えた。神の常在する場所を山上に求め、そこがオクツイワクラ、そこから神を迎える山麓の場所がナカツイワクラと呼ばれている奈良県の三輪山の事例を検証している。また民俗学の分野で提唱されてきた「山宮」がオクツイワクラ、「里宮」がナカツイワクラに相当し、さらに田の辺まで迎えてきた神を祀る「田宮」を含め、山宮―里宮―田宮の関係で理解できるのが古代祭祀の標準型と指摘した。(6)たとえば春日大社の「春日若宮おん祭」の祭場について、神体山の御蓋（三笠）山を山宮、山麓の若宮社を里宮、御旅所を田宮とした点は卓見である。(7)春日大社が藤原氏の氏神になる前の祭祀や、奈良盆地に残存する頭屋祭祀を考える上でも重要な示唆が与えられる。そして神の常在場所と人の生活空間を把握するうえでわかりやすい論である。(8)ただし折口信夫の影響を受けているためであろうか、「古代」の概念が曖昧である。また宮地直一も山麓での祭祀に注目して、神社の祖型をここに求めている。[9]

神体山にはカムナビ（神奈備）型と浅間型がある。神奈備型は標高一〇〇〇メートル以下の比較的低い山で、人里に近い。また山麓には古社が鎮座していることが多い。その一例が前出の三輪山であり、御蓋山である。ちなみに浅間型の代表は富士山、阿蘇山である。[10] 環境工学の笹谷康之は全国の神奈備山七二か所を抽出し、リスト化して検証した。祭場は山頂、山腹、山麓、山を望む平地の四か所に位置するという。[11] 祭場をさらに細分化している点に留意したい。

宗教学の薗田稔は、神社を集落社会との有機的な連関の中でとらえる研究をすすめた。奈良盆地とその周囲に分布する神社に注目して、山すなわち水源に位置する水分神社、山麓に位置する山口神社、里すなわち生産の場に位置する御県神社が一体になって田植神事や産育信仰に関わっていることを指摘した。[12]

民俗学では、近年比較的身近に立地する森を聖地として把握し、そこに住む神について考察する研究が発表されてきた。なかでも金田久璋は「トビ」「トブサ」などの語彙を使用して、若狭地方の森神に関する研究をすすめている。[13] 徳丸亞木は「森神」を従来の祖先信仰の枠から解放し、山口県下の事例を中心に分析して水神祭祀や穀霊祭祀、地霊祭祀などの観念が複合していると指摘した。[14] また裏直記は南紀地方に残存する森神について近世の地誌を援用しながら、その実態の紹介と意義を論じている。[15]

二〇〇二年には鎮守の森について多様な分野から研究をすすめる「社叢学会」が創立された。「鎮守の森」の保存と活用にむけて多くの研究者が参加している。[16] これは祭場である「鎮守の森」が、空間的に精神的に集落と近い位置にあることを前提に、その意義を問われる存在になったことを示している。鎮守の森は現在学的な課題に関わる研究テーマといえる。

写真１　冬の今出地区の景観

本節では神と人との精神的距離感が景観や習俗の中に今なお伝承されている、兵庫県丹波市青垣町今出地区の事例を取りあげる。

二　今出地区の概要

今出地区は遠阪・和田・徳畑の三集落とともに旧遠坂村を構成し、これらの集落を貫流する川の最上流部に位置する。三方を山に囲まれて、東は朝来市山東町に、北は京都府福知山市に接する。現在、戸数一三、人口四〇人で、過疎化と高齢化が進んでいる。

今出地区に関する歴史資料は少ないが、寛政六年（一七九四）ごろ、古川正路がまとめた『丹波志』[17]が貴重である。同書で利用された「正徳年中」の史料が現地の旧家に残存しており、古川が実際に現地に足を運ぶか、もしくは現地の人々の協力を得て編纂したと考えられるからである。これによると集落の最奥部に鎮座する熊野神社（明治以前は熊野権現社）は、長禄元年（一四五七）に勧請され、当時は現在地より約二キロ

写真２　熊野神社の古跡

メートル奥の山腹に祀られていたという。『丹波志』に「二間四方ノ岩洞」と記す古跡が現存し、地元の人たちによって管理されている。

一一月三日に行なわれる秋季大祭は「裸祭」と呼ばれ、丹波市の無形文化財に指定されている。裸体の男性たちが御幣を奪い合い、それをお守りとする祭礼である。当社の祭礼には旧遠坂村、旧山垣村、旧中佐治村に加えて朝来市の旧柴村の住民が参加する(18)。いずれも氏子で、熊野神社が歴史的に広い祭祀圏をもってきたことを示している。

熊野神社には近世に安達家と宮崎家の二軒の社家があり、うち安達家の子孫は分家を含め四軒が現在も今出地区で暮らしている。本家である安達武夫家には、正徳三年（一七一三）に京都の吉田家から受けた裁許状が残る。前出の「正徳年中」の史料であろう。裸祭には、安達家の当主が裃姿で参加することになっている。また宮崎家は現存していないが、その住まいが社務所になっている。

安達武夫家には、文化一五年（一八一八）に両社家と住民が取り交わした古文書「和談取り替證文之事」が残っている。それによると現在今出地区で管理している稲荷神社は、熊野神社の末社と同様に両社家が祭祀を担当してきたが、寛政五年（一七九三）に社殿を再建した際にその費用を村方が負担したことから、以後初午などの祭礼において参物（賽銭、供物のことか）の支配を分担することが定められた。後出のコト行事の場になる稲荷神社が、熊野神社の支配から村の神社へと変容しつつあることを示している。熊野神社は旧遠坂村などの氏神であるが、今出地区の住民は独自の神社を得たことになる。なおこの文書には二六人が名前を連ね、当時は現在の二倍の家数があったことがわかる。

耕地が少ない今出地区に多くの家が存在していたことについて、安達武夫氏は「ここでは天秤棒があれば暮らせるといわれてきた」という。近世には但馬街道を通じて京都と往来する人々が多く、その際に難所の遠坂峠を利用した。また生野銀山で掘り出された銀も遠坂峠を越えて運び出されたという。今出地区の人は、遠坂峠を越えて運ばれる物資の運搬を担当することで生活を支えてきたと伝承されている。ちなみに峠には当時数軒の茶屋があり、麓の遠坂村には宿屋が軒を並べていた(19)。現在も遠阪地区では宿屋の名称が屋号として残っている。

三　集落の景観と祭祀施設・設備

「墓がない村」といわれている今出地区の景観を、祭祀施設・設備に留意しながら紹介する。

隣接する遠阪地区から遠阪川に沿って道を北に進むと今出地区との境界があり、川の名称も今出川になる。西に大きく曲がると出会い橋に至り、欄干には篠竹が一本結び付けられ、小正月の「お日待ち」に熊野神社から授与された祈禱札が取り付けられている。ただし、この篠竹はかつて遠阪地区との境に杭を打ち、そこに結び付けられていた。出会い橋から少し進むと右手に狭い墓地が二か所ある。うち一か所は卵塔型の墓碑が建っており、

写真３　橋上の祈禱札

写真４　寺墓地。左奥に鳥居

写真５　鳥居。現在は左手に新しい道路が敷設されている。

写真６　７体の地蔵

写真7　鶏足寺

これらは今出地区の檀家寺・鶏足寺の僧侶の墓である。左手の山麓にも墓地があり、いずれも今出地区の住民が葬られてきた。さらに進むと高さ五メートル、幅三メートルの石製の鳥居が建てられており、ここにケガレの侵入を防ぐ結界が設定されていることが視覚的にわかる。また道路に沿って進むと七体の地蔵が並んでいる。うち一体に文政五年（一八二二）の紀年銘が認められる。六地蔵ではなく七体ある理由は不明であるが、遠阪地区など他の集落でも七体の地蔵を祀っている。また徳本上人の供養塔も建てられている。徳本上人は地元では麻疹の神で、赤飯を供えると軽く済むと信じられている。これらの石造物も災いや病気の侵入を防ぐ結界を示しているといえる。

永代橋を渡ると集落の家並みが約二五〇メートル続く。中ほどの川向に、後述するコトノハシを吊り下げた稲荷神社の境内がある。家並みのほぼ最奥に安達本家が位置している。また川を隔てて鶏足寺がある。鶏足寺は現在臨済宗妙心寺派の末寺であるが、かつては熊野神社の別当寺であった。さらに進み宮前橋を渡る

写真８　橋を渡ると右手に入母屋造の社務所

写真９　熊野神社本殿

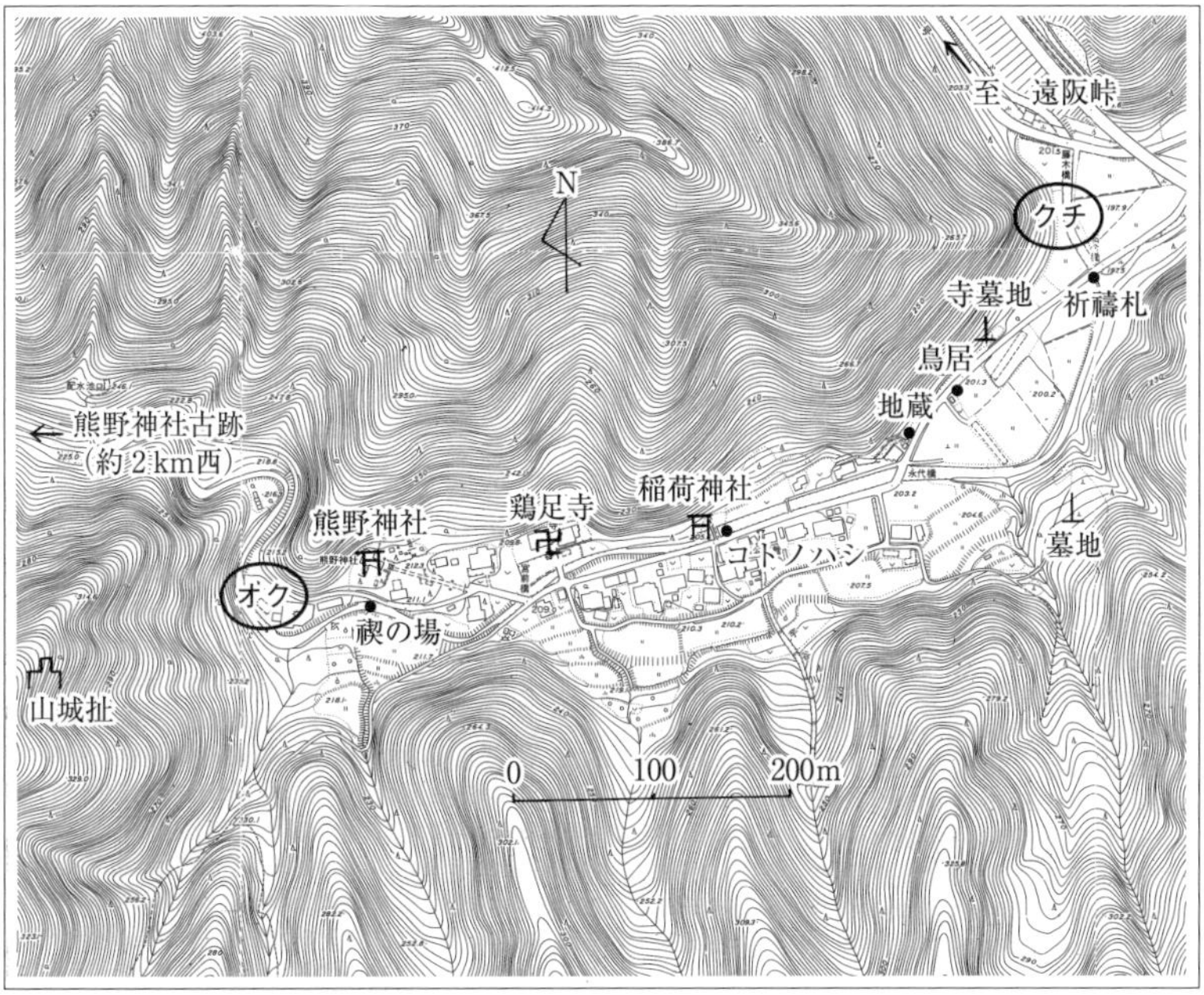

図1　今出地区の祭祀設備、建造物

と社務所前を経て熊野神社の境内に入る。なお明治中期に作成されたと思われる字限図に、社務所と鶏足寺の間に宅地がある。ここには代々熊野神社の巫女をつとめてきた清水家があったと伝承されており、『丹波志』にも「神女ヲ勤ル者在大和ト云」とみえる[20]。

熊野神社の境内は面積約七〇〇坪、そこに檜皮葺流造の本殿と檜皮葺入母屋造りの拝殿、舞殿などの建造物が建てられている。また稲荷神社や琴平神社などの境内末社の祠もある。このように集落の奥に熊野神社とこの神社に深くかかわってきた寺院や家々が配置されていることがわかる。

今出地区の景観を形成する、以上の設備や建造物の位置を示したのが図1である。禊の場は裸祭の際に参加者が身体を浄める川原である。この図から、この集落が外部から訪れる見えない悪霊や災いに対して、三重の防御をしていることが読み取れる。まず熊野神社の祈禱札が使用された、隣村との村境に設けられる仮設の「道切り」の装置がある。次に集落のはずれに設けられた鳥居で、これは熊野神社からみた結界の装置である。『丹波志』にもこの鳥居のことが記載されているので、(21)古くから参詣道上に設けられていたことがわかる。さらに七体の地蔵は集落を守る防御の装置であるとともに、墓地からのケガレを防ぐ役割も果たしていると思われる。村人はもちろん鶏足寺の僧侶の墓についても、結界の外に設けてケガレが避けられてきたといえよう。いずれにしても悪霊や災い、ケガレが道から侵入するとする観念がうかがわれる。とくに遠阪地区との境付近で遠坂峠に至る道が分岐しており、集落のクチでの防御が強く意識されたのであろう。

一方集落の内部に生じたケガレに対しては、コト行事が重要な役割を果たしてきた。

四　ケガレを排出するコト行事

誕生に伴って行なわれる宮参りは一般的には生後の約一か月後とするところが多いが、今出地区では二倍の生後六〇日目に行なうことが慣例である。出産に伴うケガレを完全に祓って、神社の境内に入るためである。ここには集落内を常に清浄に保とうとする強い意識をうかがうことができる。

丹波地方から但馬地方や丹後地方にかけて分布するコト行事が、この地区では集落内のケガレの排除に重要な役割をはたしてきた。

(一)概要

小正月の前日一月一四日(近年は前後の日曜日)に、地区の男性数人が早朝から公民館に集まり、コト行事に関わるツクリモノをつくる。かつては当番の住まいが「宿」になり、作業の場になった。同じ日に別の「宿」では供物のコトノモチを搗く。この餅は、各家から糯米を持ち寄って搗いた後、塩味の餡をまぶしたものである。

ツクリモノの材料はアオキであるが、以前は細工が容易なユリダを使用した。材料の木は、当番が正月前に山から採ってきたものである。平成二七年(二〇一五)は一月一八日に地区の六人がツクリモノ作りを担当した。当日、筆者は公民館を訪れ、ツクリモノを作る作業を見学した。ツクリモノは以下の通りである。

① コトノハシ　二〇本(年によって異なる)　長さ約二五センチメートル。五本を一括りにして束ねる。
② 大あしなか　長さ四七センチメートル、幅三四センチメートル　片足分
③ わら草履　長さ二一センチメートル、幅九センチメートル　片足分
④ テンコロ(小型の槌)　長さ一二センチメートル、幅七センチメートル
⑤ 俵編みの錘　長さ一三センチメートル、幅七センチメートル
⑥ 藁蒂　長さ二一センチメートル、幅八センチメートル
⑦ 藁束　長さ二一センチメートル、径三センチメートル

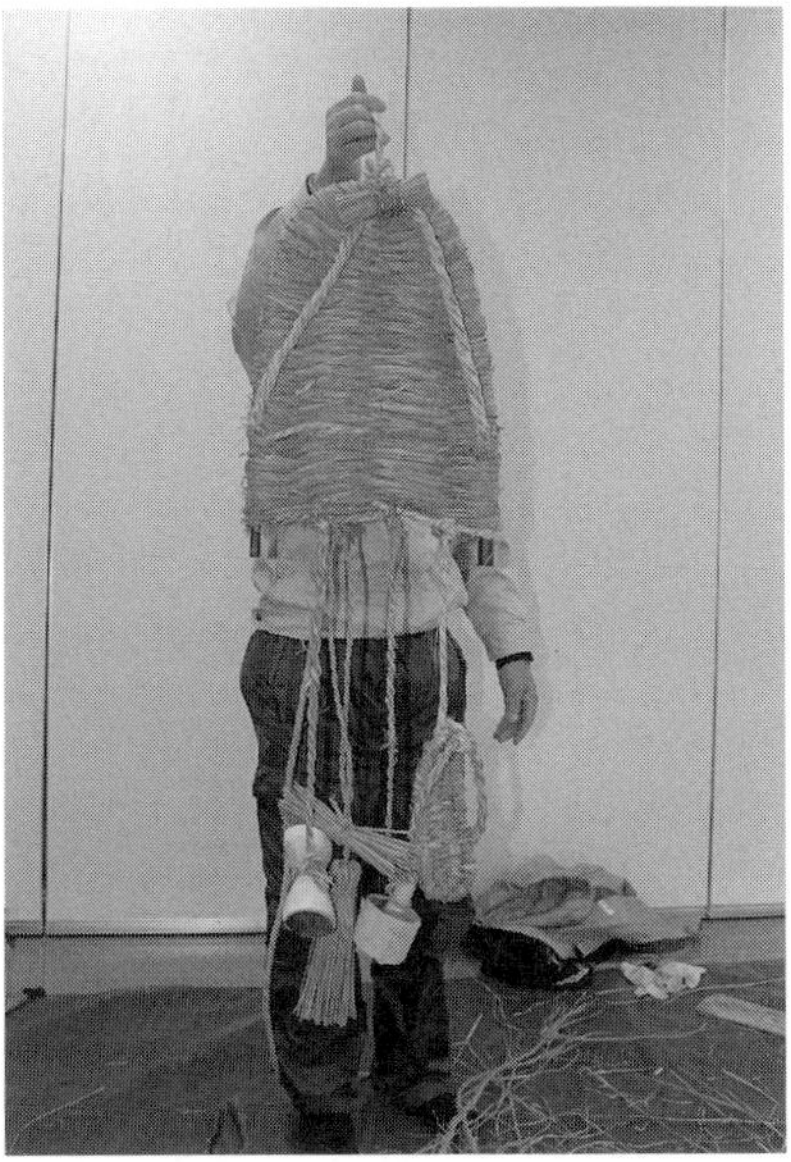
写真10　大あしなか他のツクリモノ

コトノハシは「宿」から届けられたコトノモチに載せて、公民館内に設けられたコトの神の神前に供えられる。その後コトノハシも含め、参加者がこれらのツクリモノを大あしなかに結び付けて、公民館と川を隔てて位置する稲荷神社境内の黒松に吊り下げる。

写真11　川の上にツクリモノを吊るす

(二)考察

コトと称する行事は関東地方以西に分布し、関東地方では、この日に一つ目の妖怪が来訪するのでそれを防ぐ呪術が行なわれる。たとえば「目籠」と呼ぶ竹籠を軒先に掲げたり、グミの木をもやしてその臭気で追い払ったりする習俗が報告されている。それに対し西日本では、悪霊の去来伝承は少ない。ツクリモノとして箸が使用されるコト行事は丹波地方から但馬地方南部、丹後地方だけに分布している。

兵庫県下のコト行事について積極的に資料を収集して分析した西谷勝也は、実用以上の太さをもつ箸は正月の神の依代で、本来は農業神の信仰が、その忌が強いため悪霊退散の呪術をもつ信仰に転化したと考えた[22]。また但馬の南部で見られるコト行事の調査と分析をした大森惠子は片足の草履に留意し、この地方で山の神が片足であると信じられている点から山の神と農業神を祀る「春の祖霊祭」と考えている[23]。

今出地区のコトノハシを見て、この行事について詳細な検討を加えたのが野本寛一である。まず大型のあしなかは、「道切り」と悪霊に対する威嚇の要素をもっていると指摘する。ミニチュアの道具は「神の道具」で、横槌と俵編みは縄を綯って俵を編むという一貫した作業を示しており、予祝としての仕事始めの意味があるとする。藁蒂も炊事場の仕事始めの道具とする。さらに不揃いの藁草履に着目し、片足の来訪神であるコトの神への供物と解釈することも可能であるという。但馬地方に残る大師信仰の中に、一一月二三日に村々を訪れる大師が長旅で足を痛めていると伝承されている事例があるからである。野本はこのような検証を重ねて、コト行事とは共同体の紐帯を強化する餅を搗き、この日訪れた神がこの餅を食べたことを確認する日であったと結論づけた(24)。

以上の諸説はいずれもツクリモノに着目して導かれた解釈である。ツクリモノが多様で、対象となる神や目的に不明の部分が多い。私はツクリモノをめぐる所作、とくにそれらを吊るす場所に着目してみたい。

旧遠坂村の和田地区では村境に地蔵が祀られており、コトノハシはその付近に吊り下げる。朝来郡生野町円山（現朝来市）でも村はずれの木に吊るすように(25)、村境に吊るすところがほとんどである。野本が「道切り」の要素を認めた理由であろう。しかし、今出地区では集落の中央付近にある稲荷神社の境内の木に吊るす。注目したいのは、その木が川の上に迫り出している点で、地元ではコトノハシが早く川に落ちて流れることを望んでいることである(26)。

コト行事のツクリモノは周辺の地域とほぼ同様であるが、今出地区のツクリモノを吊るす場所が異なるのはなぜだろうか。「道切り」の役割は村境の祈禱札に託し、コト行事の目的を集落内に生じたケガレをコトノハシにつけて流すことに置いたためであろう。村人に共有されている神を守ってきたという自負心が、集落内をより清浄に保つことを求めた結果であり、宮参りの習俗も含め、この地方に広く分布するコト行事を独自に変化させたと考えられる。

五　神社の位置が創出する秩序

(一)祭場の位置と集落

熊野神社の神を身近な場所で守ってきたという自負心、それと密接に関わるケガレに対する緊張感を生み出した背景には祭場の変遷がある。山中に祭場が存在した時代の状況を推察する事例が、滋賀県蒲生郡日野町中山に残存している。平成二七年(二〇一五)九月に、当地の「芋くらべ祭」を見学する機会があった。この祭については、坪井洋文によって詳しく報告されている[27]。二つの集落が里芋の長さを競い翌年の豊凶を占う儀礼で、唱え言など中世的な祭りの要素を伝承している国指定の重要無形民俗文化財である。

祭場は集落から離れた野神山の中腹にある。野神山には祭りの時以外は足を踏み入れることがほとんどない。まして女性の立ち入りは厳禁である[28]。祭礼当日、登り口から祭場に至る「ムカデ道」を通って入場する。ムカデ道とは、栗の木の小枝をムカデ型に敷いたもので、祭場が集落とは別の、自然が支配する世界にあることを示していると考えられる。また野神山の麓には三昧(墓地)が設けられている。

氏神の熊野神社の社務所で宮座儀礼を行なった後、東谷と西谷の両集落ごとに山若《やまわか》(一五歳以上の青年)と山子《やまこ》(八歳以上の少年)、カッテ(山若の経験者)の一行が祭場に向かう。祭場は両集落から望む野神山の中腹に開けた平坦地にある。約一〇メートル四方に川原で拾った小石がぎっしり敷き詰められ[29]、中央に比較的大きい「芋石」と小石を埋め込んで祭場を二分する結界がつくられている。この結界の延長線上に塚が築かれ、神木の檜が植えられている。二分された祭場のそれぞれに両集落の神座が設けられる。

写真12　芋くらべ祭の祭場

神座は約三〇センチメートルの高さに小石を積み上げ、四隅に約一・三メートルの木の枝を立てて最上部に簀子を置いたものである。簀子からは小石がひもで吊り下げられており、依代と思われる。この石はカネイシまたはツリイシと呼ばれ、祭が終了すると山子の家の神棚で保管される。

このような祭場で古風な儀礼が進められる。神饌は餅やササゲ豆、米粉で作ったブト、芋の茎で作ったセンバ、糯米の粉を練って鯉の木型に入れた「御鯉《おり》」である。御鯉は生きた鯉の代わりに供えられるのであろう。神饌は神座の簀子に放り投げるように置かれる。酒宴や山子による「神の相撲」などが行なわれ、いよいよ両集落から持ち込まれた芋の長さを測る儀礼が行なわれる。酔いのまわった山若たちが神懸かったような所作を繰り返しながら何度も測り直し、ようやく決着がつく。東谷の芋が長ければ雨が多く豊作、西谷の芋が長ければ雨が少なく豊作という。これは東谷の耕地が乾燥気味で、西谷の耕地が湿地であることによる。芋を交換した後、一行は下山して集会所で宮座の長老に結果を報告する。

芋くらべ祭りは、祭場を神の常在する山中に設定し、そこで神饌を供えて神の意思を確認する古い祭祀形態を伝承している点で貴重である。今出の事例も山中に祭場があった当時は、そこに出かけて祭祀が行われていたはずである。そして集落と山中の祭場の間に、「ムカデ道」のような結界が設定されていた可能性がある。その代わりに集落内にはケガレに対する装置は不要であったと考えられる。中世後期に祭場を山麓に移し、神の存在が生活空間に取り込まれることで、前述のような厳重な結界の装置と、ケガレを集落外に排除する習俗が必要になった。祭場の移動が集落に新しい秩序を創出させ、習俗にも影響を与えている点は注目すべきであろう。

(二)住まいの配置と間取り

今出地区の住まいは、集落入口の鳥居から熊野神社境内の鳥居までの間に建てられており、無人の家も含めて川の右岸に一一軒、左岸に五軒ある。左岸の五軒のうち二軒は社務所と鶏足寺である。また巫女の住まいであった清水家も左岸にあった。川が神の領域と人の領域を分ける役割を果たしているといえよう(30)。

清水家の分家が、集落の中央付近及び出入り口付近に二軒残っている。また安達武夫家の分家も中央付近にあり、いずれも分家は本家の位置から下流すなわち熊野神社から遠ざかる位置に建てたようである。ここには熊野神社の位置をカミすなわち上位とする意識がみられる。

また道の南側に沿って家並が形成されているため、ほとんどの住まいが北面することになる。また鶏足寺を除く現存する住まい一五軒のうち一二軒が、左勝手すなわち西側に客間である座敷を配している。住まいの西側は熊野神社の方向で、ここにも熊野神社の位置をカミとする意識をみることができよう。

図2は昭和二五年当時の安達武夫家の間取りで、前述のようにかつて熊野神社の社家をつとめたこともあり、

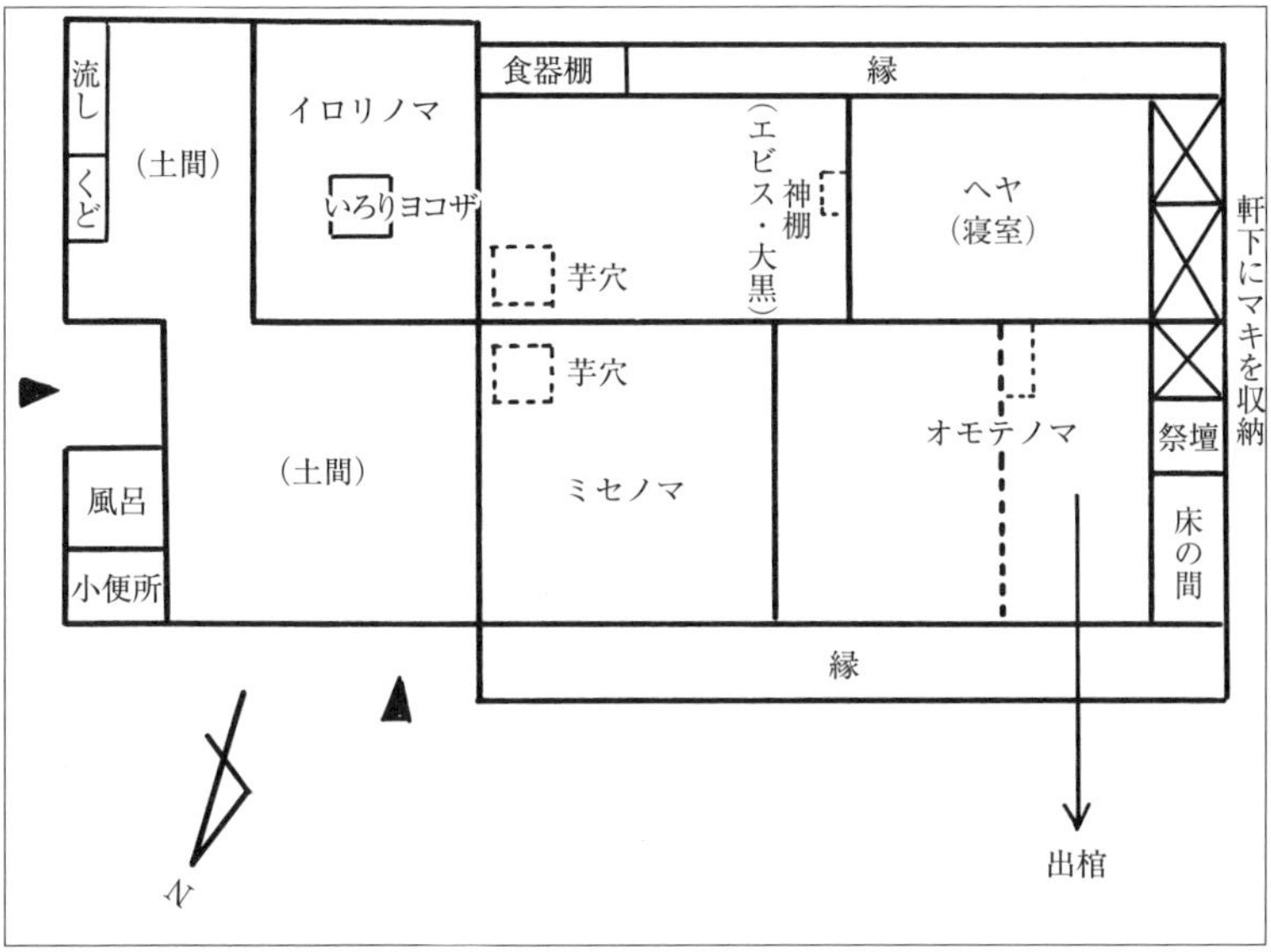

図２　安達武夫家（1950年当時）

間口約八間の比較的規模が大きい住まいである。元神職であったため神祀りのための部屋が設けられている点が他の家と異なる。祭壇を安置するこの部屋には、かつて女性の入室が禁じられていたという。下手側の六畳間と合わせてオモテノマと呼ばれている。これらの二室のみが棹縁天井で、格式の高い部屋と意識されている。葬儀の際に棺が安置されるのは、神祀りの部屋である。六畳と八畳の部屋の建具が外され、葬儀が執行される。棺は縁側を経て直接庭に出される。庭で、死者が生前に使用していた茶碗を割り、藁火を燃やして野辺送りとなる。オモテ側に八畳の部屋ミセノマが続き、土間になる。ミセノマの呼称は、旧遠坂村がかつて宿場であったことと関係があろう。正式な客は玄関から土間に入り、ミセノマ、オモテノマと進んで、床柱を背にして座ることになる。ウラ側には家族が食事を取り団らんの時間を過ごす七・五畳の部屋があるが、部屋の呼称は伝承されていない。その奥にはヘヤと呼ばれる六畳の寝室が配されている。これらの部屋の境には、エビスと荒神を祀る神棚が設置されていた。いろりを切った部屋はイロリノマと呼

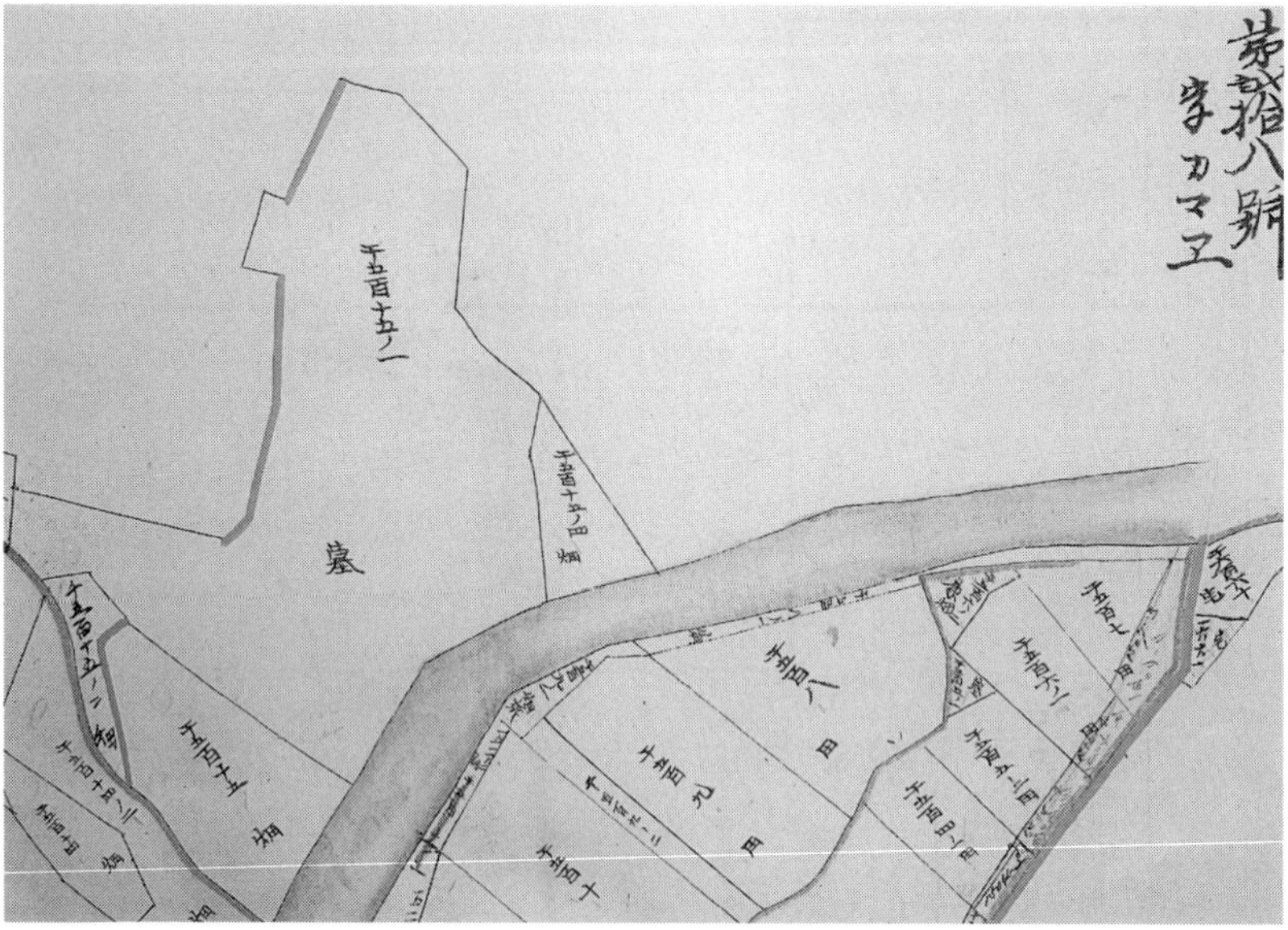
写真13　字限図にみえるカマエ

ばれる。風呂と小便所は東側の土間の隅に、流しやクドはウラ側の土間に設けられている。大便所は母屋の東側に独立して建てられていた。

いろりの周囲の座で、基準になるのがヨコザである。一般的には出入り口を見通す位置がヨコザであるが、当家では神祀りの部屋がある方向にヨコザが配されている。

以上のように集落空間における各住まいの配置だけでなく、住まいの内部空間においても熊野神社が位置する西側を上位とする観念が認められる[31]。

(三)クチーオクの秩序

前出の村境にある鳥居について、『丹波志』に「鳥居ハ四丁斗口ニ在」とある[32]。鳥居の位置が「口」と表記され、ここには「奥」の記述はないが「奥」に熊野神社が鎮座していることが前提になっている。さらに地区の住民にとって中世までの鎮座地であった「岩洞」の古跡は、「最奥」を意識させる場であるという。

また明治の字限図に「カマエ」と称する地名が記載

されている。カマエは祈禱札を立てる出会い橋から寺墓地、鳥居、地蔵を経て集落の入り口に当たる永代橋に至る範囲を指す。また川を隔てて墓地に面している。安達武夫氏は「カマエグチ」の地名も存在しているという。中世の末まで集落の奥の山に山城が築かれ、安達氏の先祖が城主であった。カマエは城を守る防御施設が存在した場所であったと考えられる。豊臣秀長の丹波攻めで落城し[33]、城主がカマエグチで切腹したと伝承されている。

このように古くから、集落にクチ─オクの空間認識が存在している。今出地区の集落空間にはクチに悪霊や災い、敵を防ぐ施設や設備を設け、オクに熊野神社や山城を配する構造が認められる。

熊野神社の本殿には、天文二四年(一五五五)の銘をもつ屋根替えの際の棟札が残っている。本願に「足立彦助政秀」と「山覚院今出太郎太夫」の名前が記されている[34]。足立彦助政秀は安達氏の先祖、山覚院今出太郎太夫は熊野神社の別当であろう。いずれにしても熊野神社が中世後期に山中から山麓に遷座し[35]、重厚な社殿が建築されることによって、クチ─オクの秩序が視覚的にも明確に意識されるようになったといえよう。

むすび

本節で取りあげた今出地区の場合、山中にかつての祭祀の痕跡が保存されているものの、村人にとって神が常在するのは山麓の熊野神社である。その神に奉仕することを自負してきた村人は、他の集落とは異なる景観を創出した。墓地のない景観もその一つである。集落内にケガレや災いの侵入を防ぐ結界の設備を複数設け、さらに集落内に生じたケガレを外に排出する習俗もつくり出した。このような景観や習俗が古体を残すものと考えがちであるが、比較的新しく中世後期以降の所産であることを指摘しておきたい。そしてこのような景観や習俗を生み出す基礎になっているのは古くから存在したクチ─オクの秩序であり、とくにオクに神の存在を意識する観念であった。

註

(1)『風土記』日本古典文学大系2　五五頁　岩波書店　一九五八
(2)前掲(1)八五～八七頁
(3)森隆男『住まいの文化論』一三六～一三九頁　柊風舎　二〇一二
(4)柳田國男「山宮考」『定本柳田國男集』第一一巻　筑摩書房　一九六三
(5)大場磐『祭祀遺蹟—神道考古学の基礎的研究』一九頁　角川書店　一九七〇
(6)景山春樹『神体山』新装版一九〇～一九四頁　学生社　二〇〇一
(7)前掲(6)二〇六頁
(8)なお、山宮—里宮—田宮に対して、海辺の集落には沖宮—里宮—浜宮の構造が存在する(薗田稔編『神道—日本の民族宗教—』二七三頁　弘文堂　一九八八)。浜宮については、国東半島周辺の浜宮の実態を分析した黒田一充の研究がある(黒田一充『祭祀空間の伝統と機能』二九一～三二一頁　清文堂　二〇〇四)。
(9)宮地直一「山岳信仰の神社」『山岳宗教の成立と展開』一一七～一一八頁　名著出版社　一九七五
(10)三宅和朗『古代の神社と祭り』三〇～三三頁　吉川弘文館　二〇〇一
(11)笹谷康之ほか「神奈備山の景観構成」『第七回日本土木史研究発表会論文集』一九八七
(12)薗田稔「祭り—原空間の民俗」『暦と祭事—日本人の季節感覚—』日本民俗文化大系第九巻　二九七～三一〇頁　小学館　一九八四
(13)金田久璋『森の神々と民俗』白水社　一九九八
(14)徳丸亞木『「森神信仰」の歴史民俗学的研究』東京堂出版　二〇〇二
(15)裏直記「南紀地方における森神信仰と聖地—特に里神・地主神・矢倉神信仰とその構造について—」『日本文化史

研究』第四六号　二〇一五
(16)上田正昭編『探究「鎮守の森」—社叢学への招待—』平凡社　二〇〇四
(17)『丹波志』三七二頁　名著出版　一九七四
(18)『青垣町誌』六四三頁　青垣町　一九七五
(19)前掲(18)六五四頁
(20)前掲(17)三七二頁
(21)前掲(17)三七二頁
(22)西谷勝也『季節の神々』一六一頁　慶友社　一九九〇
(23)大森惠子『年中行事と民俗芸能　但馬民俗誌』一一一頁　岩田書院　一九九八
(24)『青垣町・稲土の民俗』　近畿大学文芸学部文化学科民俗学研究室　二〇〇三
(25)和田邦平『日本の民俗・兵庫』二五〇〜二五一頁　第一法規出版　一九七五
(26)コトノハシが早く落ちることを望むところは多く、たとえば神崎郡大河内町(現神河町)長谷字川上ではコト行事は二月一日に行なわれ、当日の午前中に小豆飯を炊いてコトノハシを添えて祭りを行なうが、午後女性たちが集まりコトノハシを編んで川の傍に立っている柿の木に吊るす。このコトノハシに子供たちが石を投げて落としてしまう。早く落とす方がいいという(前掲(22)一五二頁)。
(27)坪井洋文「芋くらべ祭—滋賀県蒲生郡日野町中山—」『国立歴史民俗博物館研究報告　第一五集』国立歴史民俗博物館　一九八七
(28)前掲(27)
(29)川原の小石を敷き詰めて聖域とする例は、奈良盆地に分布する頭屋儀礼でもみることができる。たとえば桜井市倉橋では川から拾い上げた玉砂利を一面に敷き詰め、その中央に御仮屋を建てる。御仮屋の中心には依代の栗の枝を立てる(辻本好孝『和州祭礼記』三一八頁　天理時報社　一九四四)。
(30)筆者は山中と山麓、集落を結ぶ線で神の来訪が意識され、さらに山麓と集落の間に聖地を設定した奈良市都祁白石の事例を紹介したことがある。この集落のはずれにそびえる野々神岳は、標高五五〇メートルの雄神山と標高五三一メートルの雌神山の二つの峰で構成されている。その山中に磐座があり、山麓には社殿をもたない雄神神社がある。雄神神社と集落内の国津神社の間には四か所の叢林があり、神が来訪する際に休憩する場であるためヤスンバと呼ばれている。また野々神岳と集落の間には深江川が流れて空間を分けており、野々神岳側の区域は神の領域として、かつては人が住むことを遠慮したという。ここにも山側を聖、里側を俗とする意識が認められる。山中から山麓、ヤスンバを経て氏神に神を迎える観念が明確な視覚的装置によって表されている点が興味深い。また川が神と人の領域の境界になっている点に注目しておきたい。神が訪れるルートに並行して道がつくられており、深江川と交差する所に「伏人橋」が架けられている。雄神山で不敬な行為をした男が、その橋のところまで来ると雄神山の蛇が先回りをして待ち伏せており、その男を殺したという伝説があり、この橋の名があるという。蛇は野々神岳の主の大蛇であった。

白石の事例は神が山中に常在し、山麓の神社は山を遥拝する場である。秋の例祭に神を迎えて供物を供え饗応する。祭場になる氏神は本殿をはじめ社殿が整備されているが、信仰上は御旅所としての機能をもつ祭祀の場であるといえる。この事例では山麓の雄神神社の建立は新しく、神が常在する山中の磐座を基準にした三輪山型の古い祭祀が行われている(森隆男「神が訪れる道―奈良市都祁のヤスンバ―」『阡陵』五三号　関西大学博物館　二〇〇六　後に森隆男『住まいの文化論』柊風舎　二〇一二に収録)。

(31)南西諸島では多くの場合、東を上位、西を下位とする観念が存在する。これは八重山地方の小浜島におけるヒンプンの位置と機能について考察した際にもみることができた。多くの住まいは南面し、神々や上客の来訪は屋敷の入り口付近に設けられたヒンプンの東側を、日常的にはヒンプンの西側を通って住まいに出入りする(森隆男「住まいの変容と伝統儀礼―沖縄県小浜島のヒンプンを中心に―」『東西学術研究所紀要』第四四輯　二〇一一　後に森隆男『住まいの文化論』柊風舎　二〇一二に収録)。

(32)前掲(17)三七二頁

(33)天正の丹波攻めで、遠坂城の足立右近光永が善戦したという(前掲(18)六五一頁)。

(34)『兵庫県神社史』　九四九頁　臨川書店　一九八〇

(35)伏見稲荷大社も中世に山中から山麓へ遷座が行なわれた事例である。『山城国風土記』逸文に見える「稲荷神話」

は、秦伊呂具が餅を的に矢を射たところ白鳥になって飛翔し、稲荷山の峯に降りたので行ってみると、そこに稲が生えていたので社名にしたとする。これは古代には山頂が神の顕現する場であったことを示している。その後、山の中腹に塚が築かれ聖地になっていくとともに、修験者たちの修行の場にもなった。そして室町時代に山麓に遷座されて現在に至る。祭場が山頂から山腹、山麓へと移動していく様子がうかがえる。

第二節　漁村集落と住まいにみるクチーオク

はじめに

漁村の変貌が著しい。古い漁村の景観は、狭い道路の両側に小規模の住まいが並ぶものであった。現在は海岸を埋め立てて広い道路を建設し、住まいも豪華になった。

筆者が一九八六年に調査をした三重県尾鷲《おわせ》市須賀利は、当時狭い集落に小規模な住まいが密集する、典型的な漁村の形態が残存していた。昭和六〇年（一九八五）現在の戸数は二七八、人口は八四九人である。集落を貫く主要道路のホンドオリに注目してそれが住まいに欠落した接客機能を補完し、結果として漁村集落が合理的な構造を形成していることを論じたことがある。(1) 本節では須賀利の集落と住まいについて、発表当時留意しなかったクチーオクの視点から再検証する。

一　須賀利の歴史

須賀利は熊野灘に沿ったリアス式海岸の湾の奥に位置し、平地はほとんど見られない。一九八二年に隣の紀北町を経由する県道が開通するまで、他の集落に出かけるためにはほぼ海路だけが頼りという「陸の孤島」であっ

写真14　須賀利の集落

た。耕地に恵まれないため、専ら漁業を生業として暮らしてきた。米や野菜、衣料などの生活品の多くは尾鷲の町から船で供給されてきた。

文献上の初見は比較的古く、中世には伊勢神宮の御厨として海産物を奉納していた。近世は浅野氏の領地になり、元和五年（一六一九）以後は紀伊徳川家の尾鷲組に所属した。安永年間（一七七二〜一七八一）には地下網を保有してボラを獲っていたようであるが[2]、近世後期にはマグロを捕獲するシビアミが地元民の芝田氏によって発明された。天保一一年（一八四〇）には約三万匹のマグロを捕獲したこともあり、マグロの供養塔が寺の境内に残っている。また須賀利湾が南の方向に開けて外界の高波を直接受けることがない上に、溺れ谷の地形により水深に恵まれていたことから、上方と江戸を結ぶ航路の風待ち港としても繁栄した。近代以後は漁業の繁栄と衰退を繰り返しながら、ハマチの養殖に活路を求め現在に至っている。

なお須賀利には近世から近代にかけて作成された浦方文書約五万点が残されており、県指定文化財として

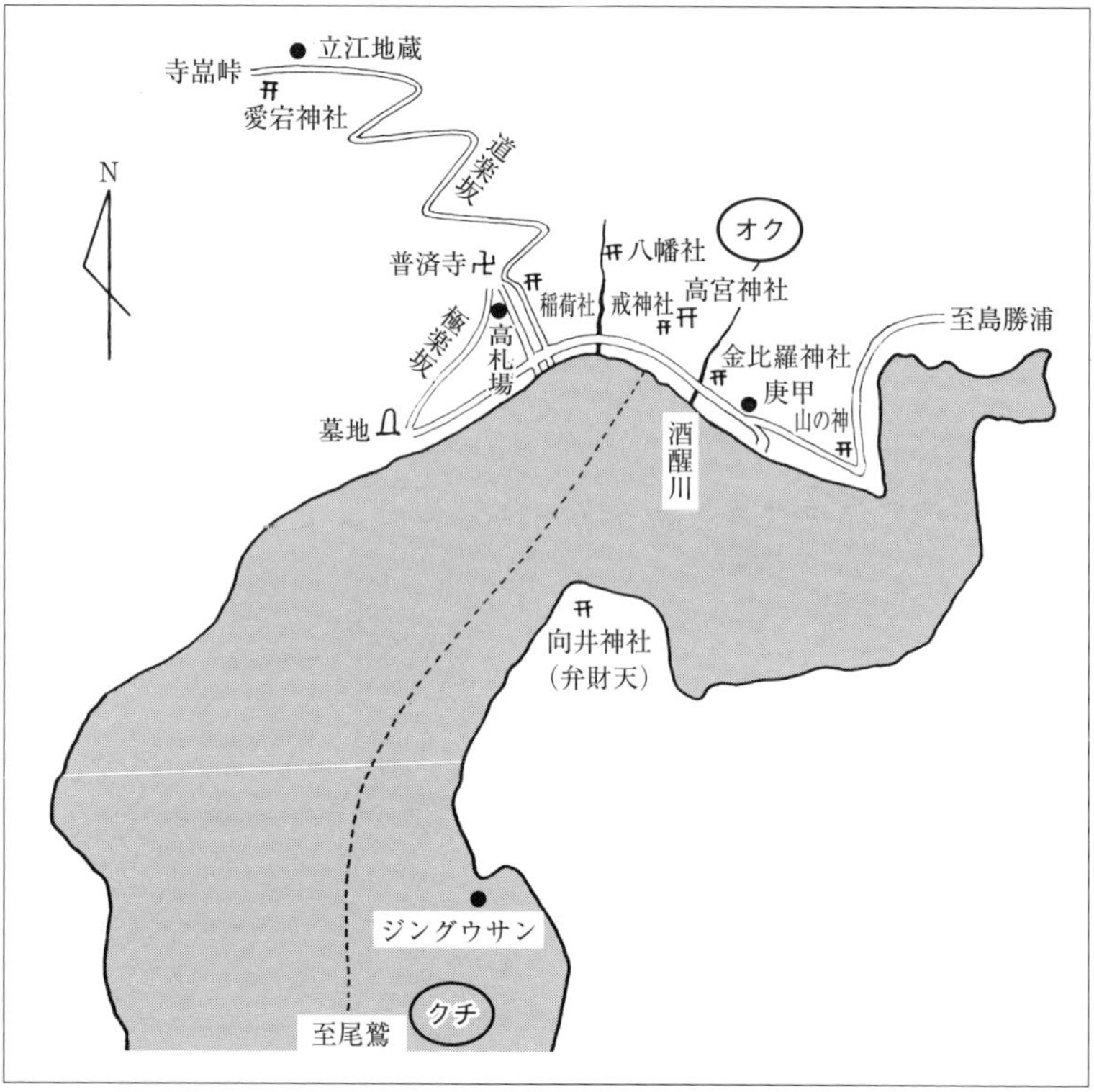

図３　明治初期の須賀利概略図

公的機関で保管されている。

二　湾内と一体になった集落の空間認識

前記の文書のほかに、明治に作成された地籍図や図面が残されており、当時の集落の状況を把握することが可能である。図３は明治一〇年（一八七七）ごろの道路と祭祀施設を示したものである。外部に通じるルートは三本あり、このうち島勝浦に通じる道は陸路であるが、険しい峠を越えるものであった。寺嵓峠を越えるルートは山麓で船に乗り換えて対岸の引本浦に至る。前者では集落との境界に庚申が祀られており、山の神を祀っている場所は「神の領地」として子供たちがそこで遊ぶことはタブーであった。後者で

写真15　集落の中心・高宮神社付近

は同様に地蔵が祀られて、村内と意識されている空間を把握することができる。一方、主要なルートである尾鷲と結ぶ海路についてはどのように境界が理解されているのであろうか。

船着き場から沖に向かって約八〇〇メートル進んだところの海底に、ジングウサンと呼ばれる聖地がある。漁民は日々の漁でそこを通るとき鉢巻を取って敬意を表し、漁からの帰りには獲った魚を一匹投げるという。また子供が初めて船に乗った時は賽銭を投げ、新造船の船おろしの際には神酒を注ぐ。このような聖地は竜神信仰の系譜につながるもので、志摩から熊野灘にかけて立地する漁村に多くみられる(3)。住民は尾鷲から船で帰るとき、ジングウサンのところまで来ると須賀利に帰ってきたことを実感するという。これらの情報からジングウサンが祀られているところが、海上に設定された見えない村境とみることができる。実際の集落は東西約四〇〇メートル、南北約一五〇メートルであるが、観念的には湾内と一体になって南北に一キロメートル近く広がりをもっているといえよう。

尾鷲と結ぶ海路が外部を結ぶ事実上のルートであることから、ジングウサンを祀る場所が須賀利の人にとって観念的なクチといえる。それに対し、航路からみて船着き場の延長線上の高台に鎮座する高宮神社がオクに相当する。高宮神社は須賀利の氏神で、正月などの年中行事やお宮参りなどの通過儀礼で重要な役割をはたしてきた。境内には漁業神の戎神社が祀られている。集落のほぼ中心の高台に祀られている高宮神社であるが、入江の奥で集落を守る神として信仰を集めてきたのである。

三　ホンドオリが創出するもう一つのクチ－オク

現在、船着き場は狭い集落にあって比較的広い空間が確保され、広場に加えて魚市場や漁業組合などの施設が建てられている。この広場ではかつて応召兵の見送りや戦死者の出迎えが行なわれ、村の玄関口の機能をもつ。また盆踊りの場にもなり、経済や娯楽の中心的な空間である。この広場から東西方向にそれぞれホンドオリと呼ばれる主要道路が約二〇〇メートル延びている。

ホンドオリは主要道路ではあるが、幅約二～三メートルと狭い。現在は海岸に沿って新設された広い道路が、車による物資の運搬道路の役割を担っている。ホンドオリからさらに狭い道が網目状につくられ、その間に住まいが建てられている。初めて訪れた人には迷路であるが、住民の頭の中にはこれらの道がしっかり記憶され、最短距離を縫うように移動する。

このホンドオリの存在が顕在化するのが、年中行事や通過儀礼のハレの日である。ハレの日に通るそれぞれの家と目的地を結ぶルートが決定しているのである。それは必ずしも最短距離ではなく、遠回りをする場合も多い。このルート上に必ずホンドオリが含まれている。婚礼の嫁入り行列がホンドオリを通ることで披露の場にな

写真16　狭いホンドオリ

り、葬列はホンドオリを通って墓地に向かうことで住民の見送りを受ける場になる。筆者は接客空間が乏しい漁民の住まいでは、ホンドオリがそれを補う役目を果たしていると指摘した。

　さてホンドオリが重要な役割を果たす機会として着目したいのは、戎祭の際にダンジリが練り込むルートである。戎神社の例祭は、遠洋漁業に従事している漁師が村に帰ってくる二月に行なわれる。集落の西端に立地する小学校から戎神社前までのホンドオリ約二〇〇メートルを三時間かけて、ダンジリを引き回す。途中船主の家の前や辻々でダンジリの進行を止めて祝儀を受ける。その際には「大漁」や「家業繁栄」の口上とともに、ダンジリの上で三番叟が演じられる。三番叟の踊り手は漁師の子供である。終点の戎神社前の広場には特設舞台が設けられ、若者たちが歌舞伎を演じた。それでは起点となる小学校にはどのような意味が込められているのであろうか。

　小学校は村の共同納屋を利用して明治八年（一八七五）に開校した。その後敷地の拡大と校舎の新改築を経て現在に至っている。祭礼の際に本社から御旅所に神輿の渡御が行なわれ、その御旅所は神が最初にあらわれた場所であるとする事例が多い。須賀利の場合はそのような伝承を確認することができなかったが、小学校の付近が住民には特別な場所と意識されている。ホンドオリの東の端は島勝浦に続く場所であるが、西の端は行き止まりで非日常の空間である墓地が設けられているからである。そして船着き場より東側を「陽」、西側を「陰」とするイメージが共有され、その理由は西側に寺や墓地が立地するからであるという。墓地付近を祭礼行列の起点に設定する観念は、一般的に考えると不自然である。しかし死のケガレを負としない逆の思考をする漁民にあっては、自然であったと考えられる。

ここには船着き場をクチとし、小学校の所在地や墓地をオクとする、ホンドオリが創出したもう一つの秩序が存在している。

四　住まいとくらし

須賀利は一軒当たりの敷地が狭いため、敷地いっぱいに小規模の平屋の住まいが建てられている。明治初期の「地価取調帳」によると、宅地の平均は三三坪である。(4) 付属建築物はウラ側に便所がある程度で、蔵をもつ家はほとんどない。風呂も一九六〇年代までは銭湯を利用したという。なお屋根は明治三三年（一九〇〇）ごろの写真をみると瓦葺である。これは密集した住まいを火事から守るためであろうか。

事例1　漁家S家（図4）

当時、すでに漁民特有の住まいはほとんど姿を消していたが、明治一五年（一八八二）に建築されたと伝承されている住まいが残っていた。S家は古老たちも認める典型的な漁民の住まいで、約三〇坪の敷地に建てられている。正面に深い庇が設けられており、それを支えるために三本の独立柱がみられる。庇の下は網の繕いなどの作業場である。

屋内をみておこう。ニワガと呼ばれる一坪の土間が出入り口で、壁に漁具を収納する棚が設置されており、反対側にはイモツボが掘られて芋の保管場所になっている。ダイドコロは家族の食事・団らんのために使用された。ここにはエビスを祀る神棚が設置されている。カッテも土間で、竈と流しを備えた調理場である。竈付近には荒神が祀られている。ヘヤは寝室である。ザシキも若者の寝室で、床の間などの装飾的な要素は見当たらない。

このように漁家には接客を想定した部屋はつくられておらず、家族の日常生活を送るための住まいといえる。

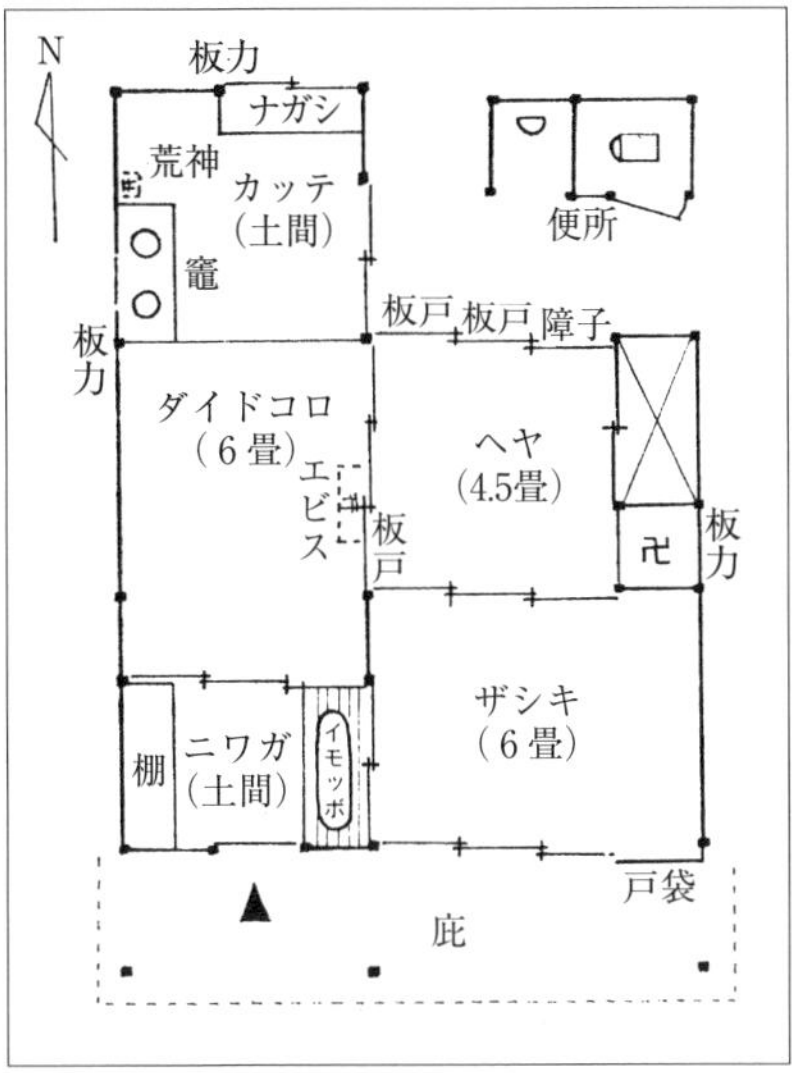

図4　漁家・S家

当家で葬儀が行われるときは、棺をザシキに置き、家族と一部の親族に僧侶を加えて簡単に経をあげ、前出のように葬列がホンドオリを通行することで住民との別れが行なわれた。

当家では出入り口のニワガがクチに相当し、カッテと便所がオクに相当することになるが、クチ—オクの感覚は乏しかったと思われる。

事例2　商家芝田家（図5）

芝田家はホンドオリに面して、船着き場にも近いとい

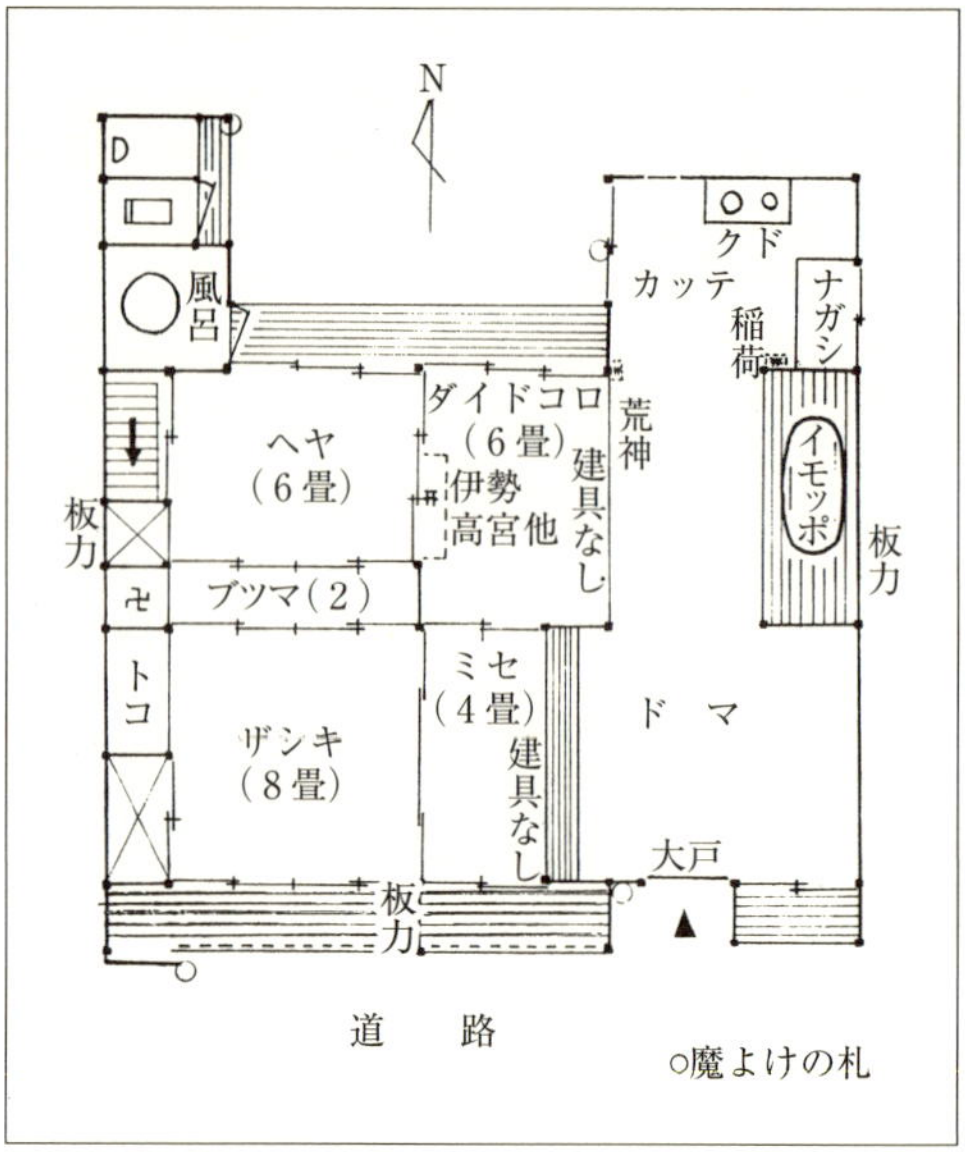

図５　商家・芝田家

う、商家として恵まれた立地条件をもつ。文久年間に分家して酒屋と質屋を営み、建て直しや火事の伝承もないので建築年代も当時まで遡る可能性がある。間口六間、奥行き六間半の母屋は、須賀利では大規模な建築物である。

オモテ側からウラ側へ比較的広い通り土間があり、オモテ側の土間は商品の置き場と客への対応に充てられた。ウラ側に調理場が配されているのは他地域の商家と共通する。S家と同様土間にイモツボが設けられているのは、食糧事情への不安からであろう。カッテとダイドコロの境には荒神、ナガシの横には稲荷の小祠がみられる。ミセの縁側には折り畳み式の床几が付設されており、ミセとともに商品の陳列スペースに充てられた。装飾的な床柱がある八畳の座敷は、上客の対応と儀礼の場になる。床の間の横には押入れもあり、家族や客の寝室にもなった。ザシキとヘヤの間には二畳のブツマが配されているが、構造からみてヘヤから独立したものである。座敷の縁側は、出棺などの非日常の出入り口に使用される。ダイドコロは家族の食事とだんらんの場である。ここには伊勢神宮と氏神の高宮神社などの神札を納めた神棚が設けられている。ヘヤは家族の寝室である。

さて風呂と便所が土間ではなく、ウラ側の縁側に続いて設けられていることに留意したい。床上に配置されているが、客用ではなく家族が使用する施設である。これは奥行きのスペースが確保できない敷地の条件によるものであろう。また通り土間の奥に商品を収納する土蔵や茶室などの数寄の空間を設けることもなかった。芝田家はオモテ側を接客空間、ウラ側を日常生活空間とする明確な区分が認められる。

むすび

漁村集落は狭い土地に住まいが密集して、不規則な道路が迷路のように走っているという印象を受けることが多い。しかし須賀利では実際の集落に加えて前の海を村の空間に含めて、明確なクチ―オクの秩序が共有されていることがわかる。さらに実際の集落の中にも道路を通してクチ―オクの秩序があり、それが顕在化するのが祭礼などの非日常の日であった。一方、それぞれの住まいの多くは接客機能をもたず、主要な道路であるホンドオリがそれを補完している。その理由として敷地が狭いことがあげられよう。また間口が狭くても奥行きのある「短冊形」の敷地がみられず、前記のようにオクに収蔵や数寄の空間をもつこともなかったようである。

漁民の住まいについては、敷地の条件と接客機能の欠落が空間的に、そして精神的にオクへの広がりをもたなかったといえる。その結果、住まいにはクチ―オクの秩序が発達しなかったと考えられる。なお住まいに対する関心が漁民には薄かったかというと、必ずしもそうではない。明治前期の地図をもとに分析すると一〇～二〇年の間に三分の一に当たる宅地に所有者の変更がみられ(5)、収入の増加があれば条件のいい場所に住まいを求めていたと考えられるからである。

註

（1）森隆男「集落空間にみる漁民の住居―尾鷲市須賀利を例に―」横田健一・上井久義編『紀伊半島の文化史的研究』民俗編　関西大学　一九八八（後に森隆男『住居空間の祭祀と儀礼』岩田書院　一九九六に所収）
（2）『尾鷲市史』上巻二八一頁　一九六九
（3）野村史隆「カツオ一本釣漁法と漁具」『海と人間』第九号　一九八二
（4）前掲（1）三四八頁
（5）前掲（1）三五〇頁

第三節　祭りと民俗儀礼に残る漁村の記憶

はじめに

前節で紹介した須賀利はもっぱら漁業に関わる人々が住む「純漁村」であるが、日本では農業にも従事する半農半漁の漁村が多い。漁村の中には古くから工業製品を生産しそれが集落の主たる収入になっていたところもある。過疎化や高齢化が進み、すでに漁業が衰退した集落もある。

前節の漁村では、住まいで乏しいクチ―オクの秩序が、集落空間では明確に意識されていると述べた。本節では二例の漁村を取りあげ、祭礼や年中行事の際によみがえる漁村の習俗に着目する。その際にとくに集落のオクに所在する宗教施設・設備が重要な役割をはたしていることを紹介したい。

一　福井県美浜町早瀬の景観と歴史

福井県美浜町は、名称のように、若狭湾に面した美しい、そしてゆるやかな海岸線をもつ町である。遠浅の浜には多くの海水浴場が整備され、夏には観光客でにぎわう。美浜町の西方にそびえる岳山は海抜一九二メートルの低山であるが、山頂からながめる若狭湾や三方五湖の景観はすばらしい。その東側の山麓に早瀬の集落が広

写真17　岳山の中腹からみた早瀬の集落

がっている。早瀬は戸数約二三〇、人口約七四〇人の大きな集落である。近世後期の文政二年（一八一九）には、戸数二三三で、男性四八〇人、女性五一二人が住む[1]、この地方の中心的な町であった。明治四二年（一九〇九）の史料にも二〇六戸、一三三六人の人口が記録されており[2]、長く集落の規模が維持されてきたことがわかる。

早瀬は千歯扱の生産地として知られていた。天保五年（一八三四）に寺川庄兵衛が出雲や伯耆から取り寄せた鉄を原料にして、焼付の刃を用いた優れた性能をもつ千歯扱を開発したのである。最盛期には、鍛冶職人が二〇人程度いたといわれている。まず農家に製品を納め、後で別の人物が代金を回収する方法で、全国的な販売を展開した[3]。しかし大正から昭和初期に普及した足踏式脱穀機の登場で、千歯扱の生産は急速に衰退した。

千歯扱の生産・販売が早瀬の経済を支えた時代があったことは事実であるが、それ以前から多くの人びとが住む集落であった。しかしその背後には山が迫り、耕地は見られない。これだけの人口を支えてきた経済的基盤を考える時、海と関わる生業を考えざるをえない。

写真18　集落を貫く古い道

早瀬には神子や遊子など常神半島の漁民が海産物を運んできており、それらを各地に販売する仲買業が三〇軒ほど営業していた。現在の魚市場は海に臨んで設けられているが、昭和二四年（一九四九）までは集落の南端の早瀬橋を渡ってすぐの久々子湖に面した場所にあった。そのため海産物だけでなく、モクズガニなど淡水産の魚介類も入荷した。ここには馬がいないため、人びとは魚の荷を背負って熊川宿へ運び、荷を受け継いだ人がそこから近江や京都へ運んだという。岐阜や名古屋に運ぶルートもあり、熊川宿はかつて若狭最大の宿駅として物資流通の拠点であった。鉄道の開通後は貨物車で各地に運送され、奈良県の五條市まで運ぶこともあったようである。一方、近郊農村にはリヤカーで行商に行く人も多かった。

以上のように、近世以降の早瀬は千歯扱の製造と販売の時代をはさみ、水産物の集散地として繁栄した歴史がある。そのため地元の人には、早瀬には漁師が少なかったというイメージが強い。

文政二年（一八一九）当時、男性の職業は農業二一人、雑業七五人、工業二七人、漁業五四人、行商二九人、諸業二九

人、女性の職業は農業四人、雑業七〇人、行商二二人、諸商三二人とある。[4] 男性の工業従事者は、千歯扱以前に当地で生産されたといわれるノコギリの製造に関わる人であった可能性が高い。男女の行商人の多くは、魚介類の振り売りと思われる。

男性の雑業と諸業、女性の雑業に従事する人数の多さが目につく。具体的内容は不明であるが、そのうちの多くは魚介類の運搬など水産物の流通に関わる人々であろう。また近世から明治初期にかけて北前船による物資が、若狭では三国や敦賀、小浜に運搬されてきた。桐実油や昆布・塩などがその主なものである。小型の廻船でこれらの港から各地に運ぶ仕事に携わった人びとの人数も、この中に含まれていると考えられる。ちなみに慶長七年(一六〇二)の「若狭国浦々漁師船等取調帳」をもとに地元の研究者の岡田孝雄氏が集計した資料[5]によると、早瀬浦に籍を置く船の数が四一艘、水主一四二人で、船の数は三方郡では三番目であるが水主の人数は最多である。西廻り航路が開かれる前から、早瀬には船による運送業が行なわれていたようである。

早瀬には、物資の流通に関わって出入りする男性たちのために旅館や飲食店などが営業し、港町としての景観を呈していた時代があったはずである。第二次世界大戦まで五軒の旅館が営業し、飲食の相手をする女性も働いていた。しかし当時の隆盛を語る伝承はほとんど聞くことができない。蛭子神社の境内に常夜灯が三基残されている。このうちの一基に銘があり、文久四年(一八六四)に「大坂屋半七」が寄進したことがわかる。大阪出身の商人が当地での商売の隆盛を祈願または感謝して奉納したものであろうか。

さて、男性のうち五四人が漁民であったことに注目したい。具体的な漁業形態は不明であるが、早瀬浦の主たる職業の一つであったことは確かである。早瀬浦には中世から近世にかけての区有文書約一二〇〇点と上野山家文書が残されており、それらのうちの一部が『若狭漁村史料』に収録されている。これらによると少なくとも近世初頭には惣有の網場が数か所あり、常神半島の東側にある竈ヵ崎に大綱を所有していたことがわかる。とくに大綱は一六世紀前半には存在していたとされ、全体の構造が上野山家文書の絵図に示されている。上野山氏の「網場年期請状」から、アジやフグを漁獲していたこともわかる。さらに早瀬浦の申し合わせに「蛸縄漬」があり、タコの延縄漁が行なわれていたことも知ることができる。[6]

以上のように文献で得られる漁民の情報は伝承されている状況とは異なり、かつて漁民の活動がかなり活発に展開されていたと判断できる。

二　早瀬に伝承されている漁村の残像

写真19　堂の講の儀礼で使用されるタモアミ（奥の堂）

（一）堂の講

毎年一月三日（昭和の終わりまでは一月四日）、集落の北の端にある「奥の堂」で興味深い儀礼が行なわれる。「堂の講」と呼ばれるこの儀礼は、米や粟、稗など五穀を阿弥陀如来像に供え、参加した講員に神酒の入った盃がまわされる。そのあとアルキが二本のハナドリをカチカチと打ちながら、タイ、イワシ、ブリ、ヒラメ、スズキなど次々に魚の名前をあげながら堂の中をまわる。最後にコウナゴの名前をあげると、参加者が「タカリがあがった」と言うやいなやアイトウがアルキの頭の上にタモアミをかぶせる。参加者が拍手をして祭礼を終了する。

早瀬には氏神などの祭祀において、専門の神職である宮司のほか、住民の中から選ばれて儀礼の執行役をつとめるホウリ（代祝部）がいる。前年にホウリをつとめた者をアイトウ（相当）と呼ぶ。このような制度は若狭地方の他の村にもあるが、いずれも漁村である。[7] アルキは集落内の伝達係をつとめる人である。ハナドリは、長さ一〇センチメートル、直径約五センチメートルの棒で、先端に割れ目が入っている。毎年一二月一三日に蛭子神社のタモの木を切って作る。マトリという海鳥を模したものといわれている。ハナドリは儀礼のあとホウリをつとめた者がその印として玄関に打ちつけておき、魔よけにする。[8] タカリは海水面近くに浮上した魚群をさす。アルキはすでに廃止され、現在はアイトウがこの役をつとめている。タモアミをかぶせる役はホウリがつとめている。

一見、滑稽な儀礼であるが、金田久璋が指摘するように年頭に行なわれる豊漁の予祝儀礼[9]で、アルキがつとめた役は豊漁を約束する神であった。注目したいのは、この儀礼はあくまでも漁獲を生業とする漁民の儀礼であり、仲買人のそれではないことである。一時中断しながらも、この儀礼が伝承されてきたところに早瀬が漁村であったことの名残を認めることができよう。

（二）水無月祭

寛文七年（一六六七）の『若州見分記』にみられる早瀬の祭礼は、一月三日に行なわれる地之神社の「的射マ子ヒ」、一月八日などに行なわれる山王社の「造酒御供」、六月二九日から晦日にかけて行なわれる水無月神社の例祭である。

一月三日の祭礼は浜祭りまたはハツユミの名称で現在も行なわれている。地之神社は蛭子神社である。ホウリが「当浦へ参そうまじきものは、天下の不浄、内外の悪神、病むということ、風の難、火の難、千里の外へ射やろう」と大声で唱えながら一本目の矢を海に向って射る。続いて「当浦へ参るべきものは、京の白河、銭、米、七珍万宝、富、幸、美濃国の糸、錦、当浦へ納まる」と唱えて二本目の矢を家並みに向けて射る。(10)年頭に災いを海に追いやり、福を取り込む儀礼である。

山王社は日吉神社を指すが、一月八日の祭礼についてては不明である。

さて水無月神社は水無月三光神が祭神とされ、明治四一年（一九〇八）に日吉神社(11)に合祀された。水無月祭は早瀬を代表する祭礼の一つとして七月二七日から二九日にかけて盛大に行なわれたが、近年、祭日が七月下旬の金曜日から日曜日までの三日間に変更された。水無月祭りについて、以下紹介しよう。

写真20　水無月祭で日吉神社を出発する神輿
（浜野寿氏提供）

水無月祭の準備は七月二六日から始まる。朝八時から御旅所に御仮屋を建てる作業を行なう。御旅所はかつて水無月神社が鎮座していた場所で、久々子湖から敦賀湾に流れる川の南側にあたる。境内に約四メートル四方、高さ約五メートルの二階建ての御仮屋が建てられる。

二七日の朝一〇時に神輿が氏神の日吉神社を出発し、参道を通って海岸に出る。そこから水無月丸と弁天丸の二艘を並列につないだ神輿船にのせ、渡御を始める。神輿船の引き船にはこぎ手二人と棹取り一人が乗り込んだ。引き船は昭和三〇年代から機械

写真21　海上を渡御する神輿船

（浜野寿氏提供）

船に変わった。約二〇分かけて御旅所の沖に到着するとすぐには上陸せず、担ぎ手たちは「ヨイヤサ、ヨイヤサ」の掛け声をあげながら海の中で神輿をまわす。上陸後も御旅所付近の畑を荒らしながら神輿を担ぐ。御仮屋の周囲を右まわりに三回旋回させて、ようやく神輿を御仮屋の二階部分に安置する。しかし、このように神輿が大暴れをしたのは担ぎ手の漁民が多かった昭和二〇年代までであった。御仮屋の一階にはホウリやアイトウなど講中の人々が二八日の夜まで籠もる。

二七日の午後は御旅所に高張提灯などを飾り立て、夕方から始まる宵宮に備える。宵宮にはかつて多くの露店が並び、近郷からの参拝者でにぎわった。

二八日は本祭当日だが、とくに神事等は行なわれない。二九日午後二時頃、担ぎ手たちが神輿を持ち上げ、まず御仮屋の周囲を右回りに三回旋回させて海岸に出る。そこで練りを繰り返したあと神輿船にのせて、二七日と逆のコースで本社に還幸する。

水無月祭で主役となるのは、神輿を担ぐ漁民である。第二次世界大戦直後の昭和二〇年代は、復員してきた男性たちの仕事がなく、多くの者が漁業にたずさわった。そのため神輿の担ぎ手が急増して、還御後、本社の境内でも二、三回神輿をまわしたことがあったという。祭礼は現在五つある町が交代で担当しているが、かつてはホウリの親類縁者が中心になって執行していた。

現在のような渡御のコースは日吉神社に合祀された明治四一年（一九〇八）以後のことで、それ以前のコースは不明である。おそらく集落の南にある現在の御旅所を起点にして、集落の北端に設定された旧御旅所まで往復するコースが存在していたのではなかろうか。この点については後述する。このような祭礼の形態は、次に紹介する大分県日出町深江でも行なわれており、典型的な漁民の祭礼といえる。

(三)集落のオクに残る漁村の記憶

現在、早瀬の集落は久々子湖から海に流れる川を越えて南に拡大しているが、かつては川を越えることはなく、早瀬橋が集落の南端であった。一方、氏神の日吉神社は集落の北端に位置しており、現在の水無月祭の渡御は集落の北端と南端の間を往復していることになる。しかし明治の合祀以前は、逆のコースであった。それでは集落の北端に設定されていた旧御旅所はどこを指すのであろうか。

堂の講が行なわれる奥の堂は日吉神社のさらに北側に位置し、集落からみれば最奥部に当たる、まさにオクの堂である。奥の堂は、以前は「沖の堂」と呼ばれ海岸近くに建っていた。延宝三年（一六七五）に編纂されたとされる『若州管内社寺由緒記』にもその存在がみえ、[12]第二次大戦後、現在地に移された。沖の堂が明治四一年（一九〇八）までの御旅所であった可能性が高い。

早瀬で最も盛大に行なわれる水無月祭が漁民の祭礼であり、[13]神輿の渡御を担う主体が漁民であることは、この集落が漁村であったことを示している。これは漁民が担ぐ神輿が集落のクチとオクを往復することで視覚的に表

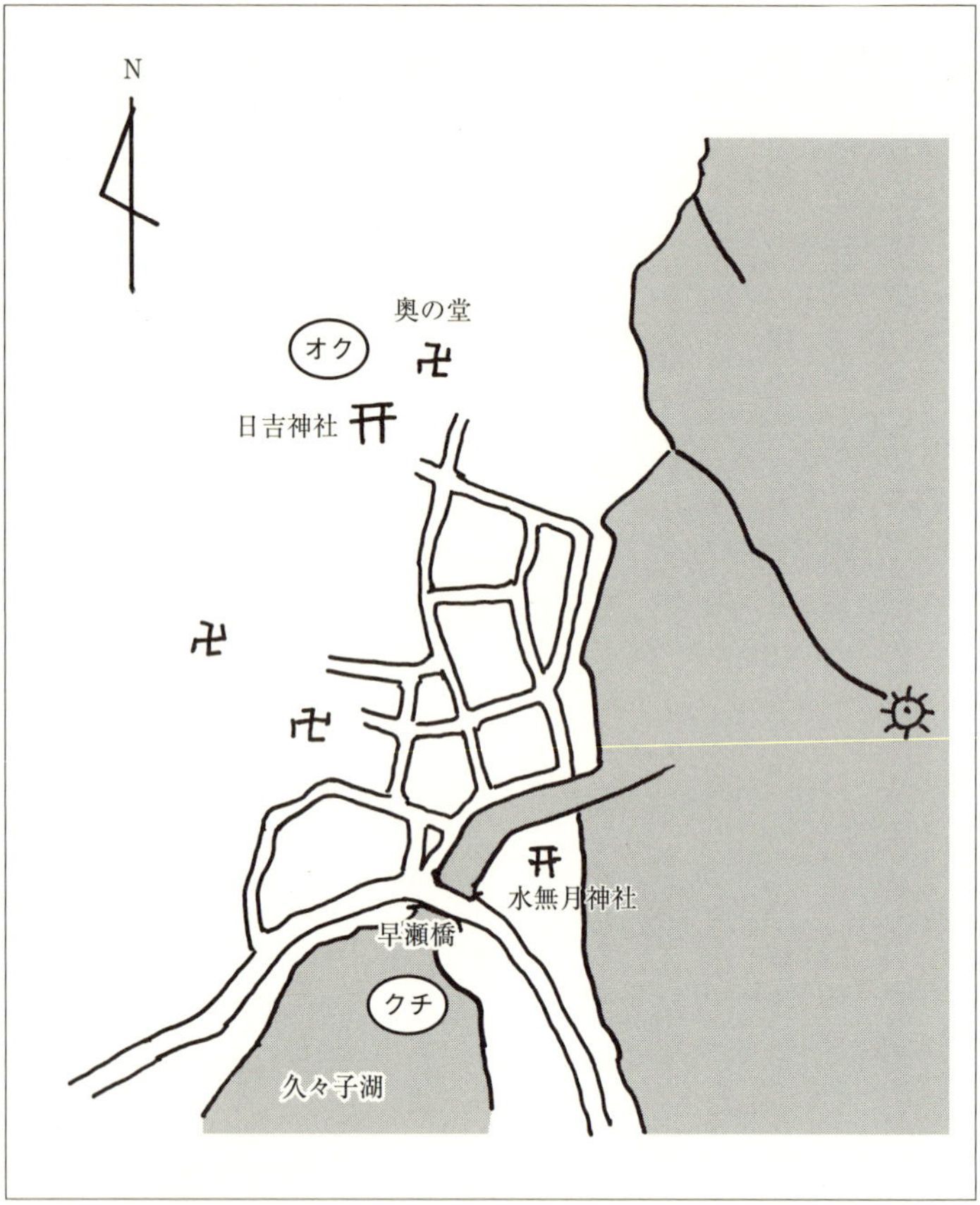

図6　早瀬概略図

現されてきた。しかし千歯扱の製造と販売、さらに水産物などの流通に関わる産業が早瀬の主たる生業になると、漁業が衰退し漁村のイメージが消滅した。あわせて近世以降、数度にわたる埋め立てにより海岸線が海に向って拡大し、比較的広い平地が造成された。現在、町の中を歩いても漁村の名残を伝えるものは見られない。近世の海岸線は現在より内陸に入った山裾と海の中間にあり、狭い一本の道路をはさんで両側に家並が続く細長い集落であったと伝承されている。そうであったとすると、現在久々子湖畔や日向湖畔などにみられる漁村と同じ景観であったことになる。漁業の衰退に加えて漁村景観の喪失が、漁村の記憶を消してしまったといえるのではなかろうか。

写真22　京泊からみた深江。中央の森は恵美須神社の旧鎮座地

前出のように早瀬の集落は、早瀬橋をクチとし、日吉神社さらに奥の堂をオクとする南北に長い集落である。集落のオクに位置する奥の堂において年頭に行なわれる堂の講の行事に、この地が漁村であったことを示す儀礼が残存していることになる。まさに奥の堂は早瀬の消滅した歴史を記憶する象徴的な建物であるといえよう。堂内にはタモアミなどの漁具が大事に保管されている。

三　祭りからみた漁村の景観
—大分県日出町深江—

もう一例、漁村集落を紹介したい。国東半島の付根に位置する深江の集落は、山と海の間の狭い平地に海岸と平行に二本の主要な道路が走り、これらに短く細い道が交差している。そして二本の道路の間と山側の道路に沿って、狭い敷地いっぱいに民家が建ち並んでいる。現在の深江の戸数は一一五、人口は三一九人で、生業別戸数は農業九戸、漁業二〇戸、商業六戸その他である。農業はかつて藺草を栽培していたが、現在は梨を栽培している。漁業は打瀬網漁が中心である。

毎年一〇月の住吉神社の祭では、神輿の海上渡御が盛大に行な

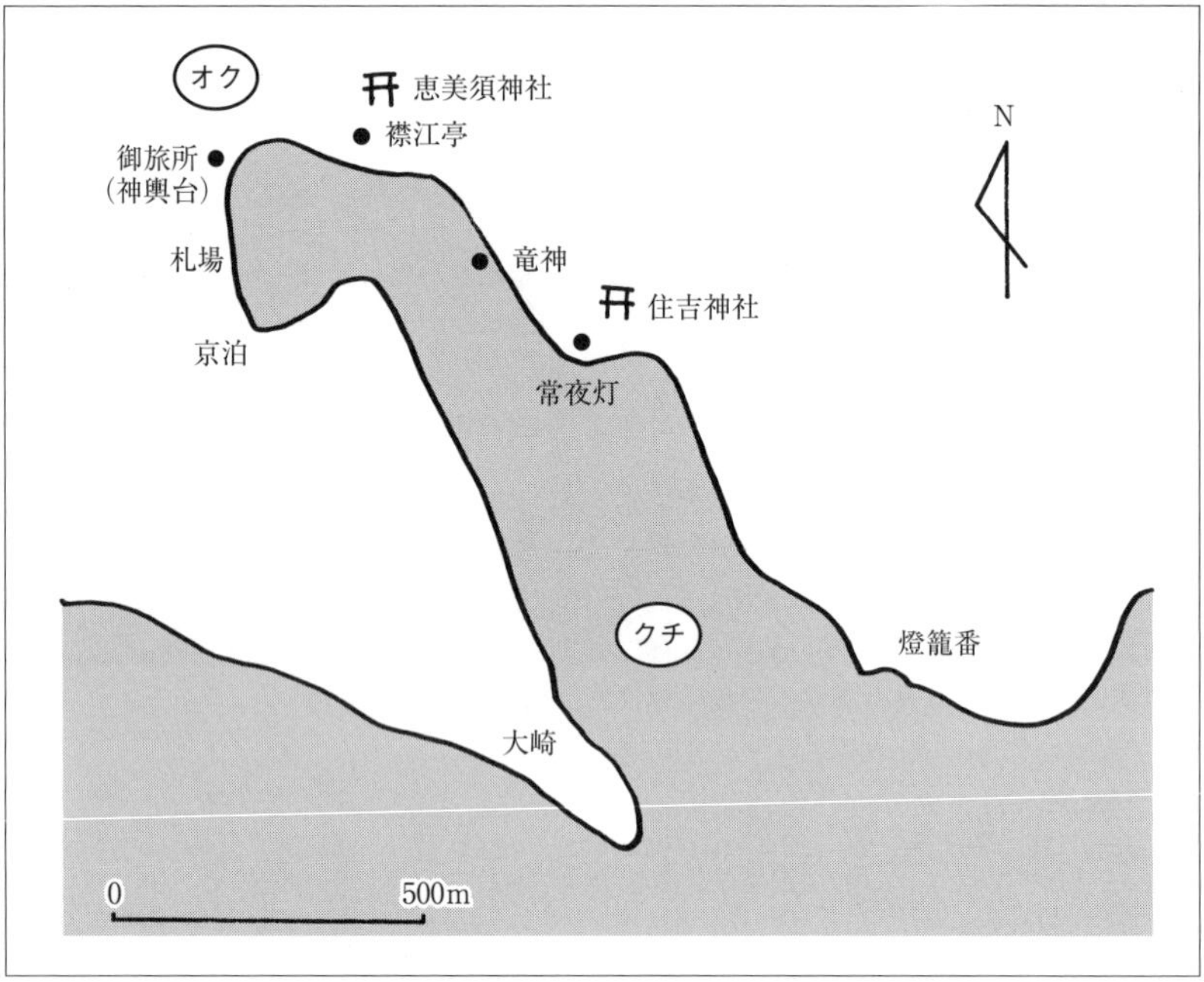

図7　埋立前の深江地域海岸線

われる。その様子を聞き書きすると、現在とは異なる深江の景観を知ることができた。

（一）景観の復元

現在の深江港は入り口付近の幅が約五〇〇メートル、奥行き約一キロメートルである。海岸に沿って護岸が施され、広い道路が整備されている。しかし近世までは、塩屋、東ノ江、江上の各小字は海で、陸地の奥深くまで海が入り込んだ天然の良港であった。当時の海岸線を示す石積の一部が残っており、その位置から判断して現在の家並みまで海が迫っていたことがわかる。すなわちかつての深江は、崖下の狭い平地に、一本の道をはさんで両側に家並みが続く細長い集落であった。港の西側最深部は戦後の埋め立てにより直線的な海岸線になり、比較的広い平地が出現した。以上のような情報をもとに埋め立て前の海岸線を推測し、景観上のポイントを記したのが図7である。

写真23　住吉神社境内の大型常夜灯

景観上のポイントになるのは、住吉神社とその境内に設置された大型の常夜灯、恵美須神社、襟江亭、御旅所の神輿台などである。これらにより近代の深江の景観を具体的にイメージすることが可能になろう。

住吉神社は小字古城に鎮座し、中世まで城郭があったところである。住吉神社は貞享二年(一六八五)にかつて鎮座していた牧の内から戻された。境内には寛政八年(一七九六)に勧請した金比羅神社の社殿も建てられている。これは深江の沖で遭難した大坂の商人泉屋又兵衛が藩主に願って寄進したもので[14]、深江は古くから諸国の廻船の風待ち港として知られていたという。住吉神社と金比羅神社はいずれも航海の安全を約束する神を祭神としている。ちなみに正徳年間(一七一一～一七一六)の旧記に「東西南北、風にかまわず船がかりよし、船数大小三百艘内外かかり申候」とあり[15]、風待ち港として繁栄していた近世の様子をうかがうことができる。

また住吉神社境内の海側に建立されている大型の

常夜灯は、宝永八年（一七一〇）に日出《ひじ》藩主が寄進したもので、この地が高台にあり、海に突き出した地形であることから灯台の役割を果たしたと考えられる。同様に深江港の出入り口に位置する場所にも常夜灯が設置されていたという。小字名「燈籠番」は、その名残であろう。

恵美須神社は、明治の「神社明細帳」によると上野仁兵衛と手嶋某により深江の浜に勧請され、後に藩主の許可を得て襟江亭の裏手にある丘の上に遷座したという(16)。漁業神として勧請されたことは間違いなく、この場所が深江の集落を見下ろす地にあることからみて、深江が漁村集落としての性格をもっていたことを示す重要な情報になろう。信徒六五人という数字は明治における漁民の人数を示していると思われる。平成一三年に住吉神社の境内に遷座するまで鎮座していた

襟江亭は、寛文七年（一六六七）、藩主が参勤交代の際に使用する船の風待ちや潮待ちのために建築された平屋建ての建物である。伊能忠敬が地図作成のため当地に立ち寄った際にも接待所として使用された。港の最深部に、鰡網漁に使用した網干し場が設けられていた。漁民一七人が組を作って漁業権をもち、昭和二六年まで、岡引きで鰡の子であるイナを獲っていた。イナは「年取り魚」として正月前に需要が高かった。

(二)祭礼からみた深江

深江を代表する祭礼は、一〇月の第二日曜に行なわれる住吉神社の例祭である。かつては九月二七日と二八日が祭日であった。この祭礼には深江のほか日比浦、高尾、三尺山など七集落の氏子約五百戸が参加した。早朝に住吉神社を出発した神輿は、陸路で牧ノ内や上深江などを経由して深江の北東約一キロメートルに位置する糸ヶ浜の住吉元宮社に向かう。使用する道は、以前から変わらないという。住吉元宮社で神輿を安置して神事が行なわれる。昭和三〇年（一九五五）ごろまで浜の前の海中で神輿の「練《ねり》」を行なった。

写真24　船渡御

（佐藤裕一郎氏提供）

そのあと先導船、神輿船、供船の順に船渡御が始まる。先導船は、船首で水をまきながら進む。また神輿船は新造船を優先的に使用する。供船では毛槍の演舞や獅子舞が演じられる。また子供たちが赤布を巻いた竹を持って乗り込む「鉄砲船」も参加する。これらの船は、現在は機械船であるが戦前までは櫓で漕いだ。イワシアグリ網漁に使用する漁船など六艘が使用された。渡御のコースは燈籠番の沖を経て、さらに日比浦の沖まで進んで引き返し、昼ごろ深江港に入る。ただし、日比浦の沖まで行ったのは戦前から戦後にかけての一時期だけであった。

御旅所前の海で神輿船は右回りに三回旋回したあと上陸し、神輿台に安置される。ここで神輿に対し神饌が供えられる。神輿台のあるところはかつて島で、約三〇年前に埋め立てられた。しかしその位置は、変更されることなく現在に至っている。昼食と休憩のあと、夕方になって神輿は深江の集落内を貫く道を通って本社に還御する。

この祭礼の起源について、江戸での滞在を終えて帰藩する藩主の御座船を迎えた様子を再現したとする説や、大漁旗を掲げて帰港する漁船を真似たとの説がある。しかし起源を明

写真25　御旅所の神輿台

らかにする資料は無い。筆者は、この祭礼は住吉神社の例祭として執行されているが、恵美須神社に関わる信仰が大きな影響を与えていると考えている。理由は次の二点である。

まず神輿台が据えられている御旅所は、かつて住吉神が漂着したところとの伝承がある。神霊が顕現したところを御旅所とする事例は各地にみられるが、漂流死体をエビスとも呼ぶように漂着伝承を伴う事例は恵美須神社に多い。前述した恵美須神が最初に勧請された浜とは、神輿台付近を指すのではなかろうか。

また御旅所に上陸する前に神輿船が右回りに三回旋回するが、この理由は港に帰ったことを示すためと説明される。しかし同様の事例は各地の漁民の祭礼でみることができる。たとえば岡山県笠岡市飛島には「七浦七戎」と呼ばれるように集落ごとに七か所の戎神社が祀られている。氏神の島神社の夏祭りでは、このうち上陸をしない五か所の戎神社の沖で神輿船が三回旋回する。飛島では旋回の理由について、戎神社に対し敬意を表現する行動ととらえられている(17)。深江の場合

写真26　竜神の祭祀風景

も同様に理解すれば、旋回して敬意を表す対象は恵美須神社と思われる。

以上のように、この祭礼の実態は恵美須神社に関わる漁民の祭礼であり、深江が漁業を中心に繁栄していた時代の名残を伝えるものと考えていいのではなかろうか。次に紹介する年中行事も、これを裏付けるものであろう。

七月一五日(旧暦六月一五日)に竜神祭りが行なわれる。岸の近くに四本の竹を立て、しめ縄を張って竜神を祀る。かつては御旅所付近の道に沿って十基ほど祠が並んでおり、漁民がそれらに灯をともした。この祭りは水難に遭わないために行なう。

一二月に行なわれる恵美須神社の祭礼は、現在深江の住民すべてが参加するが、以前は漁民だけで営まれた。神職による神事が執行され、鯛や野菜が神饌として供えられる。この日は豊岡から一〇人程度の神楽師を招き演じてもらった。また昭和二五年(一九五〇)までは相撲も行なわれた。

四　港町・深江の再現で顕在化するクチーオクの秩序

前出のように近世中期に、深江港に出入りする船の数は大小合わせて三〇〇艘にのぼった。そして深江港には日出港とともに、諸国から入港する廻船と商品の価格を取り調べ、価格を差配する「問」がおかれた。問には船員たちの宿泊を斡旋する役割もあった。ちなみに深江港でその任に当たったのが伏見屋の屋号をもつ鈴木氏である(18)。魚谷修三氏が作成した深江の屋号一覧表によると、廻船問屋の岩井屋や、宿屋の京泊など約三〇軒がみえる。これらはかつて港町であった深江の歴史を伝える貴重な資料である。近代に入っても繁栄は続いていた。明治一二年(一八七九)当時、深江港に入港した船の数は三一〇艘である(19)。しかし、その後、機械船が普及するに及び、風待ち港としての役割を終えることになる。

現在の深江には半農半漁の生業が伝承されている程度である。住まいは深江に建てるが、田畑は上深江にあったという。漁民は必要に応じて農民を雇い、操業したという。大正に実施された漁村調査(20)の結果によると、この地域の漁村は深江のほか牧ノ内、軒ノ井の三か所だけで計一五二戸の漁家があり、そのうち専業は一七戸だけである。一割程度の専業率は確かに低いが、一五二戸という漁家の数には留意する必要がある。かつてこの付近は鰡の好漁場であった。網元のもとで多くの漁民が活動する比較的豊かな漁村であったと思われる。恵美須神社の創建を願い出た前出の二人も網元もしくは有力な漁民であった可能性が高い。大正当時、鰡囲刺網や鰯船曳網、打瀬網で、鰡や背黒鰯、鯛、海老などを獲っていたことがわかる。

前出の屋号一覧表の中に、「網屋」があることに注目したい。瀬戸内海地域では漁業技術の伝播がきわめて早く、効率の高い漁具に対して出費を惜しまなかったのが漁民であった。深江に網屋が営業していたことはこの地で本格的な漁業が行なわれたことを示している。

かつて船で深江港に入ってきた人はどのような景観を目にしたのだろうか。仮想的に再現してみよう。別府湾を進んできた船は楔形に開いた深江港に入る。港の入り口あたりは比較的広いが、住吉神社の常夜灯を右手に見るころは、海の幅は急に狭くなり三〇〇メートルほどである。高台にある常夜灯に対し、海面近くには集落の家々が続く。集落の中ほどの裏手に丘があり、こんもりと樹木が茂っている。恵美須神社の森である。漁民にとって、この森は住吉神社の森とともに操船上の目印となり、深江に帰ってきたことを実感させるものであった。とくに夜間は、住吉神社の境内に設置された常夜灯の明かりが重要な目印になったはずである。現代の灯台のような照度とは比べようもないが、鋭い視力をもった漁民には有効であったと思われる。丘の下にある大型の瓦葺の建物は襟江亭である。港の奥には祭礼の際に渡御してきた神輿を置く石の台が白く光っている。その周辺には網を干した砂浜が広がる。

現在の深江は、漁民の住まいや網干し場などは無く、湾内の奥に位置する静かな集落である。しかし近世の深江は現在とはまったく異なる集落で、漁船や諸国の廻船が港を埋める港町であった。「札場」や「京泊」の地名はその名残である。他国から流れてきた遊女と地元の男の心中伝説が伝えられているが、これもまた同様である。

以上のように考えると、住吉神社の祭礼が、漁民の祭礼であったことも理解できる。景観と祭礼、竜神信仰の中に、かつての集落の記憶が伝承されているといえよう。そして住吉神社付近をクチ、神輿台をオクとする空間秩序が抽出できる。埋め立てなどによって地形に変更が加えられても、神輿台の位置が不変であった点に、それを認めることができよう。「札場」や「京泊」の地名も、オクの周辺に設定された施設に基づくものであった。

むすび

かつて岡山県笠岡市飛島の漁村で行われる夏祭りを見学する機会があった。旧暦の六月一八日に行われるこの祭りは、神輿を船に載せて「七浦七戎」と呼ばれる聖地を一日かけて回るスケールの大きな祭りである。県外に他出し盆には帰らなくても祭りには帰ってきて神輿を担ぐ人も多いという。高齢化と過疎化が進んだ島々が、この日だけは大いに賑わい、漁民が祭りに掛けるエネルギーの大きさを知った日でもあった。

儀礼やそれが執行される場所、組織など祭を構成する要素それぞれに、地域の歴史や価値観が記憶されて伝承されてきたといえる。早瀬の御堂や深江の神輿台などの有形資料が、それらの記憶を支えてきたのであろう。それらが集落のオクに所在することを指摘しておきたい。

註

（1）早瀬郷土史研究会編『早瀬乃里』四頁　一九七二
（2）前掲（1）六頁
（3）前掲（1）一九～二一頁
（4）前掲（1）四頁
（5）岡田孝雄氏「昔の早瀬」講演資料
（6）福井県立図書館・福井県郷土誌懇談会編『若狭漁村史料』　一九六三
（7）『わかさ美浜町誌　第二巻　祈る・祀る』二六二頁　二〇〇六

(8)『わかさ美浜町誌　第一巻　暮らす・生きる』三五五頁　二〇〇二
(9)金田久璋『あどうものがたり―若狭と越前の民俗世界―』六一頁　二〇〇七　福井新聞社
(10)前掲(7)二五五頁
(11)日吉神社の社伝に祭神を蛭子神とあり、漁民の信仰する神社であった可能性がある(前掲(7)二六四頁)。
(12)前掲(7)三二七頁
(13)そのほかにも漁民に関わる行事が断片的に残存している。一月一〇日には氏神日吉神社の社務所に漁民が籠もり、僧侶二人を招いて大般若経を転読する。その際、僧侶が豊漁の祈願をする。また早瀬には多くの講が盛んに営まれたが、行者講などの場では必ず「豊漁」を口にして祈願するという。行者講は、岳山の中腹にある行者堂で一月と六月の六日に行なわれた。現在は講員が高齢化したため、老人会館で行なわれている。また網谷誠一氏宅では、正月の供物をフナダマサマと呼ぶ船形の容器に入れて供えるという。これは長さ一九・三センチメートル、幅五・〇メートルの木製で、船首側に田作り、船尾側に餅を入れる。徳利と一緒に三方にのせて床の間に置く。
(14)『日出町誌』本編　九三二頁　一九八六
(15)前掲(14)七九六頁
(16)前掲(14)九三六頁
(17)森隆男「飛島の夏祭り見学記」『昔風と當世風』第八四号　二〇〇三
(18)前掲(14)七六四頁
(19)前掲(14)八七五頁
(20)前掲(14)八六八頁

第四節　明確なクチ―オクの秩序が内在する城下町

はじめに

城下町は城や町人の住まい、寺院が整然と配置され、防御を目的につくられた完結した空間といえる。そのためクチとオクが明確な秩序を形成している。本節では兵庫県豊岡市出石を事例に、城下町に内在するクチ―オクの秩序をさぐってみたい。

「但馬の小京都」と呼ばれる出石は兵庫県北部に位置し、現在の人口約一・一万人の町である。町の三方を山に囲まれ、南北に円山川の支流出石川と谷山川が流れる。川と碁盤目状の道の両側に建てられた低い家並、祭礼などが「小京都」の条件を満たしていると考えられている。京都の町は寺院や神社などの観光資源に恵まれているが、それらは町の周囲に偏在し、町中には白いビルが建ち並ぶ大都市の景観を呈する。その点、地方都市である出石には、小規模ながら町全体にかつての京都を想起させる景観が残存している。このように出石には時間が停止したような静的な景観を見ることができる。

出石焼に加えて「そばの町・出石」を観光の目玉にして、二一世紀の初めには年間百万人を超える観光客を集めたこともあった。また近畿地方最古の劇場建築「永楽館」が復興され、近年中堅の歌舞伎俳優による公演が人気を博して、新しい町の魅力になっている。

写真27　出石の景観

一　城下町・出石の景観と歴史

出石城と城下町の歴史は、天正二年（一五七四）、山名氏が城下の東方にあたる標高三二一メートルの有子山に山城を築いたことに始まる。現在地名として残っている「八木町」や「田結庄町」は、それぞれ山名氏の重臣八木氏と田結庄氏に基づくと考えられており、家臣団の屋敷が城下にあった城下町の原型が形成されていたようである。その後、豊臣秀長が城主になり、山頂の城が高石垣を築いた城郭に改修され、城下町の整備が行なわれた。内堀と外堀からなる「惣構え」が形成され、山麓には高石垣をもつ居館がつくられたという。現在の出石城は、慶長九年（一六〇四）に当時の出石藩主小出吉英が、城を中心に城下町としてさらに整備を進めたもので、山城の有子山城と居館が一体化した城郭であった。以後、城主は松平氏、仙石氏と変わるが、城下町の姿は変更されることなく、ほぼ踏襲されたといわれている(1)。

現在城跡には高い石垣と再建された白壁の隅櫓を見ることができる。城郭の最上段には古くから城の守護神として稲荷が祀られ、そこに至る長い石段には伏見稲荷の千本鳥居のように多くの

写真28　出石城の石垣と隅櫓

写真29　ランドマークになっている辰鼓楼

赤い鳥居が設置されている。また城郭の一角には高さ一三メートルの辰鼓楼《しんころう》が残されており[2]、ランドマークになっている。

江戸時代は仙石氏の居城がある但馬最大の城下町として繁栄したが、明治になって鉄道建設のルートから外れたこともあり経済的な発展から取り残された。そのため結果として、江戸時代の風情を残す景観が残存することになった。現在見ることができる景観は明治九年（一八七六）の大火以後のものであるが、文化七年

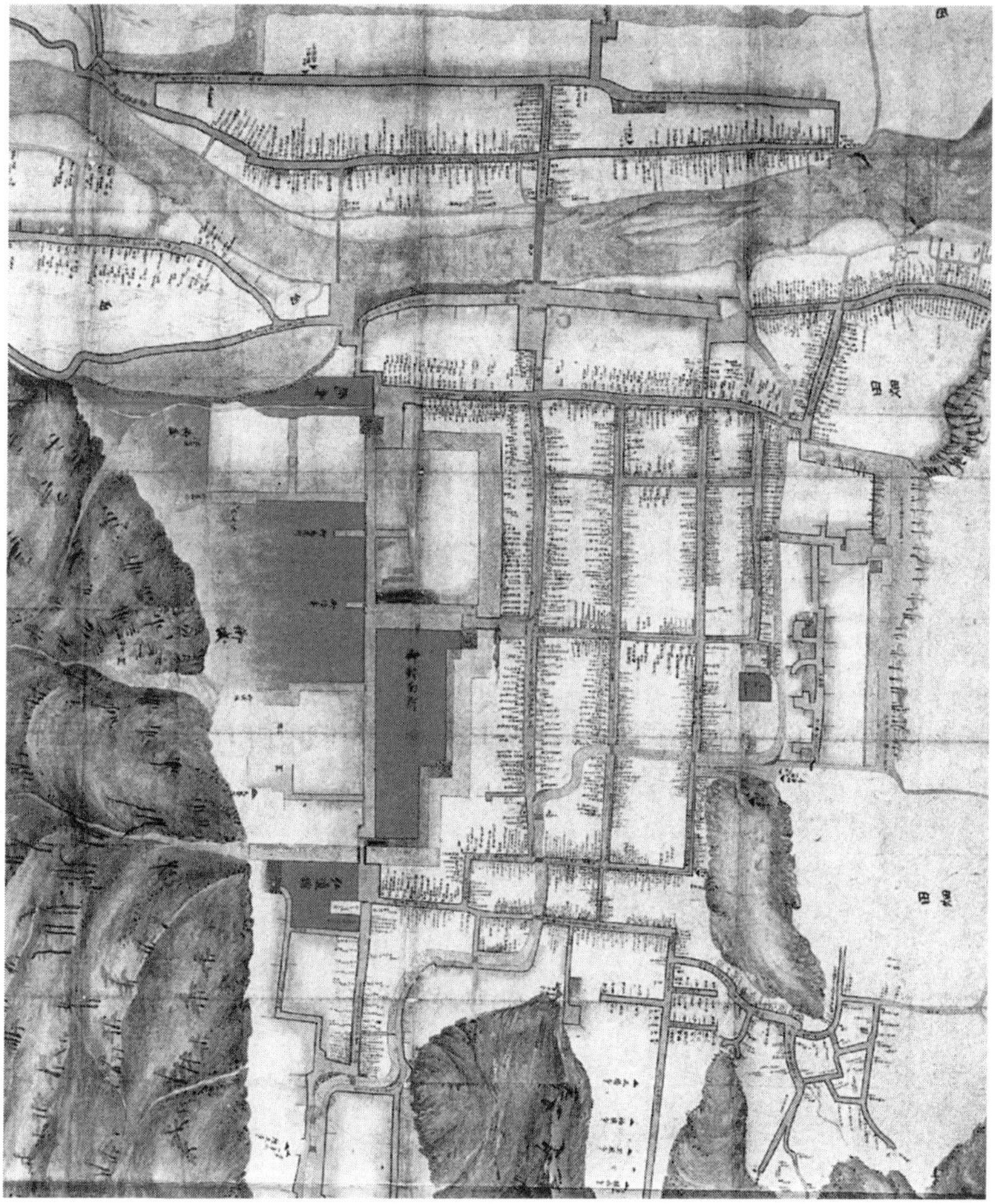

写真30　城下絵図（文化７年）

（一八一〇）の「出石城下絵図」[3]と比較して、堀や川を除いて大きな変化はない。住まいも近世の形態を踏襲しているものが多いと指摘されている。[4]

二　城下町の構造

城下町のクチとは城下の出入り口であり、オクとは城を指す。

まずクチからみていく。「出石城下絵図」は、近世後期の城下の構造を知るうえで多くの情報を提供してくれる貴重な史料である。この史料によると城下に出入りするために数か所の出入り口があり、とくに北側の「豊岡口」と記された場所は大手門に相対する位置にある。ここには豊岡など北からの敵の侵入に備えて「鉄砲町構え口」と呼ばれた厳重な防御の施設が設けられ、要塞の機能を果たしていた。豊岡口の東側には寺町が配され、戦時には兵の駐屯所に充てられることが想定されていた。町の北端に位置する豊岡口が、最も重要なクチということになる。そのほか城下町の周縁部とくに東側や南側の農村につながる出入口にも枡形虎口が設けられ、寺院も配置されて防御が図られた。一般的に城下町には寺が集められて寺町を形成し、防御の一端を担わされてきた。出石も同様で、狭い城下にも関わらず現在も一七か寺が残存する。

城下の外れの出石大橋東詰め付近に「お竜灯籠」と呼ばれる大型の灯籠が残っている。ここはかつて谷山川の船着場跡で、灯籠は灯台の役割を果たした。文政年間には円山川を遡って魚積船が航行していたことが分かっている。[5]河川の改修で流量が減少し、現在は全国各地でよく見られる散策のための人工的な水辺空間になっているが、大正期の写真をみると豊かな水流をもつ規模の大きな川であったことがわかる。しばしば浚渫も行なわれていたという。また「出石城下絵図」には、この付近に階段状の設備が描かれている。大正期の写真にも見える石

写真31　人工的な水辺空間として整備された船着場跡

段で、船着場の設備である。城下での暮らしを支える生活物資が搬入されるとともに、伝統産業である出石焼(6)の陶磁器類が搬出されたと思われ、この付近は商品の流通の拠点としても活況を呈していたようである。城下町を一つの空間とみなしたとき、船着き場も重要なクチといえる。後年、出石大橋の西方に出石鉄道の駅が置かれ、新しいクチになった。

それに対しオクに相当するのは有子山の山麓から中腹にかけて築かれた城である。小出氏の時代には中腹に「稲荷曲輪」その下に「本丸」「二の丸」さらに「下の曲輪」「西の曲輪」「山里丸」が築かれた。その後「三の丸」が新築されて、ここに大手門、東門、西門が整備された。城そのものが垂直方向に重層的な構造をもっていたといえる。場内には藩の中枢機能を担う施設が建築された。近代になると、このエリアに役場や学校が建築されることになる。城の前には家老など上級武家屋敷が配され、この地域は「内町」と呼ばれた。

このように城下町には明確なクチ―オクの秩序をも

写真32　初午の見世物小屋

つ構造の存在を認めることができる。

城郭の最上段に勧請された稲荷社は城の守護神である。毎年三月に行なわれる初午祭は、この稲荷社の祭礼で、多くの参拝客を集めてきた。出石藩の記録である『御用部屋日記』によると、天保九年(一八三八)二月三日の条に、初午祭に御城稲荷に参詣する町人たちで内町が込み合ったという[7]。また明治四年(一八七一)正月一五日の条には、初午祭りの際は江戸時代と同様に昼夜に関わらず城内の参詣を許可するとの記述があり[8]、明治になっても初午祭は多くの人びとが参集する賑わいの日であった。近世以来、出石にとって最大の祭礼であった初午祭には、多くの露店や見世物が広場と道の両脇に並び、但馬・丹後・丹波の人びとが訪れた。現在も初午には町民はもちろん遠近の村々から参詣者が押し寄せる。

また毎年秋に開催される「だんじり祭り」は、だんじり同士がぶつかり合う勇壮な祭りとして知られている。これは築城前から三の丸に鎮座している諸杉神社の祭礼で、地域の氏神として信仰を集めている。

写真33　秋の「だんじり祭り」

（八野和義氏撮影）

稲荷社と諸杉神社は町民の精神的な中核施設の役割を果たしており、それらも出石城が象徴する城下のオクに立地している。

三　住まいの構造とくらし

伝統的建造物群保存地区の選定に向けて出石城下の住まいの調査が実施され、三四の事例が報告されている。(9) これによると、町割を埋める敷地のほとんどは道に面した狭い間口と深い奥行きの短冊形である。ここに「うなぎの寝床」「どじょうの寝床」(10) と呼ばれる町家が建てられている。この町の住まいの典型は道路に面したオモテからウラに土間が通り、土間に沿ってミセ・ナカノマ・ザシキの三室の部屋と狭い庭が続く間取りである。ミセの二階にはミセニカイ、ザシキの二階にはニカイザシキが設けられ、ナカノマは吹き抜けにしている事例が一般的である。(11) 庭の奥に離れ座敷や商品を収納する蔵を建てている商家もある。また土間には奥に向かって台所や風呂、便所が配されている。ただし近年町家を改築する家が多く、台所や風呂、便所が床上に移動している。冬季には厳寒になる当地にあって快適なくらしを求めた結果であろう[12]。しかし土間は依然として残されており、京都の町屋と共通する間取りの住まいが多く残るこの町には、今なお伝統的な暮らしが息づいているといえる。このような住まいの構造を分析する際は、オモテーウラの動線ではなくクチーオクの動線がより有効である。

A家を例に検証してみよう。A家は仙石氏の入封(宝永三年〈一七〇六〉)に従って信州の上田から移ってきた町人で、建築資材などの販売を家業としてきた。平成一五年に建て替えられたが、基本的な間取りに変更はない。旧宅は通り土間に沿って一〇畳のミセ、八畳のダイドコロ、八畳のナカノマ、四畳の食事の部屋が続いていた。さらに中庭をはさんで二棟の土蔵と離れ座敷が建てられていた。ダイドコロの天井からは神棚が吊り下げられ、この部屋は使用人の食事の部屋に充てられた。またナカノマには仏壇が安置され、家族の居間にもなった。土間には表通りからウラ側の土蔵までトロッコのレールが敷かれており、土間が物資の搬入路になっていた。なお台所や風呂、便所は土間の奥に設けられ、糞尿は土間を通って表口に運び出された[13]。後に台所は食事の部屋に連続した中庭側に移されている。二階にも三室があり、若夫婦の寝室などに充てられた。

通り土間を少し進んだミセとダイドコロの境に相当する箇所に暖簾が掛けられ、一般客がそれより奥に入ることはない。親しい人や重要な客は、暖簾をくぐってさらに奥まで進むことになる。離れ座敷はとくに重要な客を迎えてもてなす際に使用した。冠婚葬祭のハレの日には建具が取り外されて、ミセノマ、ダイドコロ、ナカノマが一体の空間として使用された。中庭には柿と梅の木があったが、建て替えの際に伐ってしまったという。また一般の家の庭木には枇杷や柿、石榴など実の生る木を植えて食材にした。

町家の多くは住まいの奥に行くほど、私的な度合いが強まる構造である。

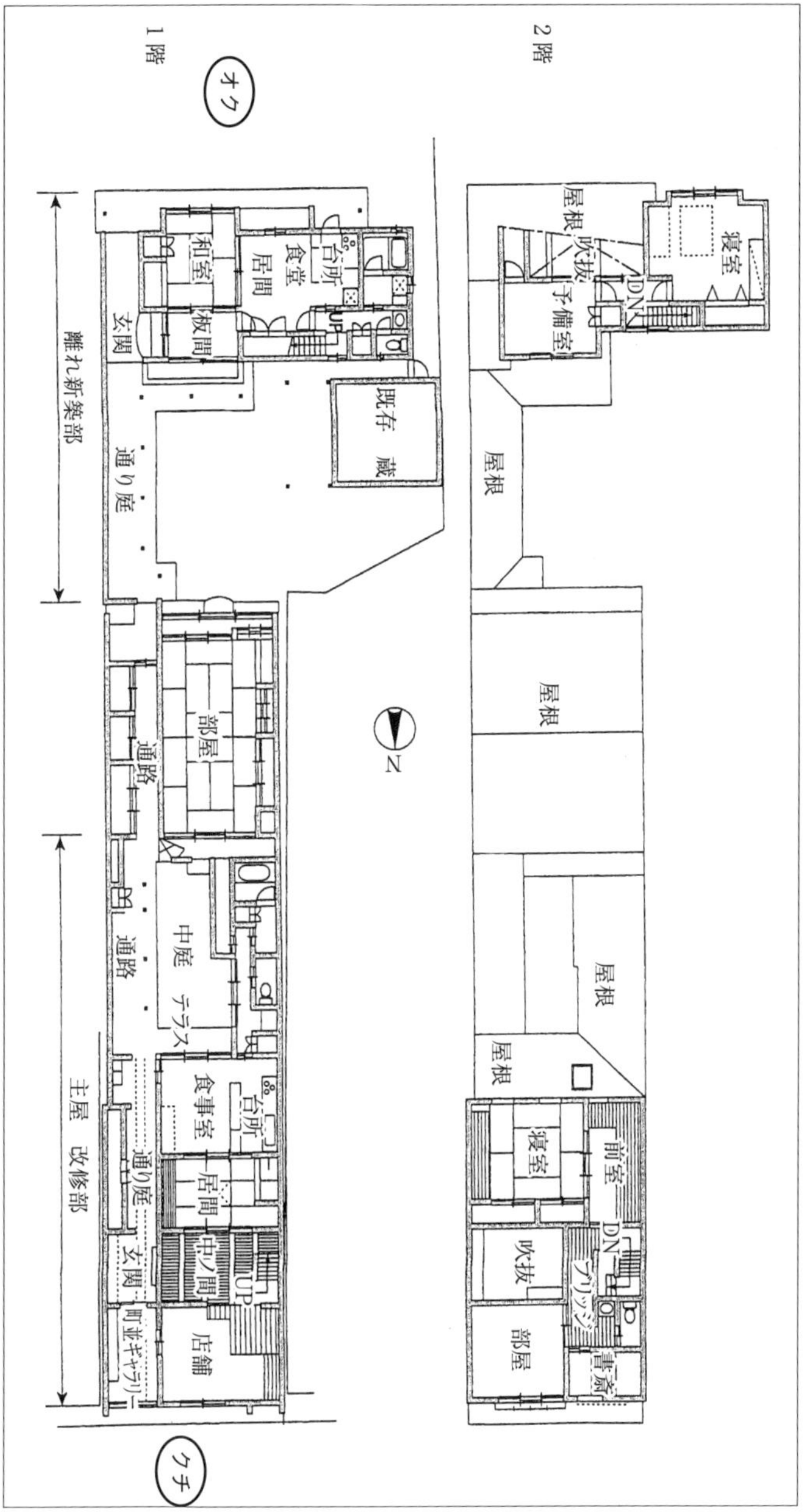

図8　改築後のA家平面図

（福岡建築事務所提供）

むすび

城下町には多くの人びとが生活をしており、城下につながる周囲の村からの道と、水運のルートで生活物資が搬入されてきた。これらの物資は縦横に走る道を通して各家に運ばれ、さらに住まいにおいてはクチからオクに抜ける土間が搬入ルートになった。川と道、それらに連続する住まいの土間が、完結した城下の空間を人体の血管のように貫く構造が読み取れる。それは物だけでなく人や情報を運ぶルートでもある。城下を貫くクチ―オクの動線に住まいの動線が有機的につながり、暮らしが支えられてきたといえる。城下のクチとオク、住まいのクチとオクが創出するそれぞれの構造が「入れ子」状になっているといえよう。これは第一節で取りあげた丹波市の事例でも同様であった。

出石は平成一九年(二〇〇七)に重要伝統的建造物群に選定され、町並みの保存が図られている。城下町と住まいの両者をみるとき、静的な景観と動的な暮らしが併存していることにあらためて気付かされる。そこにはクチ―オクの秩序がつくり出す古い町がもつ物理的、精神的奥深さが存在する。

註

(1)但馬歴史文化研究所『ぶらり　出石の城下町』豊岡市歴史文化遺産活用活性化事業実行委員会発行　二〇一三

(2)辰鼓楼の落成は近代に入った明治四年である(出石町史編纂室『御用部屋日記』三一一頁　一九八二)。

(3)「出石城下絵図」『出石町史』第一巻付図　出石町史編纂室　一九八二

(4)藤森敬一「城下町としての出石とその特長」『ESPLANADE』NO三八　五頁　株式会社INAX　一九九六

(5)『出石町史』第一巻七一一頁　出石町史編纂室　一九八二

(6)出石焼の歴史については岡本久彦編『但馬のやきもの』(船田企画　一九八四)に詳しい。近年、明治の出石焼に注目した論考が発表された(谷口弘美「出石焼籠目小鳥細工花瓶について」『阡陵』第六五号　二〇一二)。

(7)出石町史編纂室『御用部屋日記』二八六頁　一九八二

(8)前掲(7)二九六頁

(9)『伝統的建造物群保存地区保存対策調査報告書』四一～一二一頁　出石町教育委員会　二〇〇一(『日本の町並み調査報告書集成』第二四巻　海路書院　二〇〇七所収)

(10)「うなぎの寝床」とは間口二間から二間半、「どじょうの寝床」とはさらに狭い一間半を指すという(前掲(1)二一頁)。

(11)『出石城下町の町家デザイン』　豊岡市教育委員会　二〇一〇

(12)かつて町内の町家にくらした経験をもつ八野和義氏(昭和二四年〈一九四九〉生まれ)によると、台所が土間にある家では冬季に冷えるため、割烹着が有効であった。

(13)糞尿は周辺の農家から汲み取りに来て、野菜や薪と交換した。

結語　住まいの構造をクチ―オクの秩序を通して読み解く

一　住まいの役割と変容

一般的に母屋における日常時の動線上には、クチからオクに向かって生業・接客・家族の団らん・食事・調理・家財や食料の保管・就寝などの機能をもつ部屋が配されている。これらの部屋と設備の配置を検証すると、暮らしの変容にともなって変化していく様子がわかる。これは住まいの役割の変容でもある。

(一)生業の場の喪失

半世紀の間に、暮しが最も大きな変化を遂げたのは農村である。かつて農家ではクチに当たる戸口の前に小便所をつくり、戸口を入った土間に牛や馬を飼うマヤと風呂場を設けている住まいが多かった。これは使用後の風呂の湯や牛馬の糞尿を便槽に集めて田畑で使用する下肥を確保するためで、その事例は第三章第一節で紹介した広畑家にみることができる。化学肥料が普及し衛生観念が浸透していく中でこのような構造は不要になり、便所と風呂は住まいのオクに移動した。また農作業の機械化は畜力利用の農具を不要にし、牛馬の飼育も行なわれなくなってマヤが消滅した。

また土間の消滅も大きな変化である。コンバインの登場は脱穀や調整の作業を大幅に軽減し、この作業のために夜間土間を使用することもなくなった。牛馬の飼料を煮炊きする大型の竈も不要になった。生業の場としての土間が不要になったため、床を張り応接間や子供部屋を設けた家が多い。

(二)接客・儀礼の場の喪失

接客空間は簡単な応対で済ませるクチの応接間と、儀礼を含めた丁寧な対応をするオクの座敷に分けることができる。とくに冠婚葬祭の場になる座敷は重要で、床の間などの装飾的な装置が施された豪華な造りであった。田の字型の間取りをもつ住まいでは、建具を外して広い空間を確保することができた。しかし結婚式や葬儀については専用の施設を利用するようになり、生活様式の洋風化も影響して都市部の住まいでは座敷が消滅した事例が多い。

対馬や東京都の檜原村の事例で検証した「大きな部屋」は旧家にみられ、その役割の一つが地域の集会の場であった。このような役割も公民館などの公共施設が普及し、消滅していった。

一方、大正から昭和初期にかけて、都市の周辺ではホワイトカラー向けの新しい住まいが建築された。玄関付近の客の目に入りやすい位置に配された書斎や応接間、女中部屋は、新しく都市に生まれた中産階級のステイタスシンボルであった。便所も玄関付近につくり、客を住まいのオクまで入れない動線を設定して家族の日常生活を守る構造でもある。しかし、その後は女中部屋がなくなり、書斎も家父長制の衰退にともなって減少していく。

(三)家族のための住まいへ回帰

生業の場が消滅し、接客の場の占める面積が減少することで、家族中心の日常生活を重視する構造になってきた。

高度経済成長は生活のゆとりを生み、高い進学率と高学歴化をもたらした。それにあわせて子供部屋が登場し、前出の沖縄県国頭村の事例では寝室の奥に連続して設けられていた。個室の増加は住まいの中に「住まい」をつくる「入れ子」状態を生じ、家族間の意思疎通を妨げる要因になっていると思われる。なお昭和初期の都市の住まいには「化粧部屋」と呼ばれる主婦専用の小部屋が寝室付近のオクに設けられ、家族の視線が届かないところで着替えや化粧をする場になっていた。その後、主婦の部屋が普及することはなかったようである。

近年、南西諸島に出かけて、かつて客間であった一番座にベッドが置かれている事例を数例見かけた。オクに配されるのが一般的であった寝室が、クチに移動している。日当たりのいいオモテ側が好まれるようになったのであろう。また愛知県田原市の事例では、次の間に当たる部屋にテレビが置かれ、家族の団らんの場になっている。これは家族の私的な空間が拡大したとみていいだろう。近年の住まいは地域を問わず接客機能が消滅する傾向にある。ここには家族のための住まいへ回帰する傾向をみることができる。

二　オクに伝承されてきた記憶

就寝・出産・貯蔵などオクに配されていた部屋の役割が変化し、神々も衰退・消滅する傾向にある。住まいの精神的な奥行きが失われてきたといえる。

（一）家の神としての女神

第三章では南西諸島の火の神が女神である点から、対馬のホタケサンも火に直接関わるわけではないが同じ系譜につながると考えた。またホタケサンとオカマサマ、納戸神の共通点も明らかになってきた。

住まいのオクに家と家族の守護神として女神を祀る構造が、日本列島に広く存在するといえるのではなかろうか。このうち本州に分布する納戸神とオカマサマについてはほとんど衰退・消滅した。それに対し女性が司祭者として活動する南西諸島では、今なお火の神の信仰が盛んである。そして住まいの中に女性の領域が明確に意識されている。

（二）町家の数寄空間

町家の衰退が指摘されて久しい。京都市では老朽化した町家をリフォームして新しい住まいとして活用する取り組みが行なわれているが、かつての町家の構造を伝える住まいは、文化財の指定をうけないと残らないのであろうか。

数年前の祇園祭の日に、学生たちと京都の町家を見学する機会があった。山鉾の巡行コースにあるその家は、オモテ側のミセノマに伝来の屏風を広げて披露し、訪れた客が賑やかなコンチキチンの囃しを聞きながら見学をしていた。私たちは通り土間を奥に向かって進み、坪庭を経てさらに奥にある建物に招かれた。そこは床の間をはじめ各所に良質の部材を使用し、建具も優れた客間であった。そしてコンチキチンの囃子が遠くに聞こえる静かな空間であった。まさに「オクへどうぞ」を実感したときであった。

このような事例は私の研究室が平成二七年（二〇一五）に兵庫県朝来市から受託した「生野鉱山町の町家調査」

でもみることができた。調査を実施した八軒の事例で、玄関付近の質素な造りに対し、植栽を施した中庭と一体になった優れた意匠の客間が住まいのオクに用意されていた。それらの中には近くの山を借景に取り込んだ奥行きのある空間を創りだしているものもある。書院風と数寄屋風の二室の客間を設けて、使い分けていた事例もあった。また、元地役人の住まいでは式台から迎えた客を、廊下を経て別棟の洋間に導く動線がみられる。洋間の建築は比較的新しいが、重要な客の接客の場をオクに設ける観念が継承されてきたことがわかる。

三　クチに残る住まいの原感覚

住まいの内部と外部の境界すなわちクチの「曖昧さ」に日本の住まいの特色を認めることができる。それはオクへの広がりを予感させる。

(一)石塀・屋敷林・ヒンプン

日本列島には屋敷の周りを開放的にする地域と、石塀や屋敷林で囲む地域がある。石塀で囲む地域は黒潮文化圏と重なる、主として西日本に、屋敷林で囲む地域は東日本にみられ、前者には石塀の内側に多くの樹木を植えている事例もある。筆者は石塀や屋敷林が防風を意識したものである点は認めるが、さらに住まいの開放度に対する感覚が反映していると考えている。南西諸島ではコンクリート造りの本体にアルミサッシの建具や窓を使用した、風に対して強固な住まいが普及して石塀を取り壊したところもあるが、依然として石塀を積み上げている地域が多い(1)。

閉鎖的な住まいとして、第二章で言及したように漢民族の四合院をあげることができる。その漢民族の建築様式の一つであるヒンプンが沖縄に伝来し、南西諸島から鹿児島県にかけて分布している。ヒンプンは本来外部との遮断を目的とする設備であるが、伝来後は機能が多様化するとともに、あいまいな遮断装置に変化している。道行く人や来訪者を屋内の人が音や気配で察知できる程度の閉鎖にとどまっているという。(2)

(二)縁側の消滅

現在でも玄関付近に寺社が発行した魔よけの札を貼り、節分には鰯の頭を挿した柊の枝を取り付けている家をみることができる。本書では取りあげなかったが、住まいのクチに結界の機能を期待する意識が残存している。しかし住まいの出入り口は本来両義的である。それを端的に示しているのが縁側である。玄関が普及する前の出入り口の型として、第二章で新潟県のガンギと岡山県の表札を取り付けた縁側を取りあげたが、いずれも明確な結界の機能と「曖昧さ」の両方を内包している。ちなみに韓国の住まいにみられるテッマルの形態は、日本の縁側とよく似ている。しかし筆者の聞き取り調査では、テッマルは庭の延長にある空間で屋外と認識されており、両者は異質の設備といえよう。それはテッマルと屋内の部屋の間に高さ約三〇センチメートルの壁をつくり、その上に建具を立てていることからもわかる。

雨だれ落ちが重要な結界になっていることは明らかであるが、その内側に軒下と縁側が両義的な性格をもつ緩衝空間を作り出している点にわが国の住居感覚を読み取ることができる。母屋のクチに縁側を設け、穀物の乾燥場に加えて社交の場としてきた。縁側が消滅しつつある今、日本の住まいはその場で展開してきた多様な生活と文化を喪失しようとしている。

盆に来訪する祖先の霊は、非日常時の動線上で対応される。まだこの世に未練を残す新仏の霊は、クチの庭や縁側に設けられた盆棚で祀られる。屋内の仏壇に迎えられるのは二―三年後である。ここには祖先の霊が昇華を遂げてクチからオクへ招かれていく過程をみることができる。祀り手のない餓鬼仏は、クチの庭に餓鬼棚をつくって留め置かれることになる。

四　神仏を祀る場

日常的に祖先の霊を祀る仏壇の位置にも触れておきたい。中部地方より西では一般的に仏壇は「公」の属性をもつ座敷に設置されている。それに対し東日本では「私」の属性をもつ茶の間に設置される場合が多い。群馬県伊勢崎市で訪ねた家では「祖先の霊は子孫がにぎやかに食事をしている姿を見て喜ぶもので、そのために仏壇を茶の間に置く」と説明していた。両者の違いは家族と祖先の霊の精神的な距離感が反映した結果とみてよかろう。与那国島では仏壇の設置場所が一番座から二番座に移行したが、これによって祖先の霊がより身近になったとの理解が可能であろう。

また神棚の位置についても同様の解釈ができる。伊勢神宮や氏神の神札を祀った神棚は茶の間に設置しているところと、客間である座敷に設置しているところがある。茶の間から座敷へ移設された事例もあり、これは高い格式をもつ神をそれにふさわしい部屋に迎えたと意識されたことであろう。なお恵比寿・大黒天を祀る縁起棚は茶の間や台所から座敷へ移設されることはない。これらの神々は日常生活に直接関わる身近な存在と考えられているからである。

むすび―これからの住まい像―

座敷での接客や儀礼がなくなり、座敷に加えて縁側や次の間のような曖昧な空間が消滅した。その一方、子供部屋の設置が優先されて、そのために新しい住まいを求める家も多い。個人の活動が優先されて個室が増加することで、住まいの中に「住まい」をつくる「入れ子」状態が生じているといえる。

一部屋しか持たないアフリカの遊牧民族の住まいにも接客を想定してクチ―オクの秩序が存在した。[3] しかし、現代の日本の住まいではクチの玄関はあるが、オクが定まらないためにクチ―オクの秩序と両者の距離感を喪失しつつある。これは接客機能が求められなくなったことと関連している。家族が食事や団らんの時間を共有し、地域の人と交流できる空間を住まいの中につくることで、安らぎを与える「奥深さ」を取り戻すことができると考えている。

註

（1）奄美地方の与路島にはそれぞれの屋敷に見事な石塀が残り、特色ある景観をつくっている。
（2）福島駿介『琉球の住まい―光と影のかたち―』六四頁　丸善　一九九三
（3）佐藤俊「レンディーレのテント」『季刊リトルワールド』六三号　一九九七

初出一覧

序論　クチ―オクの秩序とは（書き下ろし）

第一章　列島の住まいにみるクチ―オクの秩序

第一節　通過儀礼の動線からみた南西諸島の住まい
『民俗建築』第一五〇号　二〇一六年一一月三〇日（原題「南西諸島の住まいにみるクチ―オクの秩序」）

第二節　琉球とヤマトの住文化が併存する徳之島
『民俗建築』第一四六号　二〇一四年一一月三〇日（原題「徳之島の住まい―琉球文化とヤマト文化の間で―」）

第三節　「広い部屋」をめぐる動線と秩序
『昔風と當世風』第九八号　二〇一四年四月一日（原題「『広い部屋』をめぐる動線と秩序」）

第四節　都市の住まいにみる動線
『生野鉱山町の住まいと暮らし』関西大学文学部森研究室　二〇一六年三月
『文化遺産としての住まい―関西近郊都市における住文化の変容を民俗建築学の視点で分析―』科学研究費研究成果報告書　二〇〇八年三月三一日

第五節　祭場に転換される住まい―宮崎県椎葉村の神楽―
荒武賢一朗編『天草諸島の歴史と現在』二〇一二年三月三一日（原題「住まいの中の医院―天草市牛深町―」）

『阡陵』七一号　二〇一五年九月三〇日（原題「祭場に転換される住まい―宮崎県椎葉村の神楽―」）

第二章　クチの諸相にあらわれた住まいの開閉

第一節　「閉じた住まい」を追って

森隆男編『八重山地方の文化をさぐる―集落・住まい・人―』関西大学　二〇一二年三月一〇日（原題「『閉じた住まい』を追って―石塀の分布と形態―」）

第二節　ヒンプンの伝播と展開

『東西学術研究所創立六〇周年記念論文集』関西大学東西学術研究所　二〇一一年一〇月一一日（原題「ヒンプンの諸相からみた中国文化の展開」）

第三節　クチに関わる住居感覚の変容

『昔風と當世風』第一〇〇号　二〇一五年一二月一日（原題「ハレの日の出入り口・ガンギ」）

『阡陵』七三号　二〇一六年九月三〇日（原題「縁に表札『六畳一間』を掛ける住まい」）

『昔風と當世風』第九六号　二〇一二年四月一日（原題「間取り図では読み取れない住居空間の感覚」）

第三章　オクと女性の領分

第一節　納戸神を祀る村

『昔風と當世風』第九七号　二〇一三年四月一日（原題「納戸神を祀る村」）

第二節　南西諸島の住まいを貫く女性原理

新谷英治編『祈りの場の諸相』関西大学東西学術研究所　二〇一七年二月一〇日（原題「南西諸島の住

まいを貫く女性原理」)

第三節　対馬の住文化と女神
森隆男編『住まいと集落が語る風土―日本・琉球・朝鮮』関西大学出版部　二〇一四年三月三一日(原題「対馬の住まい―空間構成と祭祀を中心に―」)

第四章　集落に伝承されるクチ―オクの観念

第一節　神社が創出する集落空間の秩序
『東西学術研究所紀要』第四九輯　関西大学東西学術研究所　二〇一六年四月一日(原題「神社が創出する集落空間の秩序―丹波市青垣町今出地区の事例を中心に―」)

第二節　漁村集落にみるクチ―オク
横田健一・上井久義編『紀伊半島の文化史的研究(民俗編)』関西大学出版部　一九八八年三月三一日(原題「集落空間にみる漁民の住居」)

第三節　祭りと民俗儀礼に残る漁村の記憶
『昔風と當世風』第九三号　二〇〇九年三月一日(原題「民俗儀礼に残る早瀬の歴史」)
『昔風と當世風』第九二号　二〇〇八年四月一日(原題「景観と祭りからみた深江」)

第四節　明確なクチ―オクの秩序が内在する城下町
『民俗建築』第一四二号　二〇一二年一一月三〇日(原題「『小京都』のまちづくり再考―兵庫県出石町―」)

結語　住まいの構造をクチ―オクの秩序を通して読み解く(書き下ろし)

あとがき

本書は、私にとって三冊目の単著である。一九九六年に刊行した最初の単著『住居空間の祭祀と儀礼』（岩田書院）は、興味をもったいろいろな論考を寄せ集めたもので、体系化が不十分であった。日本民俗学会の書評でも「理論化ができていない」と厳しい評価を受けた。二冊目の『住まいの文化論―構造と変容をさぐる―』（柊風舎）は、二〇一二年に刊行した。住文化論を説明するために古い時代から近代までの多様な住まいを取りあげたため、焦点を絞り切れなかったが、クチーオクの秩序の存在を指摘した。これについては複数の書評で一定の評価を頂戴したと思っている。三冊目の本書は、各部屋や設備が構成する住まいの空間をクチーオクの軸上に配置したときに見えてくる住居観を追求した。さらに集落の世界観をさぐるうえでも有効ではないかと提案した。使用した事例が南西諸島に偏重しているが、すでに本州で消滅したと考えられる習俗が残存し、しかもその後の変容を把握することが容易であったからである。

また本書はこの数年間に発表してきた論考について、クチーオクの意識が重要な秩序になっているとの視点に立ち再検証したものである。まとめるにあたっては大幅に加筆修正を加えた。住文化の考察には多様な生活の情報が必要である。そのため本書では考察には直接関係がないと思われる生活の情報も記述し、住まいの民俗誌のような形をとることになったこともお断りしておく。読者の批評を待ちたい。

住まいを研究テーマに定めて、三〇年になる。この間、民具や食文化、祭礼などの論文を書くこともあったが、いつも住まいのことを考えていたように思う。データーはあくまでも自分が調査をした事例を基本にした。

しかも実際に生活の場になっている「生きた住まい」である。民俗学から住まいを研究する者として、これは譲れなかった。モノとしての民家の研究をすすめる建築学に対し、民俗学は暮らしの情報が不可欠であるからである。

住まいのオクは概して暗い空間であった。そこに神の存在を意識し、その神を祀ることで不安から安心の空間に転換してきたことを、最初の著書で述べたことがある。しかし開口部が増加し、照明器具が発達した現代の住まいは、神の存在を必要としなくなったのかもしれない。そして本書で論じたクチ―オクの秩序も今後大きく変容していくと考えられる。来間島の奥平キクさんは、かつては女性が入室を遠慮した一番座を寝室にしている。実は私も築一三〇年余りの古民家を改築して終の住処にしたが、その際に最も陽光がさして快適な玄関横の部屋にベッドを置いたところである。

フィールドで間取り図を作成する際にプライベートな空間の寝室や台所を見せていただく必要があるが、事実上の管理者である主婦の許可がなければ不可能である。住まいのオクを女性の領域とし、そこに女神が祀られていることを確信したのは、このような調査の積み重ねの中であった。また日常・非日常の動線や神祀りの聞き書きに時間を要し、訪ねた家の主婦が夕食の準備に取りかかる時刻を気にすることがしばしばであった。もっとも住まいに関心をもっている妻が同行してくれる時は短時間で採図をしてくれたので、私は聞書きに専念することができた。このような調査を続けてきたために、実に多くの人から協力をいただいた。成果を活字にしたときは、お世話になった人に抜き刷りを送ってきたが、好意に十分に報いることができたかどうか心もとない。

私は本年三月末日をもって、関西大学を定年退職する。五〇歳を過ぎて学芸員から大学教員に転出し、一三年間学生たちと多くの時間を共有してきた。定期的に開いてきた研究会や合宿調査では助言者として発言しながら、実は新しい知見と研究上のヒントを得てニンマリすることも多かった。

「退職の区切りに、もう一冊単著を」と背中を押していただいた滋賀県立大学の市川秀之教授に感謝しつつ、慌ててまとめた原稿の出版を引き受けてくださった清文堂の前田博雄社長、編集担当の松田良弘さんにお礼を申し上げます。そして誰かに話すことで考えをまとめている私の雑談に、いつも耳を傾けてくださる多くの仲間たちにも。

二〇一七年　正月

森　隆男

森　隆男（もり　たかお）

＜経　　歴＞
1951年　兵庫県生まれ
関西大学大学院文学研究科修士課程修了
（財団法人）日本民家集落博物館学芸員、尼崎市教育委員会学芸員を経て
関西大学文学部教授、博士（文学）

＜主　　著＞
『住居空間の祭祀と儀礼』（単著　岩田書院　日本民俗建築学会奨励賞）
『住まいの文化論―構造と変容をさぐる―』（単著　柊風舎）
『民俗儀礼の世界』（編著　清文堂）
『住まいと集落が語る風土―日本・琉球・朝鮮』（編著　関西大学出版部）
『食と環境』（共著　晃洋書房）
『近江愛知川町の歴史　民俗・文献史料編』（監修・共著）
『写真でみる民家大事典』（共編著　柏書房）
『新課程　博物館学ハンドブック１、２、３』（共編著　関西大学出版部）
他

クチとオク
―住まいの民俗学的研究の一視座―

2017年３月30日　初版発行

著　者　森　隆男Ⓒ
発行者　前田博雄
発行所　清文堂出版株式会社
〒542-0082　大阪市中央区島之内2-8-5
電話06-6211-6265　FAX06-6211-6492
ホームページ＝http：//www.seibundo-pb.co.jp
メール＝seibundo@triton.ocn.ne.jp
振替＝00950-6-6238

印刷：亜細亜印刷　製本：渋谷文泉閣
ISBN978-4-7924-1072-8　C3039